4차산업혁명시대 공진화(coevolution)를 위한

기술경영

임헌진 · 서장훈

MOT

Management of Technology

도서출판 청람

| 머리말 |

글로벌 무한경쟁 구도에 있는 4차산업혁명시대의 기술경영은 기업경영의 모든 활동으로까지 확대되고 있으며, 기술의 급격한 발전과 글로벌 경쟁의 증가로 인해 모든 공공조직과 기업들은 점차 기술경영의 중요성이 인지되고 있다. 이에 따라 기술·경영 전문성은 비즈니스 환경에서 기술과 경영의 융합을 통해 조직을 성공으로 이끄는 핵심요소가 되었다. 기술경영은 기술혁신을 통해 새로운 제품과 서비스를 개발하고, 이를 효과적으로 관리하여 기업의 잠재 지속 성장가능성이 향상되는 것을 그 목표로 한다. 이러한 과정에서 기술과 경영의 전문지식과 융합능력을 소유한 전문가들은 기업의 경쟁력 향상과 조직의 핵심역량 강화를 마련할 수 있는 관리자로서 인정받게 될 것으로 기대된다.

본서는 기술경영의 핵심원리와 도구, 전략적 접근방식, 기술사업화 실무 사례 등을 다루며, 현대 비즈니스 환경에서 성공적인 기술경영 시스템을 구축하는 데 도움을 줄 것으로 기대한다. 또한 다양한 산업분야에서 활동하는 실무자들, 기술경영을 공부하는 학생들, 그리고 비즈니스를 위한 기술과 경영지식을 활용하려는 모든 사람에게 유용한 지침서로서 역할을 할 것으로 기대한다.

본서는 다음과 같이 크게 세 분야로 구성하였다.

Chapter 1~3에서는 기술경영의 개념과 핵심원리, 경영전략과 기술전략에 대한 설명을 통하여 이론적 접근을 강화하였다. 또한 기술과 경영이론의 융합적 흐름을 파악하고, 기술혁신과 경영전략의 성공적인 활용을 위한 중요 요인들을 설명하였다.

Chapter 4~7에서는 기술예측과 기술로드맵, 기술사업화 관리, 사업타당성분석, 기술가치평가 등 실무적 능력개선에 주안점을 두었다. 특히 조직의 혁신성장에 필요한 핵심기술과 산업시장환경을 이해하고, 미래 전략기획을 기획하고 설계할 수 있는 실무능력 배양에 목적을 두고 있다.

Chpater 8~12에서는 혁신조직, 기술마케팅, 성과관리, 기술창업 및 지식재산권 등

관리적 측면을 강조하여 설명하였다. 조직의 전체적인 관리적 활동에 있어서 연구, 개발, 제조, 그리고 경영과 공학의 유기적인 연계활동을 위해 일반적인 경영활동에 필요한 이론적 지식과 실무 사례를 설명하였다.

끝으로 본서를 통하여 외부환경의 급변하고 복잡한 문제를 기술과 경영의 통합적 관점에서 대응하는 능력과 기술경영전략의 핵심을 파악하고, 실제 기업에서 적용할 수 있는 전략과 도구를 습득함으로써 기술경영분야에서 이론 실천가로서의 모델을 구현하는 지침서로 활용되기를 바란다.

2023년 8월

저자 일동

| 차례 |

Chapter 01 산업시장분석

Chapter 02 기술경영의 개념과 이해

Chapter 03 경영전략과 기술전략

Chapter 04 기술예측과 기술로드맵

Chapter 05 기술사업화 관리

Chapter 06 사업타당성분석

Chapter 11 기술창업과 기업가정신

Chapter 12 지식재산권

CHAPTER 1

산업시장분석

1 CHAPTER 산업시장분석

1.1 산업과 시장의 정의

1) 산업의 정의

산업(industry)은 인간의 생활을 경제적으로 풍요롭게 하기 위해 '재화와 서비스'를 조직적으로 생산하는 활동 및 경제활동조직을 말한다. 산업은 생산하는 재화의 종류에 따라 산업의 종류를 분류할 수 있다. 산업계에는 여러 가지 업종이 있다. 이들 각각의 업종에는 업종별 특성이 있다. 같은 기업경영체계에도 그 소속 업종이 다르면 여러 가지 다른 점이 있다. 그래서 업종이 어떤 것이냐에 따라 기업경영 조직체계의 특성이 있게 되고, 경영관리의 연구방법 또는 관리방법의 종류나 이용방법에 있어서도 업종 간에 여러 가지 특색이 있게 된다.

2) 시장의 정의

시장(market)은 서로 다른 제품이나 서비스가 거래되는 개념적, 물리적 장소이다. 그러나 제품별로 시장을 명확히 정의하는 것은 쉽지 않다. 시장은 특정 목적이나 니즈를 충족시키기 위해 특정 제품이나 서비스를 팔고 산다는 특징을 가지고 있다. 그러나 이러한 정의는 주관적일 수 있으므로 전략적 접근에 있어서는 보다 현실적인 시장에 대한 정의를 내려야만 한다. 성공적인 시장분석(market analysis)을 위해서는 명확한 시장에 대한 정의가 필요하다. 부적절한 시장정의는 시장성장, 경쟁자분석, 고객분석 등에 있어서 잘못된 분석결과를 초래한다. 시장정의는 소비자분석, 경쟁자분석, 시장성장성예측 등 많은 분야에 활용되고 전략적 의사결정의 기초를 이룬다.

산업과 시장개념에 대해 주의할 점

시장정의는 수요의 측면에서 정의를 하는 것을 의미한다. 이때 산업과 시장을 혼동해서는 안 된다. 산업은 공급자 측면(supply side)에 의해 정의하는 것이다. 그러므로 동일한 산업에 속하는 제품·서비스라 할지라도 서로 다른 시장에 포지셔닝할 수 있으며, 다른 산업의 제품·서비스라도 동일한 시장에서 경쟁할 수 있다. 묶음 제품·서비스인 경우 여러 시장에서 다양한 경쟁자와 경쟁할 수 있다는 사실을 염두에 두는 것이 중요하다.

3) 산업의 분류

산업종류는 사업장에서 행하여지는 경제활동의 종류에 따라 구분되는데, 산업의 종류를 체계적으로 구분한 것을 산업분류라 한다.

이러한 산업을 분류하는 데는 아래와 같은 분류방법이 널리 쓰이고 있다.

(1) 재화의 성질에 따른 분류

이것은 생산물의 종류에 따라 분류하는 방법으로서 소비재산업, 생산재산업, 서비스(용역)산업으로 나눈다.

- **소비재산업** : 사람들이 살아가는 데 필요한 욕망을 직접 만족시켜 주는 물건을 생산하는 산업이다. 즉 농업, 수산업, 임업 등 자연으로부터 원료를 얻는 원시산업과 이 원료를 가공하는 식료품 공업, 직물 공업, 제지업, 비누 제조업, 가구나 기타 제조업 등이 이에 속하며, 이를 경공업이라고도 한다.
- **생산재산업** : 사람의 욕망을 직접 만족시켜 주는 소비재를 생산하는 데 쓰이는 생산재를 만드는 산업이다. 즉 금속공업, 기계공업, 화학공업, 전기업 등이 이에 속하며 이를 중공업이라고도 한다.
- **서비스산업** : 물질이 아닌 서비스를 제공하는 산업을 말한다. 즉 상업, 운수업, 통신업 등이 이에 속한다.

(2) 경제학자 클라크에 의한 분류

영국의 경제학자 클라크(C. Clark)는 저서 〈경제진보의 제조건(*The Conditions of Economic Progress*)〉(1940)에서 산업구조를 제1차 산업, 제2차 산업, 제3차 산업의 세 가지로 분류하고, 이는 산업 간의 수익 차이에 따른 노동인구 구성비율에 따라 분류한다. 한 나라의 경제가 발달할수록 제1차 산업의 비중은 작아지고 제2차, 제3차 산업이 차지하는 비중이 커진다고 했다.

- **제1차 산업** : 농업・목축업・수산업・임업 등의 원시산업으로 자연에서 필요한 자원을 생산하는 산업
- **제2차 산업** : 광업・건설업・제조공업 등의 가공산업으로 원료를 가공하여 소비재나 생산재를 만드는 산업
- **제3차 산업** : 상업・운수업・금융업・보험업・통신업・자유업・창고업・의료업・연예・교육업 등의 서비스업으로 서비스나 무형의 이익을 공급하는 사업

클라크 이후 등장한 새로운 산업의 개념

■ 제4차 산업의 개념

'4차산업혁명(The Fourth Industrial Revolution)'이라는 개념은 2016년 세계경제포럼(World Economic Forum : WEF)에서 처음 언급되었다.

'4차산업혁명'은 인공지능(AI), 사물인터넷(IoT), 클라우드 컴퓨팅, 빅데이터 등 첨단 지능정보기술이 기존 산업에 융합되거나 3D 프린팅, 로봇공학, 생명공학, 나노기술 등 여러 분야의 신기술과 결합되어 모든 제품, 서비스를 네트워크로 연결하고 사물을 지능화하는 등 혁신적인 변화가 나타나는 차세대 산업혁명을 의미하는 용어이다.

컴퓨터와 인터넷으로 대표되는 제3차 산업혁명(정보혁명)에서 한 단계 더 진화한 혁명이라는 의미로 처음 제시되었으며, 정보통신기술(ICT) 기반의 새로운 산업시대를 대표하는 개념으로 쓰이고 있다.

클라우스 슈밥(Klaus Schwab)이 정의한 4차산업혁명은 특히 '인공지능'(빅데이터와 알고리즘, 강한 인공지능)과 '초연결'(사물인터넷)에 초점을 맞춘다. 이는 1, 2, 3차에 걸쳐 진행되어 온 기존 산업혁명에 비해 훨씬 더 넓은 범위에서 훨씬 더 빠른 속도로 영향(impact)을 끼친다.

■ 제5차 산업의 개념

제5차 산업이란 산업이 발달함에 따라 서비스업을 제3차 산업만으로 분류할 수 없기 때문에 제4차 산업과 같이 만들어진 개념이다. 아직 확정된 개념은 아니다. 제3차 산업을 금융, 보험, 상업, 수송 등으로 국한시키고 제4차 산업은 정보, 교육, 의료 등의 산업으로 분류한다. 마지막으로 제5차 산업은 취미나 여가생활(오락, 패션 등)로 분류한다. 제4차 산업과 제5차 산업의 비중은 점점 늘어나고 있는 추세이다.

■ 제6차 산업의 개념

제6차 산업이란 농촌에 존재하는 모든 유・무형의 자원을 바탕으로 농업(1차 산업)과 식품, 특산품 제조가공(2차 산업) 및 유통・판매・문화・체험・관광을 서비스(3차 산업) 등과 연계함으로써 새로운 부가가치를 창출하는 활동을 말한다. 다시 말하면 농촌융복합산업이다.

(3) 산업분류

산업을 분류하는 방법은 목적에 따라 여러 가지로 생각할 수 있는데, 이 분류를 통해 비교할 수 있도록 체계화한 것이 표준산업분류(Standard Industry Classification : SIC)이다. 이 분류는 주로 통계조사의 대상이 되는 산업의 범위를 확정하거나 통계조사의 결과를 표시하기 위해 이용한다. 임금구조 기본통계조사에서 사용되는 산업분류는 한국표준산업분류 및 한국표준직업분류에 의한 것이다. 한국표준산업분류(Korean Standard Industry Classification : KSIC)란 한 사업체가 주로 수행하는 산업활동을 그 유사성에 따라 체계적으로 유형화 한것으로 UN 국제표준산업분류를 기초로 작성된 것이며, 대분류 20(A~T), 중분류 63, 소분류 194, 세분류 442, 세세분류 1,121의 수준이 존재한다([네이버 지식백과] 산업분류(產業分類), 실무노동용어사전, 2014).

실제로 산업구조분석을 할 때 당면하는 문제가 과연 산업을 어떻게 정의하느냐의 문제이다. 현재로서는 명확한 산업의 경계선은 없고 표준산업분류라고 하는 산업분류체계가 있으나, 이것은 어디까지나 통계조사 목적으로 만든 것이지, 기업들이 경쟁하는 산업의 범위를 결정짓는 분류체계라고는 볼 수 없다.

경제학자들은 한 시장에서의 가격의 변화가 다른 시장에서의 가격이나 수량의 변화에 영향을 주지 않는 시장 간의 교차탄력성(cross-elasticity)이 영(0)인 것을 다른 산업 또는 다른 시장이라고 정의한다. 그러나 현실적으로 시장의 교차탄력성이 완전히 영(0)이 되는 경우는 없다. 따라서 산업과 시장의 범위를 정하는 것은 그때마다의 관찰자의 주관에 달려 있고, 그 분석의 목적에 따라서 달리 정할 수가 있다.

산업을 작은 소시장으로 나누어 분석하는 것을 세분화분석(segment analysis)이라고 한다. 즉 세분화란 산업을 작은 단위의 몇 개의 시장으로 구분하고 포터의 산업구조분석 기법을 각각의 세분시장에 적용하는 것을 말한다. 그러므로 필요에 따라서 구매자의 유형에 의해 세분화할 수도 있고, 제품의 특성에 의거 세분화할 수도 있다.

세분화의 방법은 시장과 수요를 결정하는 세분화 변수를 추출한 후, 세분화 매트릭스를 만들고, 각 세분시장의 매력도를 분석한다. 그리고 각 세분시장마다의 주요 성공요인을 분석하여 참여영역을 결정하는 것이다.

표 1-1 **구매자와 제품의 특성에 따른 세분화방법**

구매자	기업 구매자	산업, 규모, 기술적 난이도, OEM/대체재
	가정 소비자	인구통계, 라이프스타일, 구매시기
	유통업자	규모, 유통업자・중개업자, 독점・비독점, 일반물품・특수물품
	지리적 위치	국가별, 지역별, 교통별 등
제품		외형적 크기, 가격수준, 특성・기능, 기술・디자인, 원재료, 성능, B/S, A/S

1.2 산업구조분석

산업구조(industrial structure)는 한 나라의 국민경제에서 농업, 공업, 서비스업 등 각종 산업이 차지하는 비중과 각 산업의 상호관계를 의미한다. 이때의 산업구조는 경제학적인 산업구조로서 국민경제의 생산력구조를 의미하며, 개개 산업부문 간의 상호관련의 측면에서 볼 때 한 나라의 사회적 분업체계라고 정의할 수 있다. 또한 각 산업 간 관계를 상품시장을 통해 서로 연결되는 사회적 분업체계로 인식한다면 한 나라의 시장구조를 나타내고 있는 것으로 해석할 수도 있다.

산업구조를 보다 넓게 해석하면 동일 산업부문 내에서 각 기업의 존재에 주목하여 자본・경영・노동력의 계층적 구조로 인식할 수 있으며, 각 산업의 지역적 배치에 주목하여 산업의 지역적 구조를 산업구조로 인식할 수도 있다.

산업구조분석은 사업부수준의 전략과 기업수준의 전략을 수립하는 데 아주 중요한 역할을 한다. 기업전략은 그 기업이 어느 신규 사업분야로 진출하고, 어느 사업분야에서 탈퇴할 것인가에 관한 결정을 한다. 그러한 결정을 내리기 위해서는 기업의 개별 사업분야가 속해 있는 각각의 산업이 유망한가 또는 사양화단계에 있는가를 판단할 필요가 있다. 산업구조를 분석하는 기법을 처음으로 경영전략에 도입한 사람은 마이클 포터(Michael Porter)이다. 포터는 1980년대 경제학의 산업조직론에서 발전된 산업구조 분석을 기업에 적용하기 쉽도록 변형시킨 분석들을 제시하였다. 그것이 마이클 포터의 5-Force Model이다.

1) 산업구조분석 목적

기업의 수익성과 안정성은 소속 산업의 위험수준에 의해 제약을 받는다. 따라서 경쟁산업의 구조적 특성, 수명주기(life cycle), 경쟁구조, 핵심경쟁요소, 동태성 등을 분석하고, 산업의 핵심성공요인을 파악하고, 경쟁우위를 확보할 수 있는 핵심역량 강화 및 사업방향 등의 전략대안을 도출하는 것이 목적이다.

▌그림 1-1▐ 산업구조분석의 기본 프레임

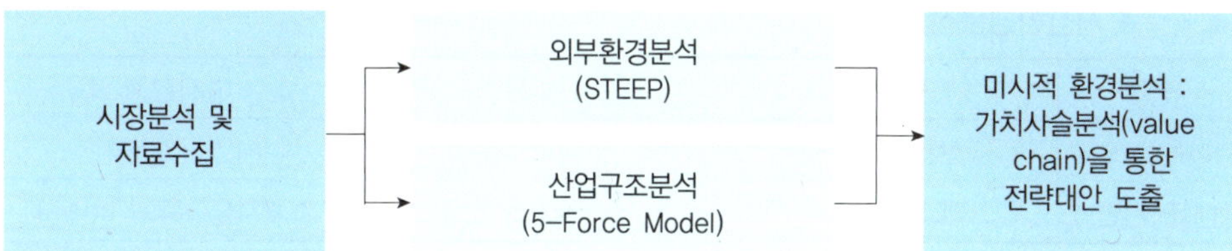

2) 산업구조분석의 중요성

산업구조분석은 직간접으로 기업 또는 해당 기관의 사업경쟁력, 시장성, 성장성, 수익성, 재무구조, 투자분석 등에 매우 중요하게 영향을 준다. 따라서 산업분석은 사업분석과 재무분석의 시발점이자 토대가 된다. 그러므로 산업별 시장위험요소를 제시하고, 전략적으로 산업구조의 분석을 통해 궁극적으로 그 사업부에서 어떠한 전략을 수립하여야 기업의 수익률을 높일 수 있는가에 내한 해답을 구할 수 있다. 또한 기업이 그 산업에서 성공하는 데 필요한 산업 특유의 성공요인(Key Success Factor: KSF)을 알 수 있다.

3) 산업분석의 주요 분석요소

산업특성에 대한 이해, 수급분석, 경기연관성, 경제구조분석, 수명주기상의 위치, 정부규제 및 지원, 장단기 전망, 세계시장상황 등이 그 요소가 된다.

1.3 산업구조분석 기법

일반적으로 산업구조를 분석할 때 가장 많이 사용하는 기법인 거시환경분석에는 PEST 기법, STEEP분석, 시나리오 기법 등이 있고, 산업환경분석에서는 마이클 포터의 5-Force 모델, 기업의 사업전략 차원에서의 사업구조분석에서는 가치사슬분석을 이용자 측면에서 볼 때 가장 많이 사용한다.

| 표 1-2 | 시장환경분석 분류

규모	거시환경	산업환경	미시환경
용도	산업시장분석	산업구조분석	사업구조분석
대표 기법	PEST/STEEP	5-Forces 모델	가치사슬(value chain)

1) 거시환경분석 기법 : PEST

PEST는 Political, Economic, Socio-cultural, Technological의 머리글자를 딴 말로서, 정치, 경제, 사회, 기술적 측면에서 피분석대상을 분석하는 기법이다. 특정 환경하에서 기업, 시장 또는 산업에 영향을 줄 수 있는 모든 외부환경과 리스크를 확인해 볼 수 있는 기업 외부환경 분석기법이다. 예를 들면, 최저인금인상, 법규제의 변화, 주 5일제 정착 등이다.

PEST분석은 전략관리 구성요소 중 환경 파악에 사용되는 거시적 환경요소를 묘사한다. 일부 학자들은 이 내용에 법적(Legal) 특성을 추가하여 SLEPT로 부르기도 하며 환경(Environmental) 분야를 추가하여 PESTEL 혹은 PESTLE로 칭하는데 영국에서 통용된다. 시장조사나 전략분석을 할 경우 특별히 거시경제 요소에서 기업이 의사결정을 내려야 할 때 사용하는 기법이다. 시장 성장과 축소, 사업 포지셔닝, 사업 방향 등을 파악하는 데 효과적인 도구이다.

$$PEST = P(Political) + E(Economical) + S(Social) + T(Technological)$$

거시환경분석이 중요한 이유는 기업을 둘러싼 제품이나 소비자, 시장의 환경요인은 수시로 변화하기에 거시환경을 모르고서는 기업의 전략과 방향을 잡기가 어렵다. 거시환경분석은 기업의 장기적인 방향을 설정하는 데 유용하며, 산업의 지속적인 변화(on-going change)를 조망하기 위해 활용하는 분석방법이다.

PEST분석은 거시환경을 다양한 관점(dimension)에서 분석할 수 있는 장점이 있는 반면, 분석결과가 산업 내 가치창출의 요인이 무엇인지를 밝힐 수 없는 단점도 있기에 분석도구로 활용하기보다는 커뮤니케이션을 활성화하거나 이슈사항들을 개괄적으로 점검하기 위한 보조적 도구로 활용하는 것이 바람직하다.

이 네 가지 요소가 일반적으로 기업의 경영환경에 가장 많은 영향을 주는 외부적 요인으로 알려져 있다.

| 표 1-3 | PEST분석 요인

구성	고려요인
P(Political : 정치・법규)	환경규제와 보호, 세금정책, 국제무역 규제・제한, 소비자보호법, 고용법, 정부태도, 정치적 안정성, 안전・경제 규제 등
E(Economic : 거시경제)	경제성장, 금리・통화 정책, 정부지출, 실업정책, 과세, 환율, 물가상승률, 경기순환주기 등
S(Social : 사회・문화)	소득 분배, 인구성장률, 연령분포, 노동・사회적 이동, 라이프스타일 변화, 여가시간에 대한 태도, 기업가정신, 교육, 유행, 건강의식・복지, 생활조건, 삶의 질 등
T(Technological : 기술)	정부연구지출, 발명・개발, 기술이전 비율, 과학기술 수명주기, 에너지 이용과 비용, IT, 인터넷, 모바일 기술 등

최근 들어 정치, 경제, 사회, 기술적 측면 외에 또 다른 부분(환경(Environmental, Ecological, Natural), 법(Legal), 윤리(Ethical), 지리(Geographical))에 대한 중요도가 높아짐에 따라 기존의 PEST 요인에 다른 요인들을 추가시킨 SLEPT, STEEP, STEEPLE 등의 PEST분석의 확장된 형태들이 종종 사용된다.

- SLEPT : Socio-cultural, Legal, Economic, Political, Technological
- STEEP : Socio-cultural, Technological, Economic, Ecological, Political
- 그 외 : STEP, PESTEL, PESTLE, LEPEST, STEEPLED 등 각 분석대상에 어울리는 기법 활용

[출처 : PEST 분석기법(PEST analysis)(https://blog.naver.com/obs203/80176974077)]

거시환경분석을 위한 요소를 살펴보면 다음과 같다.

- **정치적(Political) 요소** : 정부가 경제에 간섭하는 정도이다. 특별하게는 세금, 노동법, 무역 제재, 환경법, 관세, 정치적 안정성 등을 포괄한다. 정치적 요소는 정부 차원에서 진흥하거나 제재하고자 하는 재화나 용역의 종류를 포함하기도 한다. 국가적 차원에서 중앙정부가 보건, 교육, 인프라 구축 등에 끼치는 영향을 고려한다.
- **경제적(Economic) 요소** : 경제성장률, 금리, 환율, 인플레이션 정도 등을 포함한다. 이러한 요소는 경제주체(기업)가 의사결정을 내리는 데 막대한 영향을 끼친다. 일례로 금리는 비용에 영향을 끼치기 때문에 어느 정도에서 기업이 성장하고 확대될지를 가늠한다. 환율 또한 수출입 및 수입가격에 적잖은 영향을 끼치는 요소이다.
- **사회적(Social) 요소** : 문화적 요소와 보건 인지도, 인구성장률, 연령대 분포, 직업태도, 안전 관련 요소 등이 포함된다. 사회적 요소에 따라서 기업체의 제품과 경영방식이 영향을 받을 수도 있다. 고령인구가 많다면 노동력이 줄고 노동투입비용은 늘어날 것이다. 또한 다양한 경영전략을 세워서 중장년층 채용과 같은 사회적 변화를 반영하게 될 것이다.
- **기술적(Technological) 요소** : R&D 활동, 자동화, 기술 관련 인센티브, 기술혁신 등을 포함한다. 위 요소는 진입장벽, 최소효용생산수준, 아웃소싱 등에 영향을 미친다. 기술적 요소는 기술투자와 품질, 비용 및 혁신에도 영향을 끼치는 요소이다.
- **법적(Legal) 요소** : 산업시장에서 존재하는 법규의 적용과 관련된다. 차별법, 소비자법, 고용법, 독점금지법 등을 포함한다.
- **환경적(Environmental) 요소** : 생태학적·환경적 요소로 날씨, 기후, 기후변화 등을 포함하며 관광, 농업, 보험업계 등에도 영향을 끼치는 것으로 본다. 기후변화의 문제점이 대두되면서 제공 생산품의 경영과 신시장 개척, 현존하는 제품의 단종과 변화, 제품의 시장 축소나 소멸 등에도 영향을 미치는 부분이다.

2) 거시환경분석 기법 : STEEP

STEEP분석은 거시적 사업환경을 분석하는 방법으로 Social, Technological, Ecological, Economic, Political/Legal의 다섯 가지 요소로 기업의 경영환경에 영향을 주는 외부적 요인을 파악하는 방법이다.

STEEP의 각 영역은 상호 배타적이지 않으며, 분야별 경계는 유동적인데(Fleisher & Bensoussan, 2003), 이는 STEEP로 범주를 세부적으로 나눈 가장 중요한 목적이 거시적 환경의 주요 측면을 놓치는 것을 방지하기 위해서이기 때문이다.

| 그림 1-2 | STEEP분석

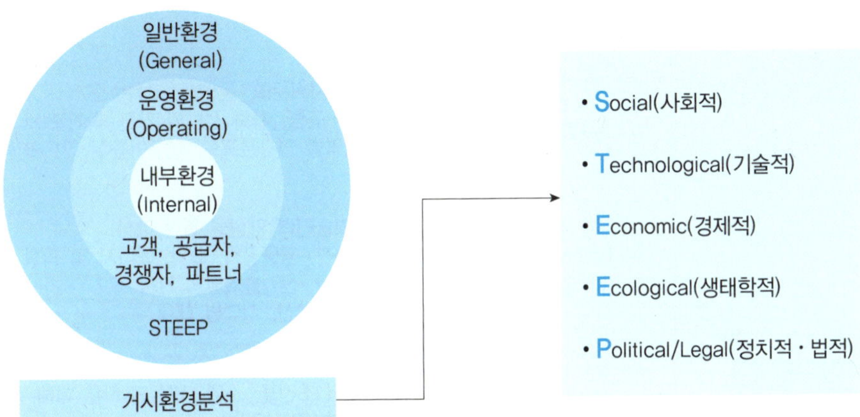

출처: 한국산업기술진흥원, 산업융합원천기술로드맵, 2010

| 표 1-4 | STEEP 범주

일반환경	직접적 영향력이나 기업운영의 통제의 범위를 벗어남
운영환경	어느 정도 통제가능(예 시장환경, 경쟁자분석)
내부환경	기업의 성과에 대하여 의미를 가지고 있는 것(예 역량 및 자원, 경영진 프로파일분석)

STEEP분석의 장점은 산업 내의 기업의 경쟁력에 영향을 끼칠 수 있는 거시적 환경 요인이 무엇인지 파악하기 위한 프레임워크를 제시한다는 것이다.

PEST분석에서 생태적 환경까지를 확장 고려하는 것이기에 최근 시대적 상황 중 친환경적 사회적 변화를 반영할 때 유용하다. 그러나 STEEP분석도 해당 분야의 변천으로 인해 변할 수 있기에, 이러한 동향변화를 통해 의사결정자는 객관적인 예측을 해야 한다.

거시적 외부변수에 대한 제약 또는 기회의 정도를 측정 · 전망하는 데 있어 계량적 분석이 부정확 · 불명확할 경우가 존재하며, 경영진의 단기적 · 제한적인 미래예측으로 인한 인식오류(cognition error)로 인해 전략적 판단오류의 발생여지가 있다.

거시적인 변화 동인이 사업활동에 미치는 위협 중 불통제변수(uncontrollable factor)의 경우에는 변화동인별 영향분석을 실시하여 '영향의 최소화' 또는 '근원적 탈피'를 할 수 있는 대안을 찾는 것이 중요하다.

| 그림 1-3 | STEEP분석 요인

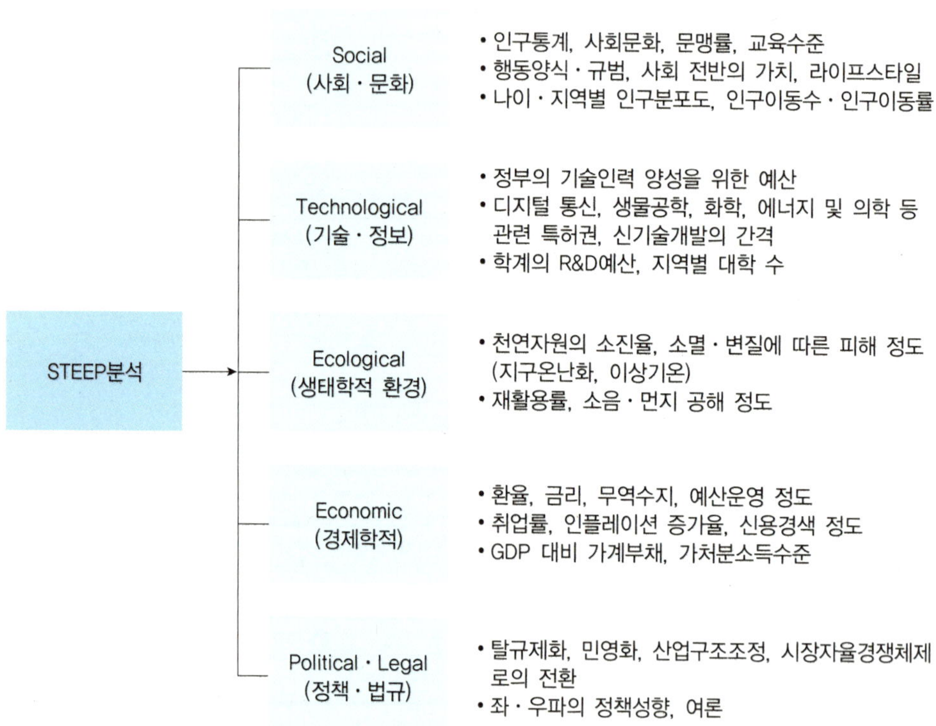

출처 : 김동철 · 서영우, 경영전략수립 방법론, 2008

❚ 표 1-5 ❚ STEEP분석 사례 : 국내 로봇산업에 대한 환경분석(STEEP분석)

STEEP	이슈 정리	세부내용
사회적 측면 (S)	라이프스타일의 변화	저출산
		고령화
		개인화
		모바일 및 인터넷 대중화
	소비스타일의 변화	글로벌화
		삶의 질 추구 : 웰빙/웰니스/친환경 지향
		소셜네트워크, 프로슈머
		여성의 경제활동 증가
기술적 측면 (T)	인간친화 및 지능화	정보통신・바이오・나노・로봇 기술 간 융복합화를 통한 지능화
		로봇과 인간이 함께 생활하고 일하는 인간친화형 서비스
		수요자・인프라・로봇 일체형 능동적 감성형 서비스
경제적 측면 (E)	녹색산업 관련 로봇산업 연계	녹색 및 에너지 정부 정책 지속에 따른 관련 산업 성장 추세(풍력, 태양력, 원자력, LED, OLED 등)
	전 산업 융합된 신수종 로봇 확대	원자력, 의료, 일반제조부문의 융합 협력 로봇 서비스
	제조 기반 국가경쟁력 강화	지속적 제조 기반 유지와 생산인력 부족, 해외공장 이전 등에 따른 위험요소 최소화
환경적 측면 (E)	생태질서 보존	환경오염규제(환경보조금)
		탄소배출권 거래제, 글로벌 환경관리제도
		오염 생태계 복원, 산업폐기물 재활용
	라이프스타일의 변화	먹거리 세계화
		기후변화에 따른 생활 패턴의 변화
		물의 식량화(물산업)
		생물학적 변화
정치적 측면 (P)	로봇을 국가적 아젠다로 채택	세계적으로 국가 전략산업으로 육성 지원
		한국 신성장동력 산업으로 지정 및 로봇특별법 제정

출처 : 한국산업기술진흥원, 산업융합원천기술로드맵, 2010

3) 산업구조분석 : 5-Forces 모델

마이클 포터는 기업경영의 사업적 분석들과 경쟁 패러다임을 분석하여 산업 매력도를 결정하는 다섯 가지 경쟁요인과 시장경쟁에서 이기는 세 가지 본원적 경쟁전략을 제시하였다.

(1) 5-Forces 모델

지금까지 산업의 시장구조를 설명하고 비교할 수 있는 가장 보편적으로 활용하는 틀(frame)로 1979년 미국 하버드대 경영대학 교수 마이클 포터(Michael Porter)가 발표한 다섯 가지 경쟁요인 모델(5-Forces model) 산업구조분석 기법이다. 이것은 산업의 기회를 예측하고 경쟁제약을 통제하기 위한 경영전략 수립 기법으로, 다섯 가지 경쟁요인을 의미하는데, 그것은 ① 기존 동종 기업 간의 경쟁 정도(rivalry among existing), ② 신규 기업의 진입 위협(treat of new entrants), ③ 대체재의 위협(threat of substitutes), ④ 구매자의 협상력(bargaining pow er of buyers), ⑤ 공급자의 협상력(bargaining power of suppliers)이다. 이상의 5-Force를 찾아내고 그 위협의 크기를 결정짓는 상황을 설명하는 모형이다.

그림 1-4 5-Forces 모델

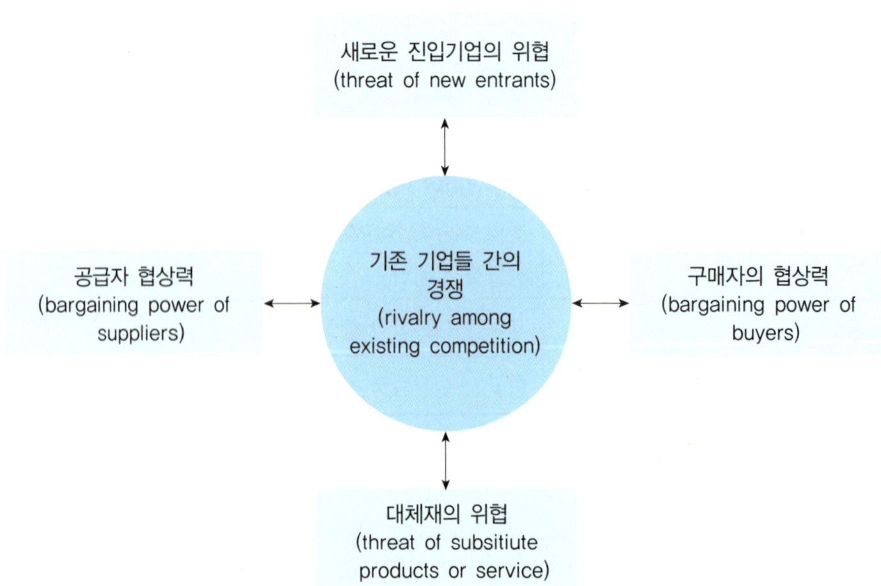

(2) 5-Forces 모델 특징

① 기존 동종 기업 간의 경쟁 정도(rivalry among existing)	산업 내의 기업의 수, 시장의 성장률, 고정비, 고객의 전환비용, 제품의 차별화, 시장철수비용, 산업의 라이프사이클 등의 변수에 영향을 받는다. 예를 들어, 기존 경쟁기업이 많을수록, 시장의 성장률이 더딜수록, 고정비와 시장철수비용이 클수록, 고객의 전환비용과 제품의 차별화가 낮을수록 마지막으로 산업이 쇠퇴기에 접어들수록 경쟁이 심한 상태라고 할 수 있다.
② 신규 기업의 진입 위협(treat of new entrants)	신규 진입자 위협은 진입장벽 문제로 볼 수 있다. 당연히 진입장벽이 낮을수록 경쟁은 심할 수밖에 없다. 산업 진입에 정부 규제가 없거나 특별한 특허가 필요 없거나 규모의 경제가 필요하지 않는 산업일 경우에는 신규 진입자들의 위협이 매우 높아 산업 내 경쟁 강도가 크다고 할 수 있다.
③ 대체재의 위협(threat of substitutes)	대체상품의 종류와 질, 그리고 가격경쟁력에 영향을 받는다. 대체제의 종류가 많고 질과 가격경쟁력이 좋을수록 산업 내 경쟁은 심해진다.
④ 구매자의 협상력(bargaining power of buyers)	• 가격에 대한 구매자의 민감도가 높을수록 구매자의 교섭력은 강화된다. • 구매자의 협상력이 커질수록 기업 제품에 대한 소비자들의 지속적인 구매력은 낮아지고 그만큼 산업의 수익력은 낮아진다.
⑤ 공급자의 협상력(bargaining power of suppliers)	• 공급자의 협상력으로 인해 가격을 인상할 수 있고, 공급되는 주문량을 감소시킬 수 있는 시장은 비매력적이다. • 공급자의 협상력이 커질수록 제품가격과 품질에 영향을 줌으로써 소비자들의 지속적인 구매력이 낮아지기 때문에 산업의 수익률은 낮아진다.

(3) 5-Forces 모델을 이용한 산업구조분석

마이클 포터의 산업구조분석 모형으로 산업의 경쟁을 결정하는 요인을 분석하고, 경쟁의 강도와 그에 따른 잠재적 수익성 파악에 활용한다. 결과적으로 전반적인 산업의 경쟁강도와 산업 내 어느 부분에서 경쟁이 일어나는지 파악할 수 있다.

특징으로 산업구조분석을 이용하면 ① 핵심역량(core competency)을 도출할 수 있고, ② 해당 산업분야에서의 경쟁우위전략을 수립할 수 있다.

(4) 5-Forces 모델의 장단점

장점	• 시장의 다양함을 다각적으로 인지하고, 해당 산업의 미래에 대한 예측이 가능하다. • 각 요소별 전략 수립에 도움이 된다. • 분석자의 자의적·유동적 해석으로 산업의 동태적 변화를 분석할 수 있다.
단점	• 동태적 외부환경을 정태적으로 분석하기 때문에 산업의 지속적인 변화 현실을 반영하지 못한다. • 기업 간 경영전략에 의한 상호 영향 등을 고려하지 못한다. • 개념적인 프레임일 뿐 구체적 분석도구가 없다. • 일부 사례를 지나치게 일반화할 수 있다. • 다섯 가지 Force에 대해 객관적 평가치를 통한 분석이 불가능하다.

(5) 마이클 포터의 본원적 경쟁전략

한 기업이 최선의 전략을 갖추었다고 하는 말은 곧 그 기업이 직면한 특수한 주변환경들을 잘 반영한 본인들만의 구조를 갖추는 것이라 말할 수 있다. 여기서 주변환경이라 함은 위에서 언급한 5-Forces 모델의 다섯 가지 요인 정도가 되는데, 산업 내에서 경쟁기업들을 이기기 위해서는 내적인 일관성을 지니는 아래의 세 가지의 본원적 전략 또한 필요하다.

원가우위전략	효율적인 생산체계, 표준화된 제품 등으로 저렴한 제품을 대규모 시설투자 등으로 대량생산을 하고 규모의 경제 등을 통한 원가절감을 통해 경쟁우위를 달성하는 전략
차별화전략	고객이 가치가 있다고 생각하는 요소를 제품이나 서비스에 반영하여 경쟁자의 제품과 차별화하여 고객충성도를 확보하고 이를 통해 가격 프리미엄이나 매출증대를 꾀하는 전략
집중화전략	다른 기업이 생각하지 못한 특정한 시장, 특정 소비자 욕구, 특정 지역, 즉 틈새시장을 집중 공략하여 소수의 하위 세분시장에 높은 점유율을 추구하는 것으로 자원이 제한되어 있는 중소기업에서 많이 사용함

4) 미시적 환경분석 : 가치사슬

시장환경이란 기업이 고객에게 제품과 서비스로 봉사할 수 있는 직접적이고도 관련성이 높은 요인들로 구성된 환경요인을 말한다. 여기에는 기업내부, 고객시장, 경쟁자, 공급업체 및 대중 등이 이에 포함된다.

미시적 환경요인

- **기업내부** : 기업의 문화, 기업이미지, 인적자원, 재무자원, 생산설비, 입지 등의 내부환경요인과 기업 내의 부서의 영향을 받는 환경요인을 말한다.
- **고객시장** : 고객시장의 종류는 소비자시장, 산업시장, 재판매시장, 정부시장, 국제시장 등이 있다.
- **공급업체** : 기업이 제품이나 서비스를 생산하는 데 필요한 원재료, 부품, 설비, 반제품, 완제품 등 기타 자원 등을 제공하는 개인이나 조직을 말한다.
- **경쟁자** : 상표나 기업수준의 경쟁을 하고 기본적인 욕구수준의 경쟁을 하는 업체를 말한다.
- **소비자** : 조직이나 조직의 목적에 현재 혹은 잠재적 이해관계를 갖고 있거나 영향을 미치는 집단을 말한다.

미시적 환경분석의 순서는 ① 산업 자체가 얼마나 매력적인지를 파악하는 산업구조분석과 ② 제품수명주기분석을 시작으로 ③ 경쟁사 대비 자사의 강점과 약점을 파악하여 ④ 기회요인과 위험요인을 분석해 나가는 경쟁분석을 포함한다. 또한 이와 함께 ⑤ 소비자와 기타 영향을 주는 기관도 분석해야 한다.

(1) 가치사슬분석의 개념

가치사슬은 기업경영의 경쟁력 강화를 위한 PI(Process Innovation)에서 그 시발점을 찾을 수 있다. 21세기 기업의 생존력을 보장받기 위한 다양한 노력 중에 하나로 원가절감, 프로세스 효율화 그리고 고객만족 극대화를 목적으로 한다.

원료를 구입하여 제품을 생산하는 모든 과정에 이러한 가치가 포함되어 있으며 이런 가치를 원재료 구매단계로부터 순서대로 연결한 것을 가치사슬(value chain)이라고 한다. 가치사슬분석(value chain analysis)은 경영전략에서 기업의 핵심역량을 단순한 기능별 능력이 아닌 여러 기능별 능력이 종합된 조직상의 능력으로 이해하기 위한 분석방법으로 경쟁이론을 주장한 미국 하버드대학의 마이클 포터가 1985년 제창한 것이 대표적으로 가장 많이 이용된다.

가치사슬은 한 기업의 활동을 전략적으로 연관성이 있는 몇 개의 활동들로 나누어, 원가가 발생하는 원천과 자사의 제품을 경쟁사의 제품과 차별화시키는 원천을 밝혀 내기 위해 도입된 개념으로 가치활동 각 단계에 있어서 부가가치 창출과 관련된 핵심활동이 무엇인지를 규명할 수 있으며 각 단계 및 핵심활동들의 강점이나 약점 및 차별화요인을 분석하고 나아가 각 활동단계별 원가동인을 분석하여 경쟁우위 구축을 위한 도구로 활용할 수 있다.

| 그림 1-5 | 5-Forces 모델 가치사슬분석

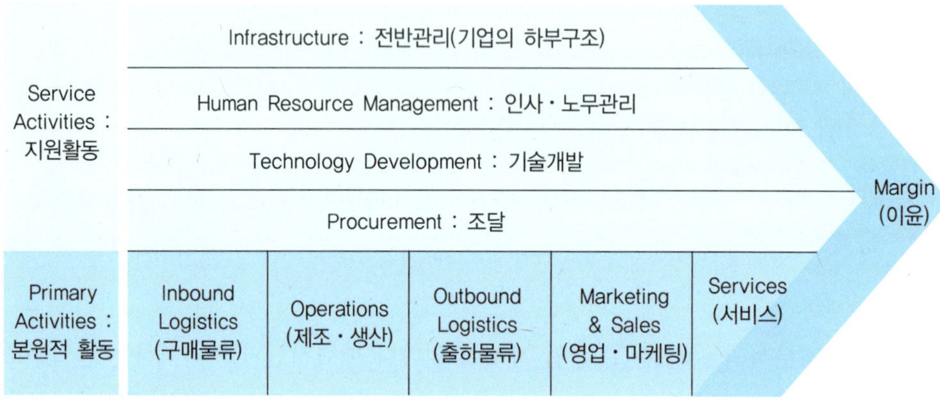

(2) 가치사슬분석 내용

이 분석 기법은 기업의 생산활동을 본원적 활동(primary activities)과 지원활동(support activities)으로 나눈다. 본원적 활동은 내부 물류, 제품의 생산, 운송, 마케팅, 판매, 외부 물류, 서비스 등과 같은 현장업무활동을 의미하며, 지원활동은 기술개발, 인사, 재무·기획 등 현장활동을 지원하는 제반 업무를 의미한다.

① 본원적 활동(Primary Activities)

본원적 활동은 다섯 가지 활동으로 나누어지는데 각 활동은 기업의 전략과 기업이 속해 있는 산업의 특성에 따라 다시 여러 가지 활동으로 나누어질 수 있다.

본원적 활동(Primary Activities)	
① 구매물류활동	생산활동에 필요한 투입요소를 공급업자로부터 받아서 저장하고 운반하는 것과 관련된 활동이 포함된다.
② 제조·생산활동	투입요소를 최종제품으로 만드는 활동으로서 여러 가지 기계작업, 조립, 설비유지, 검사, 기계설비운영과 같은 활동이 포함된다.
③ 출하물류활동	제품을 구매자에게 유통시키기 위한 수집, 저장과 관련된 활동 및 구매자에게 제품이 직접 유통되는 활동인 완성품 보관 자재관리, 운송장비관리, 주문처리, 유통계획과 같은 활동이 포함된다.

④ 마케팅과 판매활동	구매자가 제품을 구매하도록 하기 위한 활동으로서 광고, 판매촉진 판매원에게 판매량을 할당하는 활동, 경로선택과 경로관리활동, 가격을 설정하는 활동 등이 포함된다.
⑤ 서비스활동	서비스활동은 제품가치를 유지하고 증진시키기 위한 활동으로서 제품 설치, 수리, 제품 사용방법 교육, 부품공급, 제품조정과 같은 활동이 포함된다.

② 지원적 활동(Support Activities)

직접적으로 부가가치를 창출하지는 않지만 본원적 활동을 지원하는 활동을 의미한다.

지원활동(Support Activities)	
① 기업 하부구조	기업의 하부구조를 형성하고 있는 활동에는 일반관리 및 기획업무, 재무관리, 회계, 법률문제관리, 대 정부관리 그리고 품질관리가 있다. 이러한 활동들은 다른 지원활동과 달리 대체적으로 전체 가치사슬을 지원하는 것이 보통이다.
② 인적자원관리활동	인적자원관리활동에는 채용, 훈련, 교육, 보상 등 인사관리의 제반 활동이 포함된다.
③ 기술개발활동	모든 가치활동에는 노하우나 제반 절차, 공정기술 형태의 기술이 포함되어 있다. 대부분의 기업에서 사용하는 기술의 종류는 매우 광범위하다.
④ 조달활동	구매된 투입물의 비용이 아니라 회사의 가치사슬에서 사용된 투입물을 구매하는 기능과 연관된다.

(3) 가치사슬분석의 활용효과

- **프로세스 혁신** : 기업의 전반적인 활동을 혁신하기 위함이며 가치사슬과 연계요소의 분석을 통해 기업혁신을 도모한다.
- **원가절감** : PI(Process Innovation) 의 연장선에서 이해될 수 있는 부분이다. 기업활동 내부의 낭비요소를 철저히 제거하여 원가를 절감한다.
- **품질향상** : 제품품질에서 고객의 감성적인 품질까지 만족시켜야 한다. 가치사슬분석을 통한 개선을 도모한다.
- **납기단축** : 제품과 서비스를 얼마만큼 고객에게 신속히 전달하느냐 하는 것이 중요한 경쟁요소이며 가치사슬분석을 통한 납기단축을 도모한다.

이처럼 가치사슬은 궁극적으로 전체적인 활동과 그 내용에 있어서 낭비요소를 최소화(제로화하지는 못함)하고 가치를 최대화하는 목적에서 접목되고 있다. 제품을 생산하는 기업이나 이를 고객에게 판매하는 유통회사 모두 각기 서로의 가치사슬을 보유하고 있다. 또한 해당 가치사슬은 기업내부에만 존재하는 것이 아니라 기업 간에도 존재한다. 그렇기 때문에 이제는 기업내부의 가치사슬 못지 않게 기업 간 가치사슬의 효율화도 무척 중요하게 되었다. 어떻게 보면 글로벌 경제환경에서는 기업 간 가치사슬에 보다 무게를 두어야 할지도 모를 일이다.

1990년대 중반 이후부터 강하게 국내 기업에 도입되고 있는 ERP(Enterprise Resource Planning), SCM(Supply Chain Management), PRM(Partner Relationship Management) 등이 경영혁신의 도구로써 자리매김하는 이유도 같은 맥락에서 이해될 수 있다.

이제 기업은 무한 생존 게임을 벌여 나가고 있다. 품질과 속도 그리고 유연성이 기업의 성과를 결정짓는 작금의 기업환경에서는 누가 먼저 고객의 니즈를 만족시켜 나갈 것인가 혹은 고객의 니즈를 리드해 나갈 것인가에 사활을 걸어야 한다. 따라서 앞으로도 가치사슬은 이러한 혁신을 위한 기본수단으로써 매우 요긴하게 다루어질 것만은 분명하다.

[출처 : 가치사슬(Value Chain)에 다시 주목해야 할 때!(https://blog.naver.com/epro5692/110003817787)]

1.4 산업수명주기

1) 산업수명주기(Industry Life Cycle) 개념

어떤 제품이 출시되어 시장에서 성장하고 중단될 때까지의 시간적 단계를 '수명주기'라고 한다. 수명주기분석은 현재단계를 파악함으로써 다가오는 단계를 준비하고, 새롭게 전개될 시장환경 및 경쟁구조의 변화를 규범적으로 예측하게 한다. 즉 미래의 기회와 위협을 미리 예측할 수 있다. 시장수명주기는 산업진화(industry evolution)이론에 근거한다. 산업의 수명주기는 도입기, 성장기, 성숙기, 쇠퇴기의 네 단계로 진행된다. 각 단계별로 소비자의 성향, 기술수준, 경쟁도, 매출, 순이익 등의 고유한 패턴을 가진다.

수명주기 모델은 현재와 미래시점의 시장구조와 역할을 이해할 수 있는 개념적 프레임워크를 제공한다. 수명주기는 각 단계 고유의 특징적 기회와 위협을 가지고 있으며, 기업이 중장기전략 수립을 위한 중요한 시사점을 제시한다.

일반적으로 수명주기는 도입기–성장기–성숙기–쇠퇴기를 의미한다. 산업발전단계에 관한 개념적인 모형으로 각 단계와 그 특징은 다음과 같다. ① 개발단계 : 신제품, 높은 투자 욕구, 손실가능성, ② 성장단계 : 소비자의 수용, 판매액 신장, 높은 수익, 진입의 용이성, ③ 성숙단계 : 낮은 판매신장속도, 초과 가동률, 가격과 이익의 하락, ④ 쇠퇴기 : 대체품 등장, 매출액성장률 감소, 생존을 위한 합병압력 등이 있다.

산업수명주기방법은 현재의 상황이 산업수명주기상에서 어디에 해당하는지와 향후 산업변화를 예측하고, 시장 및 경쟁상황의 변화를 미리 파악하는 데 도움이 된다.

산업수명주기와 시장수명주기, 제품수명주기, 기술수명주기, 서비스수명주기 등은 수명주기 곡선모양이 비슷한 흐름을 갖고 있다. 수명주기는 항상 같은 패턴으로 나타나지 않는다. 서로 다른 패턴이 혼재되어 나타나는 경우가 많다. 매출과 이익이 동반

그림 1-6 산업수명주기상 소비자 유형

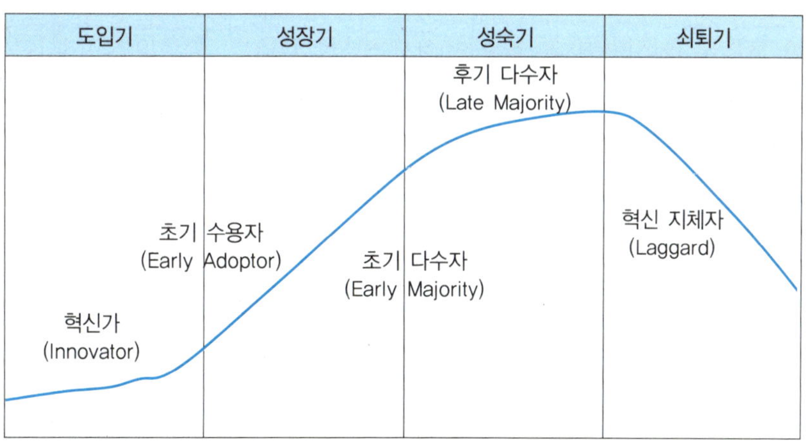

경쟁상황	시장개척, 소수	다수의 경쟁자 출현	시장점유율 경쟁 치열	한계기업, 제품퇴출
핵심성공요인 (KSF)	기술·제품 개발력	시장 침투역량	차별화·가격경쟁력	생존역량
수익성	투자로 인한 적자	수익성 증대	경쟁으로 인한 수익성 악화	수익성 저하

상승하는 것이 아니라 매출은 증가하지만 이익이 감소하거나 매출이 감소하지만 이익은 증가하는 현상이 발생하기도 한다.

2) 산업수명주기 단계별 주요 특징

① 1단계

도입기에는 시장규모도 작고 고객친숙도, 고객인지도도 낮고 유통채널도 미비하다. 규모의 경제에 미달해 가격도 높다.

어떤 기술이 산업표준이 될 것인지 불확실하므로 기술적 불확실성이 높다. 또 산업이 어떻게 성장할 것이며 제품 및 기술 시장이 어느 정도 수준에 있는지 불확실하므로 시장의 불확실성도 높다. 태동기에 시장에 진입한다고 꼭 성공하는 것은 아니다. 최초 진입자가 성공하기도 하고, 시장의 불확실성이 줄어들었을 때 진입하는 자가 성공하기도 한다. 산업표준의 중요성, 기업이 가지고 있는 경영자원의 특성, 기술혁신이 얼마나 보호받을 수 있는지(예 학습효과, 특허, 시기) 등이 시장 진입시기 결정에 고려대상이다.

② 2단계

성장기에는 인지도가 상승하고 유통채널이 개발된다. 규모의 경제로 인해 가격이 낮아지면 업계가 급격히 성장한다. 이때는 생산능력 부족현상이 나타나기도 한다.

조정기에 초과공급으로 인해 치열한 경쟁이 벌어지면서 경쟁력 없는 기업들이 도태되고 성장률이 저하된다. 많은 기업들이 과거 자료에 기초해서 장밋빛 생각을 가지고 과대투자를 하다 보니 벌어지는 일이다.

③ 3단계

성숙기에는 조정기에서 살아남은 기업들이 많은 이익을 본다. 대중적인 시장이 형성된다. 성숙기에 시장매력도가 떨어진다 하더라도 해외진출까지 고려해 볼 필요가 있다. 예를 들어, 한국에서 스마트폰 시장이 성숙기라고 해도 아프리카 시장에서는 성장기일 수 있다. 이런 식으로 전 세계를 대상으로 시야를 넓혀보면 저개발국가 시장을 노려볼 수 있다.

④ 4단계

쇠퇴기에는 새로운 대체재, 기술 등이 등장한다. 퇴출장벽의 높이에 따라 경쟁 강도가 결정된다. 예를 들어, 철도산업은 고속도로, 항공기산업으로 대체재가 너무 많다. 담배산업은 건강에 대한 관심 증가로 인해 수요가 줄어들고 있다. 완구산업은 선진국의 저출산으로 인해 손해를 본다.

표 1-6 산업수명주기별 특징

수명주기 / 평가요소	발전단계			
	도입기	성장기	성숙기	쇠퇴기
시장성장률	낮은 기본성장률 지속적 성장가능 성장률 의미 적음	GNP보다 빠르나 증가속도는 일정 또는 감소함	GNP와 같거나 또는 느림	장기적으로 쇠퇴함
성장잠재력	결정하기 어려움	예상 못한 개발로 산업 전체규모 증가	포화상태에 접근	포화상태 잠재시장 없음
제품라인 수	기본 제품라인 수	빠른 확대	라인 폭 변화 없음	감소
경쟁자 수	급속한 증가	최대 경쟁자 수	구조조정 후 안정	감소
시장점유율의 안정성	자주 변화	소수기업 시장점유 순위 변동가능	주요 기업들에 의한 시장점유	한계기업 철수 소수기업 시장집중
고객충성도	근소 또는 전무	미미한 존재 공격적 구매자	공급자에 대한 안정적 충성도	공급자 감소로 강한 충성도
진입장벽	없거나 또는 불명확한 장벽	약함. 경쟁자 출현 시장성장 방어	높은 진입장벽	진입 시 인센티브 없음
기술	제품 기술자	제품라인 정교화	신제품라인 개발	역할 미미

4단계 쇠퇴기 시점에서 3단계 성숙기로 되돌아오거나 쇠퇴의 조짐 없이 장기간 지속되는 제품도 있다. 오랫동안 인기를 누리고 있는 제품들(과자, 감기약, 휴지 등)이 그 예이다. 나일론 원사의 경우, 2단계 성장과 3단계 성숙이 오랜 기간 걸쳐 반복적으로 순환되는 경우도 있다. 이것은 나일론 소재를 이용한 끊임없는 개발이 지속되었기 때문이다.

1단계에서 4단계로 바로 진입되는 것은 영화나 장난감 등을 들 수 있다. 그러나 수명주기 모델은 미래 변화를 바라볼 수 있는 범용적 프레임워크로 사용되며, 시장범위가 명확하고 제품이 단순하며, 기술발전이 급속하지 않은 시장일수록 수명주기 모델의 타당성이 높아진다.

수명주기이론은 시장을 고객이 아니라 제품에 의하여 정의하고 있다. 그리고 고객의 구매 횟수가 많고(과자, 음료수 등) 가격이 저렴하며, 널리 유통되고 공급처의 영향이 크지 않은 제품에 적용하는 것이 바람직하다. 시장수명주기를 파악하기 위해서는 전체 시장의 연간 매출액 데이터를 확보해야 한다. 다른 분석 기법에 비해 공식적·객관적 데이터에 대한 의존도가 높다.

산업구조를 분석하기 위한 포터의 5-Force 모델은 한 시점만 정태적으로 분석한다. 그래서 시간에 따라 동태적인 분석이 불가능하다는 단점이 있다. 이를 극복하기 위해 수요의 증가 패턴에 따라 산업이 태동기, 성장기, 조정기, 성숙기, 쇠퇴기를 가진다는 산업수명주기이론이 등장하였다.

기술 진보 면에서 생각해 보자. 태동기에는 산업표준이 없어 서로 상충되는 제품들이 산업표준을 위해 경쟁한다. 그러다 경쟁우위가 없는 상품들이 시장에서 탈락하면서 산업의 표준화가 이루어진다. 제품이 표준화된 이후에는 비용우위에 의한 가격경쟁이 중요해지므로 기술 진보의 초점이 제품 혁신보다는 생산과정에 대한 혁신으로 이동한다.

산업생애주기도 꼭 다 맞는 건 아니다. 생필품(예 의식주)은 쇠퇴기로 진입할 수 없다. 생필품은 인간이 살아가는 데 필수 불가결한 의·식·주 요소이기 때문이다. 그리고 컴퓨터산업은 도입기 없이 바로 성장기로 진입하였다. 일부 국가에서 자전거산업은 오토바이, 자동차로 대체되어 쇠퇴할 줄 알았으나 건강에 대한 관심이 증가하면서 수요가 폭증하였다.

이 산업수명주기이론을 바탕으로 다각화를 분석하는 도구에는 BCG Matrix와 GE Matrix 방법이 있다.

1.5 시장분석

1) 시장분석의 이해

(1) 시장분석의 개념

시장분석(market analysis)이란 과거와 현재상황을 조사하고, 분석을 통해 미래를 예측함으로써 시장전략 수립의 지침을 제공하고자 하는 미래지향적인 활동으로, 시장경쟁력을 유지하기 위해 실행가능한 정보 제공을 목적으로 하는 체계적인 분석과정을 말한다. 즉 기업의 활동을 시장환경에 적응시켜 기업이 추구하는 목적을 달성하기 위한 수단인 전략이나 정책을 세우는 데 필요한 정보를 입수하기 위해 각종 자료를 수집하고 분석하는 일련의 과정으로 정의된다.

좀 더 구체적으로 시장분석 내용을 들여다보면 목표시장, 경쟁사, 기업환경에 대한 자료를 수집·분석하는 작업이라 할 수 있다. 이러한 시장분석을 통해 얻어진 정보는 가장 중요한 전략적 의사결정에 도움을 줄 수 있는 정보여야 한다.

(2) 시장분석의 목적과 활용

시장분석의 과정은 대체적으로 전반적인 시장동향 파악, 시장특성 및 구조분석, 특히 경쟁분석, 국내외 가격구조 및 추세분석 등 시장에 대한 분석과정을 포함한다. 또한 시장상황분석을 한 후에는 시장수요의 예측과 매출액의 추정이 필요하다. 이는 계획하고 있는 제품의 판매가능성을 검토하는 과정으로 시장수요분석과 시장공급분석을 통해 판매수급전망을 예측하게 된다.

시장검토	분석대상
시장수요분석	시장수요의 변화추세와 주요 수요업체의 수요량
시장공급분석	기존 공급업체 수, 생산능력, 가동률, 시장점유율의 변화추세

시장분석에서 검토하는 주요 내용은 시장상황분석, 수요예측과 매출액 추정이다. 즉 시장성분석은 사업계획상의 제품이 시장에서 어느 정도의 매출을 올릴 수 있는가를 추

정분석하는 것이다. 우선 시장의 규모를 예측하고, 그중에서 계획상품이 어느 정도의 시장점유율을 차지할 수 있는가를 고려해야 하며, 이러한 원칙에 입각하여 다음에 열거한 세부사항을 참조하여 조사할 수 있다.

(3) 시장분석 정보 분류 및 정보내용

- 거시적 환경분석 : 사회문화적 변화나 법제도적 구조, 납품업자나 유통업자의 제도적·행태적 특징을 분석한다.
- 산업환경분석 : 시장의 규모, 산업 내 경쟁여건, 경쟁구조 등을 분석한다.
- 기업환경분석 : 경쟁사와 자사의 강점과 약점 분석, 즉 목표시장, 각 경쟁사들의 시장점유율과 성장률, 그리고 어떠한 전략과 정책들을 취하고 있는지 등을 분석한다.
- 소비자환경분석 : 소비자들의 구매나 사용 등과 관련된 다양한 특징을 분석한다.

(4) 시장상황분석에 필요한 정보

수요예측과 매출액의 추정은 사업계획상의 제품에 대한 판매가능성을 검토하고 매출액을 예측하는 중요한 과정이며, 자료수집과 과학적 분석기법을 통해 추정결과를 얻을 수 있다.

<table>
<tr><td rowspan="3">시장
상황
분석</td><td>전반적인
시장동향</td><td>• 과거 몇 년간 국내외의 수급실적 및 향후 전망
• 국내외의 투자 및 생산규모, 생산기술동향
• 대체제품의 동향, 출현가능성
• 소비자의 일반적인 취향</td></tr>
<tr><td>시장특성
및 경쟁분석</td><td>• 고객의 특성, 소비성향, 기호
• 판매조직, 유통구조, 유통경로
• 경쟁상대 : 국내외 주요 업체와 지역별 시장점유율, 제품이미지, 경쟁사의 경영상태</td></tr>
<tr><td>국내외 가격
구조 및 추세</td><td>• 현재 동종 또는 경쟁제품의 가격동향
• 가격에서 제조원가, 인건비, 공장도가, 소매가 등의 구성비
• 향후 국내외 가격의 추세</td></tr>
</table>

(5) 수요예측과 매출액 추정

시장수요 및 시장공급분석을 통해 판매수급전망을 예측하는 과정으로 시장수요예측에서는 국내외 시장수요의 변화추세와 주요 수요업체의 수요량을 대상으로 제품의 라이프사이클상의 위치, 수출추세, 수출경쟁력 등을 분석하고, 시장공급분석에서는 기존 공급업체 수, 생산능력 가동률, 시장점유율의 변화추세를 대상으로 신규 업체의 시장 진입 난이도와 시장진입 가능성, 수입의 추세 및 원인 등을 분석한다.

시장분석은 그 구체적 목표에 따라서 신기술 및 신제품개발에 필요한 정보 수집을 위한 시장분석, 미래수요예측을 위한 시장분석, 유통경로 개선 내지는 유통경로 발굴을 위한 시장분석 및 광고전략 수립을 위한 시장분석 등으로 구분해 볼 수 있다.

그러나 어떤 경우든지 시장분석의 최종목표는 계획제품에 대한 시장장악 능력과 판매예측, 즉 앞으로 생산할 제품이 시장에서 얼마나 팔릴 것인가, 시장규모는 얼마인가, 경쟁시장 및 경쟁기업에 비해 얼마만큼의 경쟁력을 갖게 될 것인가, 향후 수요증가추세는 어떻게 변할 것인가, 관련된 제품, 기술, 소비시장의 라이프사이클은 어느 정도인가 등을 분석하는 것이 핵심이다.

2) 시장분석을 위한 시장조사의 종류

효과적인 의사결정을 위한 정보추출에 사용되는 조사는 탐색조사, 기술조사, 인과조사의 세 가지 대표적인 종류로 구분할 수 있다. 이들 세 가지 조사에 대하여 명확하게 이해해야 얻고자 하는 정보의 형태에 따라 어떠한 종류의 조사를 실시하는 것이 가장 효과적인가를 판단하고 조사를 계획할 수 있다. 조사자는 조사목적과 자료의 가용성, 조사자 자신의 경험과 친숙도, 시간 및 자원의 가용성 등을 고려하여 수행하고자 하는 조사를 결정한다. 조사목적이 구체적이지 못하고 이용할 자료가 명확하지 않으면 일단 탐색조사를 수행하고, 탐색조사결과 조사결과보다 정확한 정보획득을 위한 추가적인 조사가 필요하면 기술조사나 인과조사를 실시한다. 그러나 조사목적이나 구체적인 자료가 명확하면 처음부터 탐색조사 없이 인과조사나 기술조사를 하되, 조사목적상 인과관계에 대한 검증이 필요하면 인과조사를 하고, 아니면 기술조사를 한다.

표 1-7 시장조사의 종류

종류	주요 내용	조사방법
탐색조사 (예비조사)	• 목적 : 문제의 규명 • 기업의 문제점과 기회 파악 • 조사문제를 보다 명확하게 규명하기 위함 • 의사결정에 유용한 변수를 찾아내고 이들 간의 관계에 대한 예비지식 획득 • 기업의 다양한 문제와 기회들 간의 우선순위 파악	• 문헌조사 • 사례조사 • 전문가의견조사 (델파이법) • 표적집단면접법
기술조사 (확인조사)	• 목적 : 현상의 기술과 설명 • 의사결정과 관련된 상황파악과 특정 사건의 발생빈도 조사 • 의사결정에 영향을 미치는 변수 간의 상호관계 파악 및 특정 목표값을 예측	• 횡단조사(설문조사) • 종단조사(시계열) • 패널조사
인과조사 (확인조사)	• 목적 : 인과관계의 규명 • 특정 현상 간의 인과관계는 어떠한가? • 특정 현상을 구체적으로 정확하게 이해, 설명, 예측할 수 있는가?	• 원시실험설계 • 순수실험설계 • 유사실험설계

3) 시장분석을 통해 얻는 이점

- 고객들이 지닌 특성에 대한 정보를 제공한다.
- 구매력과 구매습관 등 소비패턴을 알 수 있다.
- 시장조사를 통한 정보는 목표시장의 자금규모와 경제적 속성 등을 밝혀준다.
- 경쟁하고 있는 시장 및 기업의 정보를 얻을 수 있다.
- 환경적인 요인분석을 통해 사업운영에 영향을 미치는 경제적·정치적 환경을 파악할 수 있다.
- 현재 그리고 미래고객과의 커뮤니케이션을 제공한다. 즉 확실한 시장조사를 하게 되면, 고객들과 직접 대화할 수 있는 좀 더 효과적이고 목적지향적인 마케팅전략을 짤 수 있다.
- 사업 아이템의 리스크를 최소화시켜 주고, 사업 아이템이 지닌 제반 문제가 무엇인지 알려주고 구체화시켜 준다.
- 유사사업에 대한 벤치마킹을 할 수 있도록 도와주며, 사업 프로세스의 추적 및 사업의 성공가능성을 평가할 수 있도록 해준다.

4) 시장규모 분석방법 : TAM-SAM-SOM

조사대상이 대는 사업 아이템이 기존 시장과 다르거나 정보가 불분명한 시장이라면 시장규모 측정에 어려움을 겪을 수밖에 없다. 문헌 및 시장조사기관의 자료를 통해 추정할 수 있지만, 자료를 바탕으로 직접적으로 사업과 연관된 시장규모를 추산하는 방법은 크게 Top-down 방식과 Bottom-up 방식의 두 가지 방법이 있다.

일반적으로 TAM-SAM-SOM 프레임워크는 신사업 진출을 목표로 하는 시장규모를 정의하는 데 흔히 쓰이는 프레임워크로 대개 TAM(Total Addressable Market, 전체시장), SAM(Serviceable Available Market, 유효시장), SOM(Serviceable Obtainable Market, 수익시장) 등 세 가지 시장을 Top-down 방식으로 보여주고 있다.

신사업에 진출해 전략기획을 준비하는 사람들이 자신들의 목표시장을 설명할 때 단지 하나의 시장으로 정의하고 그 규모를 설명하면, 설명을 듣는 이해관계자들에게 혼란을 주기 십상이다. 신사업 진출을 목표로 하는 시장규모가 당장 진입하는 목표시장을 이야기하는 건지, 아니면 전체 산업의 규모를 이야기하는 건지, 그리고 이해관계자의 성향에 따라 같은 시장규모라고 하더라도 너무 작거나 혹은 크게 느껴질 수 있다. 이럴 때 신사업 진출을 목표로 하는 시장을 전체시장(TAM), 유효시장(SAM), 목표시장(혹은 수익시장, SOM)으로 나눠서 단계별로 설명한다면 이해관계자가 시장 기회를 이

그림 1-7 시장규모 추정 : TAM-SAM-SOM

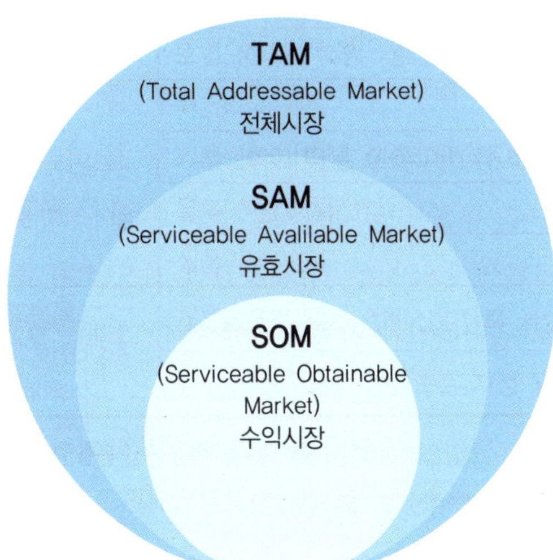

해하는 데 훨씬 도움이 된다. TAM은 국내시장·해외시장, SAM은 목표시장, SOM은 초기 진입시장으로 이해하면 된다.

(1) TAM(Total Addressable Market)

전체시장이란 뜻으로 말 그대로 제품·서비스가 진입하고자 하는 전체시장의 크기이다. 전체시장 규모를 추정하는 것은 비교적 어렵지 않다. 공개된 자료와 보고서 등을 활용해서 충분히 유추가 가능하다. 하지만 이러한 전체시장은 신규 사업이 초기에 생존을 하기 위한 부분으로서는 너무 큰 시장이다.

(2) SAM(Serviceable Available Market)

유효시장이라고 하며 전체시장이 추구하는 영역에서 기업이 추구하는 비즈니스 모델이 차지하는 비중을 말하고, 실제 도달가능한 시장크기를 의미한다. 사업 아이템으로 10% 점유할 경우 시장규모이며, TAM 영역에서 비즈니스 모델(Business Model : BM)이 차지할 수 있는 비율을 말한다. 좀 더 설명하자면 전체시장 중에서 조건을 고려해서 도달가능한 시장의 크기이다. 즉 신규 사업이 추구하는 비즈니스 모델이 차지하는 시장이라고 할 수 있다. 이 유효시장의 규모를 추정하는 것부터는 사실상 많은 노력과 창의적인 가정이 요구된다. 시장의 비교대상이 불명확하다면 시장점유율을 유추해 내기가 더욱 쉽지 않다. 특히 최근 신규 사업들처럼 비즈니스 모델이 여러 분야와 융복합되어 있는 경우에는 더욱 기존 데이터를 적용하기가 곤란해진다. 따라서 기존 조사된 자료들을 재분류하고, 객관적으로 데이터를 입증할 수 있는 근거를 찾아내야 한다.

(3) SOM(Serviceable Obtainable Market)

수익시장이라고 하며 유효시장 내에서 초기 단계에 확보가능한 시장규모이다. TAM–SAM–SOM 접근법에서 SOM은 가장 중요한 시장이다. 초기에 고객을 유치하지 못하면 더 큰 시장으로 접근하기가 힘들기 때문이다. 그래서 SOM은 생존시장이라고도 한다.

어떻게 SOM의 규모를 산정할 것인가는 자기 전문분야에서의 역량과 직결된다. 왜냐하면 초기에 얼마나 유효한 고객을 확보하는가는 단순한 숫자로 계산되기보다 실질적인 영업력(인원) 및 서비스 커버리지(coverage) 등 내부적인 자원(resource) 이해력에 따라 달라지기 때문이다. 따라서 SOM을 파악하는 단계에서는 시장적인 접근보다는 핵심타깃이 누구인지 파악하고, 그들의 관점에서 시장을 세밀하게 볼 수 있어야 한다.

표 1-8 TAM-SAM-SOM 요약

구분	TAM	SAM	SOM
의미	• 우리 사업 아이템이 연관된 시장규모 • 카테고리 영역이 포함하는 비즈니스 도메인 크기	• 우리 사업 아이템으로 100% 점유할 경우 시장규모 • 전체시장에서 우리 비즈니스 모델이 차지할 수 있는 점유율	• 초기 확보가능한 핵심 목표시장규모 • 수익시장, 거점시장, 목표시장, 생존시장
사례 1	국내 모바일 앱 사용자 4,000만 명	헬스케어 앱 사용자 1,000만 명	50~60대 만성질환자 400만 명
사례 2	국내 산업기술시장분석사 자격교육시장 • 대학생 : 약 200만 명	국내 대학 자격교육시장 • 대학 재학생 : 55만 명	국내 200개 대학 • 자격 준비생 200개 대학 ×연 4회×100=80,000명

그림 1-8 TAM-SAM-SOM 사례

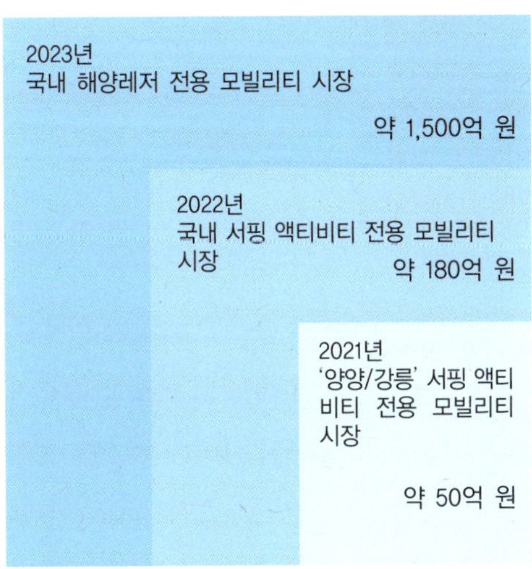

- 2014년 국내 레저 인구 추산치* 430만 명(연인원 기준)
- 2023년까지 연평균 성장률 3%/연간 가정
- 2023년 국내 레저 인구 약 513만 명(연인원)
- 대중교통 이용 비중 30% 가정
- 513만×30%×객단가 100,000원=약 1,540.3억 원

- 2019년 국내 서핑 인구 추산치** 40만 명(연인원 기준)
- 2022년까지 연평균 성장률 15%/연간 가정
- 2022년 국내 서핑 인구 추산치 60.8만 명(연인원 기준)
- 대중교통 이용 비중 30% 가정
- 60.8만×30%×왕복 객단가 100,000원=약 182.5억 원

- 2019년 양양 서핑 인구 추산치 24만 명(연인원 기준)
- 2021년까지 연평균 성장률 20%/연간 가정
- 2021년 양양 서핑 인구 추산치 34.5만 명(연인원 기준)
- 대중교통 이용 비중 20% 가정
- 34.5만×20%×왕복 객단가 70,000원=약 48.4억 원

* 해양레저 인구 출처 : 해양수산부(2013)

** 서핑 인구 출처 : 대한서핑협회(2020)/양양 서핑인구의 경우 서핑샵 60~70%가 양양에 위치한 것에 비례하여 추창한 값

TAM-SAM-SOM 접근법을 통해서 최종적으로 파악하고자 하는 기준점은 최대치와 최소치의 중간점이 아니라 오히려 최소한의 시작점이 어느 규모인지와 최소한의 생존력을 견뎌내면 궁극적으로 얼마나 확장가능한지를 알고 싶은 것이다. 따라서 생존시장(Serviceable Obtainable Market : SOM)을 제대로 발견하고 있는가가 핵심이다. 이 방법은 절대적인 방법은 될 수 없지만, 시장규모를 파악하고 최소 어느 정도에서 최대 어느 정도까지 성장할 수 있는가를 파악할 수 있기 때문에 많이 사용하는 기법이다. 정리하자면 TAM-SAM-SOM은 "내가 진출할 시장의 규모는 얼마다"라는 것을 논리적으로 도출해 내는 과정이며, 수익을 창출할 수 있는 생존시장 발견능력을 숫자로 입증하는 것이다.

/연/습/문/제/

01 산업과 시장의 개념을 설명하고, 산업시장분석이 중요한 이유를 토론하시오.

02 산업구조분석을 위한 5-Force Model 분석의 개념과 각각의 장점과 단점을 기술하시오.

03 공학과 경영의 융합적 결합에 따라 각각의 역할이 어떻게 변화될 것인가를 토론하시오.

04 시장조사 기법에 대하여 기술하시오.

05 특정 제품에 대한 산업수명주기(industry life cycle) 사례를 조사하여 기술하시오.

기술경영, Management of Technology

CHAPTER 2

기술경영의 개념과 이해

2 CHAPTER 기술경영의 개념과 이해

2.1 기술의 정의와 분류

1) 기술의 정의

기술은 "과학 또는 기술적 체계를 실제로 적용하여 자연의 사물을 인간생활에 유용하도록 가공하는 수단 혹은 사물을 잘 다룰 수 있는 방법이나 능력"으로 정의되고 있다. 간단히 말하면 자원을 이용하여 대상물의 형태나 성질을 변화시키는 수단을 의미한다.

개념 정리

- **자원** : 인간의 생활 및 경제 생산에 이용되는 재료나 물건 등의 자료, 노동력 및 기술
- **기술** : 과학적 이론을 바탕으로 인간에게 유용한 새로운 것을 만들어 내는 수단이나 활동
- **산업사회** : 여러 가지 산업분야에 전문적인 지식인과 기술자가 우대받는 사회
- **정보화사회** : 정보의 가치를 생산하는 것을 중심으로 사회나 경제가 운영되고 발전하는 사회

기술은 영어의 'technology'와 'technique'를 포괄하여 설명한 것으로, 과학이론을 실제로 적용하여 자연의 사물을 인간생활에 유용하도록 가공하는 수단은 영어의 'technology'의 의미이며, 사물을 잘 다룰 수 있는 방법이나 능력은 영어의 'technique'의 의미로 볼 수 있다.

- 기술은 목적달성에 필요한 자원과 지식을 말한다.
- 기술은 공정 또는 제품설계 그리고 새로운 지식탐구에 적용될 수 있는 과학 및 공학적 지식을 목적을 가지고 실용적으로 응용한 지식이다.

기술(Technology)	과학(Science)	공학(Engineering)
• 기술이 갖는 과학과의 차이는 인간의 물질적 삶의 질을 향상시키기 위해 자연을 통제하고 이용하려는 뚜렷한 목표가 있다.	• 과학은 자연에 숨겨진 보편적인 진리를 찾아내는 것이므로 사회의 가치관과 경제성과는 아무런 관련이 없다.	• 공학은 자연과학과 기술의 중간에 위치하며, 현실문제에 대해 보다 경제적으로 접근하는 것, 따라서 경제성을 고려하지 않는 기술의 적용은 공학이 될 수 없다.
• 존재하는 것을 효율적으로 활용하는 행위이다.	• 알지 못하는 것을 발견하는 행위이다.	• 존재하지 않는 것을 창조하는 행위이다.

2) 기술의 특성

기술은 인공적 특성, 지식적 특성, 그리고 활동적 특성으로 구분할 수 있다.

- **인공적 특성** : 인간의 노력과 창의성을 활용하는 인위적인 활동이다. 흙이나 나무 등 주변자원을 활용하여 인위적으로 만든 건축물은 기술이라고 한다.
- **지식적 특성** : 제품을 만들고 사용하는 데에도 특정한 논리와 지식이 필요하다. 기술은 자연법칙과 과학적 원리를 실생활에 응용함으로써 발달된다.
- **활동적 특성** : 기술에는 만든 사람과 활용하는 사람의 활동이 필요하다. 기술자의 창의성과 끊임없는 노력이 오늘날과 같이 우리 생활을 발전시킨다.

3) 기술의 분류

기술은 인간의 삶의 영역만큼이나 다양하고 이 때문에 이들을 하나의 틀로 분류하기 힘들다. 기술의 유형에 대한 공식적인 합의는 존재하지 않지만 일반적으로 분류의 목적에 따라 다음과 같이 구분된다. 분류목적에 따라 중복되는 경우도 있다.

(1) 고유특성에 따른 분류

고유특성에 따른 기술유형은 제품기술, 공정기술, 정보기술로 나눈다.

제품기술 (product technology)	특정한, 특히 혁신적인 제품을 만들어 내거나 일정한 품질의 혁신적인 제품을 생산할 수 있는 기술을 지칭한다. 신제품 생산뿐만 아니라 기존 제품의 개선도 포함한다.
공정기술 혹은 생산기술 (process technology)	제품의 생산공정에 관련된 기술을 말한다. 화학공장이나 자동차공장과 같은 대규모 시설과 복잡한 절차를 통해 생산되는 제품은 최적화된 공정기술이 필요하다. 월마트, 이마트 등 유통업체에서도 최적화된 공정기술이 필요하다.
정보기술 혹은 경영기술 (information technology)	개인과 개인, 개인과 조직 혹은 조직과 조직 간의 정보창출, 정보보관, 정보전달에 관련된 기술로 커뮤니케이션 기술, 컴퓨터관련 기술, 구체적으로 컴퓨터 소프트웨어와 교육기술을 포함한다. 기업의 주문처리시스템, 재고통제시스템, 회계시스템 등 각종 정보시스템도 여기에 포함시킬 수 있다.

(2) 정형화에 따른 분류

정형화 정도에 따른 기술 유형은 명시적 기술과 묵시적 기술로 나눈다.

명시적 기술 (codified technology)	문서나 그림, 동영상 등으로 나타나거나 표시된 기술을 말한다. 상대적으로 쉽게 파악이 가능하고 활용가능하다. 이러한 기술은 법에 의한 보호를 확보하는 것이 바람직하다.
묵시적 기술 (implicit technology)	문서나 그림, 동영상으로 나타나거나 표시되지 않은 경험이나 직관에 의한 기술을 말한다. 대부분 상황에 대응하는 기술이거나 개인적인 성격을 지니기 때문에 쉽게 전수되지 않는 기술이다.

(3) 기술의 전략적 중요성에 따른 분류

기술의 전략적 중요성에 따라 기반기술, 핵심기술, 미래기술로 나눌 수 있다.

기반기술 (base technology)	• 해당 산업의 모든 기업이 꼭 알아야 하는 기술 • 시설, 장비, 지식네트워크 등 연구 인프라를 토대로 연구개발을 지원하는 기술 • 타세이(Tassey, 1991)에 의해 기술 인프라가 중심이 되는 기술경제적 네트워크 모델의 구성요소로서 처음 제시 예 기초측정기술, NC 공작기계 운영기술 등

핵심기술 (key technology)	• 타사에 비해 경쟁우위를 가지도록 해주는 기술 • 현 제품 또는 제품로드맵상에서 정의된 향후 진화된 제품의 경쟁우위를 결정하는 요소기술 예 삼차원 CAD 개발기술, 특수물질 합성기술, 엔진설계기술 등
미래기술 (pacing technology)	• 앞으로 경쟁우위를 결정할 것으로 기대되는 기술(아직 사업화되지 않은 상태) 예 미니로봇기술, 삼차원 프린팅 기술 등

(4) 응용성에 따른 분류

응용성에 따라 기초・원천기술, 응용기술로 나눌 수 있다.

기초・원천기술 (source proprietary technology)	샘물이 솟아 나오는 근원과 같은 기술이라는 의미로서 다른 원천기술이나 응용기술이 샘물처럼 지속적으로 파생해서 나올 수 있는 신기술을 말한다. 이와 같은 기술은 대부분 법적인 보호를 받을 수 있는 절차가 있기 때문에 법으로 보호되고 있다는 의미의 'proprietary'라는 단어를 붙여 표기되기도 한다. 편의상 기초기술과 원천기술을 묶어 분류하였으며 원천기술이 꼭 기초연구를 통해 나타나는 것은 아니다.
응용기술(산업기술, 공공기술) (applied technology)	고객이나 조직의 필요에 부응하여 기초기술이나 원천기술을 활용하여 구체적인 실제 문제해결에 적용하는 기술을 말한다.

2.2 기술경영의 이해

1) 기술경영의 개념

기술경영(Management of Technology : MOT)의 시작은 1980년대 스탠퍼드 경영대학원의 윌리엄 밀러(William Miller) 교수가 'Technology Management' 강좌를 개설한 것이 그 효시라고 한다. 이후 1990년대 MIT 경영대학원 내에 기술경영 학위 프로그램이 개설되면서 본격적으로 도입되기 시작하였다. 그간 기술경영의 정의에 대해 살펴보면 미국의 기술컨설팅기관인 SRI(Stanford Research Institute)는 기술경영을 "R&D투자비용에 대한 효과를 최대화하는 것"이라고 정의하였다. 우리나라에서는 기술경영을

"공학과 경영을 통합·연결하여 기술 중심 기업의 성공을 다루는 학문"이라고 정의하고 있다.

기술경영은 "기술을 효과적으로 획득, 관리, 활용하여 기술역량을 축적하고 수익창출을 극대화하기 위한 제반 경영활동"이다.

기술경영의 정의 가운데 하나는 "기술경영은 엔지니어링, 과학과 경영의 원리를 연결하여 기술적 역량을 계획, 개발하고 실행을 통하여 조직의 전략과 운영상의 목표들을 만들고 달성하는 것이다(미국 국립과학학회, 1987)"이다. 쉽게 말하자면 기업경영을 하는 데 있어서 기술을 적용하기 위한 문제를 해결하고 효과적인 기술혁신활동을 추진하기 위한 원리와 기법의 개발과 적용을 다루는 학문분야라고 할 수 있다. 결과적으로 신기술을 전략적으로 활용함으로써 새로운 사업 기회를 창출하고 혁신적 제품을 고안하는 등 공학과 경영학을 통합한 개념이다. 이를 통해 기술투자비용에 대해 최대 효과를 내는 것을 목표로 한다. 삼성전자, 현대자동차와 같이 첨단기술을 기반으로 한 기업이 성공할 수 있었던 요인에는 기술경영의 성공을 빼놓을 수 없다.

표 2-1 경영·기술·통제의 일반적인 개념

구분	개념
Management (경영·관리)	• 조직의 목표를 효과적(effectiveness)이고 효율적(efficiency)으로 달성하기 위해 자원을 확보, 관리, 분배하는 과정 • 모든 조직의 기본원리 • 경영의 4대 필수요소 : 사람, 자본, 정보, 전략 • 경영활동 세 가지 : Planning–Doing–Seeing • 구성 : 전략, 리더십, 리스크 비전 등
Technology (기술)	• "과학 또는 공학적 체계를 실제로 적용하여 자연의 사물을 인간생활에 유용하도록 가공하는 수단 혹은 사물을 잘 다룰 수 있는 방법이나 능력" • 구성 : 기술 지식의 발명, 축적, 혁신 확산 등
Control (통제)	• 경영진의 지시를 확실히 수행하기 위해, 대부분 실무현장에서 이루어지며, 조직목표에 대한 어떤 기준이나 규격에 맞춰서 어떤 행동을 제어하는 활동 • 구성 : 승인, 권한부여, 확인, 운영실적 점검, 직무분리 등

2) 기술경영의 역할

- 엔지니어링, 과학, 경영의 원리를 연결하여 기업경쟁력 확보 및 이윤 극대화
- 기술적 역량의 계획, 개발, 실행
- 조직의 전략과 운영상의 목표달성에 기여
- 신산업시장 뉴패러다임 창출 주도
- 기관 또는 국가경쟁력 강화를 위한 전략적 인력양성
- R&D 체계관리 및 신제품개발 등

3) 기술경영의 목적

기업이 경영전략계획을 입안할 때의 핵심은 경영목표를 명확하게 하고 그것을 달성하기 위해 조직 내 제반 자원을 적절히 배분하고 목표를 달성하는 것이다. 목표를 달성하기 위한 기술경영은 아래와 같은 목적을 갖는다.

- 조직 전체의 관점에서 각 부문이 지니고 있는 기술, 지식, 경험, 현장 노하우를 체계적·기능적으로 통합한다.
- 기술경영의 3요소인 자원(resource), 하부구조(infrastructure), 조직활동(activities)의 유기적 상호작용을 도모하여 조직 전체의 경영성과 극대화를 추구한다.
  - 자원 : 인적자원, 기술, 지식재산, 정보, 조직특성, 고객과 공급자, 시설과 장치 등을 말한다.
  - 하부구조 : 자원과 조직활동 등 기술경영요소에 생명력을 불어넣는 요소로써 조직의 목표달성에 중요한 역할을 담당하는 기술경영의 기반시스템으로 기업경영의 목표와 전략, 조직체계와 방침 등이 포함된다.
  - 조직활동 : 각 자원과 기반구조에 밀착되어서 특수기능을 수행하는 것으로 사업관리활동 등 조직의 기능적 활동과 조직 외적인 활동 그리고 조직구성원의 개인활동을 포함한다.

2.3 기술경영의 학제적 접근

기술경영은 기술(technology)과 경영(management)의 합성어로서 학제성(interdisciplinarity)을 갖고 있다. [그림 2-1]과 같이 다양한 학문분야와 실무적 접근을 모두 포함하는 학제성을 갖고 있는 특징이 있다. 기술경영의 학제성을 학문적 측면에서 살펴보면 경영학, 경제학, 사회과학, 자연과학, 공학의 융합분야를 다루는 학문이다. 기술경영은 우리 사회에 큰 영향을 주는 기술문제를 다룬다는 점에서 경영학, 경제학 등 사회과학적인 지식의 적용이 매우 필요하다. 특히 기술경영은 융복합 산업구조 및 불확실한 시장경쟁구조에 있는 조직경쟁력 확보·유지·제고를 위한 전략적 경영에 매우 중요한 역할을 수행한다. 또한 기술경영은 과학기술분야의 모든 분야를 포괄한다는 점에서 자연과학과 공학지식의 접목이 필요하다. 요약하자면 기술경영은 다양한 분야에 활용하기 위해 과학, 기술, 경영, 실무를 통합하는 학제성을 갖고 있으며, 기업, 지역, 산업, 더 나아가서 국가의 경제에 기여할 수 있는 핵심요소로서 기술의 창출·획득·활용을 가능하게 하는 시스템 경영을 의미한다.

그림 2-1 기술경영의 학제성

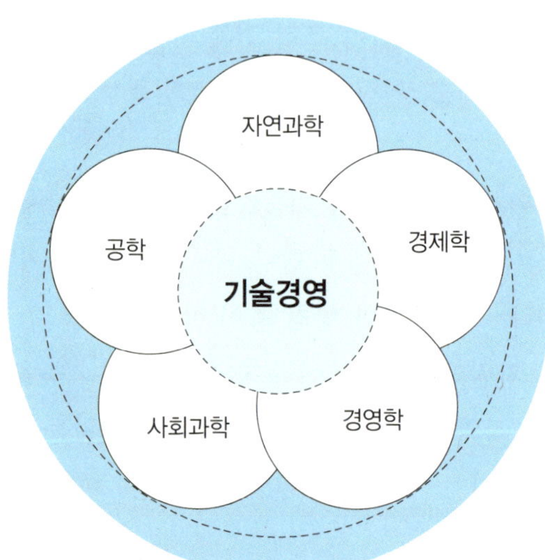

※ 학제성(interdisciplinarity)은 학문상의 연구가 다른 학문과 관련성을 가지고 있는 성질을 말한다.

출처 : 정선양, 전략적 기술경영, 2007

2.4 기술혁신

1) 기술혁신의 개념

기술혁신(technology innovation)이란 과학과 기술을 활용하여 연구개발하고, 새로운 사실을 발견하거나, 기존의 방식과는 전혀 다른 근본적 변화에 따라 제품이나 서비스를 창출하는 것을 말한다.

슘페터의 기술혁신 개념

기술혁신이라는 말은 20세기의 세계적인 이론경제학자 슘페터(Joseph Alois Schumpeter : 1883~1950)가 처음으로 사용한 'Neuerung(innovation)'의 역어로서, 그는 기술혁신을 장기적인 경기변동의 주요한 변수로 파악하였다. 슘페터는 이 말을 기술의 발전뿐만 아니라 새로운 시장의 개척, 상품공급방식의 변경 등 경제에 충격을 주어 변동을 야기시키고, 이것에 의해 동태적(動態的) 이윤을 발생시키는 모든 계기를 뜻하는 것으로 풀이하였다.

| 표 2-2 | 발명과 혁신의 차이

구분	내용
발명(invention)	• 개념 : 획기적인 새로운 생각과 기술을 고안하고 창조하는 일 • 특징 : 개인의 상상력을 통해 만들어지는 경우가 많음 • 절대적으로 새로운 것이어야 함. 신규성 중요
혁신(innovation)	• 개념 : 발명된 생각과 기술을 현실세계에 쓰이게 만드는 것 • 특징 : 개인과 조직 이해관계자들의 협력이 필요한 경우가 많음 • 상대적으로 새로운 것이어야 함. 실용성 중요

※ 개발(development)은 발명의 결과를 상품화하는 과정을 의미하며, 개발을 거친 발명을 혁신이라고 한다.

2) 기술혁신의 유형

기술혁신의 유형은 대상에 따라서 제품혁신, 공정혁신, 경영혁신으로 나누며, 혁신속도에 따라서 점진적 혁신, 급진적 혁신으로 나눌 수 있다. 각각의 특성은 아래와 같다.

(1) 대상에 따른 기술혁신 유형

제품혁신	• 제품 또는 서비스의 기술혁신을 의미 • 특성 : 고유성능, 기능, 화학적 특성 등 예 가솔린 엔진에 전기 배터리 엔진을 장착한 하이브리드 자동차 개발
공정혁신	• 제품이나 서비스를 만드는 방법에 있어서 기술의 변화를 의미 • 특성 : 효율적 생산방법, 가공방법 등 예 소비자에게 보이지는 않지만 품질개선, 불량률 감소, 생산성 향상 등
경영혁신	• 조직의 목적을 달성하기 위하여 새로운 생각이나 방법으로 기존 업무를 다시 계획하고 실천하고 평가하는 것 • 조직, 인력, 시스템 등 기술혁신에 따라 경영상의 전반적인 변화를 따름 예 경영정보시스템(MIS)

(2) 혁신속도에 따른 기술혁신 유형

점진적(incremental) 혁신	• 기술발달속도가 서서히 이루어지는 것으로 기존 기술을 보완하거나 약간의 변화를 주는 혁신을 말함 • 기존 기술시스템 개선, 보완, 변화보다는 성능, 형태, 안전도, 원가절감 같은 시스템 변화를 의미함(상대적으로 높은 빈도로 발생) 예 정보통신산업의 빠른 변화에 비추어 볼 때, 스마트폰 기술혁신은 점진적 혁신으로 분류할 수 있음 • 연속적 혁신(continuous innovation) • 기존 시장(red ocean)에 진입하는 전략 필요 예 자동차 → 연비개선 자동차
급진적(radical) 혁신	• 제품에 대한 생각과 사용하는 방법까지 새로운 제품이 출현되며, 기술시스템의 근본적 변화에 따른 기술주도(technology push)에 의하여 혁신됨 • 산업의 창조 또는 변화에 주도적이며 비교적 드물게 발생 • 불연속적 혁신(discontinuous innovation) • 신규 시장(blue ocean)에 진입하는 전략 필요 • 기존 시장과 전혀 다른 속성을 요구하는 새로운 시장 니즈를 충족시키는 급변적인 혁신 예 가솔린 자동차 → 전기 자동차

(3) 기타 기술혁신 유형

기본적(basic) 혁신	• 조직 내 · 외에서 상대적 중요도가 높은 혁신
부수적(sub) 혁신	• 조직 내 · 외에서 상대적 중요도가 낮은 혁신
파괴적(disruptive) 혁신	• 경쟁기업들이 가진 통념을 깨고, 단순하고 저렴한 제품이나 서비스로 시장의 밑바닥을 공략한 후 빠르게 시장 전체를 장악하는 방식의 혁신 예 카카오 택시
존속(sustainable) 혁신	• 기존 제품을 지속적으로 개선해 보다 높은 가격에 제공하는 혁신 • 휴대폰이나 자동차를 출시하는 데 있어서 기존 제품의 기본 틀은 그대로 유지하면서 새로운 기능이나 성능을 향상시키는 것

※ 파괴적 혁신과 급진적 혁신 사례와 존속 혁신과 점진적 혁신은 개념이 비슷하다고 볼 수 있다.

/연/습/문/제/

01 기술의 고유특성에 따른 제품기술, 공정기술, 정보기술에 대하여 예를 들어 기술하시오.

02 기술의 정형화에 따른 명시적 기술, 묵시적 기술에 대하여 예를 들어 기술하시오.

03 기술의 전략적 중요성에 따른 기반기술, 핵심기술, 미래기술에 대하여 예를 들어 기술하시오.

04 현대의 비즈니스 차원에서 기술경영의 필요성과 국가경쟁력에 어떠한 영향을 미칠 수 있는지 토론하시오.

05 기술혁신 유형에 따른 제품혁신, 공정혁신, 경영혁신 사례를 기술하시오.

CHAPTER 3

경영전략과 기술전략

3 CHAPTER

경영전략과 기술전략

3.1 경영전략

1) 경영전략의 개념

경영전략은 기업이 경영자원을 효과적으로 배분하여 외부환경 변화에서 경쟁우위를 제공・유지시켜 줄 수 있는 주요한 의사결정과정이다. 보편적 관점에서 경영전략은 "중장기적으로 최고경영자가 중심이 되어 기업의 목표를 달성하고, 기업경쟁력을 확보하기 위한 계획 및 의사결정과정이다"(박용태, 기술과 경영, 2014).

전략의 개념

전략(Strategy : 戰略)이란 본래 군사에서 쓰이는 용어로서 특정한 목표를 달성하는 데 필요한 자원과 수단을 파악하는 것이며, 목적과 방법 사이에 일정한 균형을 유지하기 위한 행동계획을 가리킨다.

전략은 경쟁시장 장악과 다른 기업과 경쟁하고 승리하는 데 필요한 세부계획과 지침을 제공한다. 전략은 목표의 설정, 목표달성방법에 대한 의사결정, 특정한 과업을 수행하기 위한 실행계획의 수립, 목표달성을 보장하기 위한 후속작업 등을 포함한다. 이와 같은 일련의 기업행위를 포괄적으로 표현하여 전략경영(strategic management)이라고 한다.

▌그림 3-1▐ 경영전략 기본절차

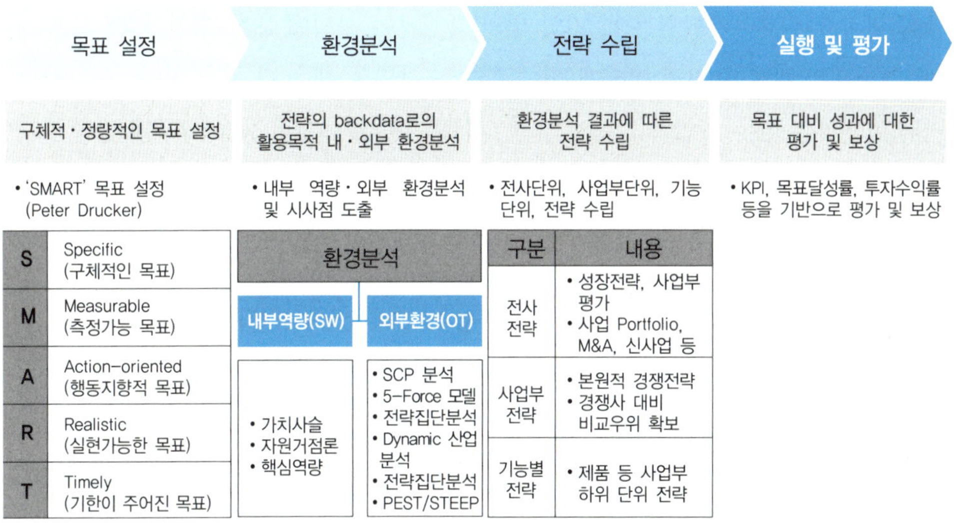

경영전략에서 외부환경분석은 기업의 경영의사결정 및 경영성과에 영향을 주는 기업 외적환경으로 거시환경과 산업환경으로 분류된다. 그리고, 거시환경은 기업이 속한 산업에 영향을 주는 정치 · 경제 · 사회 · 문화 · 기술적 요인을 포함하며, 산업환경은 기업이 속한 산업 내 고객 · 경쟁자 · 공급자의 움직임을 중심으로 하는 환경을 의미한다.

경영전략에서 기업이 추구하는 전략은 기업전략, 사업전략, 기능전략 세 가지 차원이 있다.

(1) 기업전략(corporate strategy)

전사적 전략으로서 최상위 경영전략이며, 기업발전의 출발점이다. 기업전략은 성장에 대한 기업의 전반적인 방향을 나타내며, 기업이 어떤 새로운 시장, 세분화된 일부 시장 혹은 틈새시장에서 활동할 것인가를 결정한다. 즉 어떤 사업에 참여할 것인가? 어떤 사업을 철수해야 하는가? 어떤 고객을 목표로 할 것인가? 어떤 새로운 기술을 사용할 것인가? 경영활동 범위를 어떻게 규제할 것이며, 경영목표를 달성하기 위한 제경영활동에 소요되는 인적 · 물적 · 재화적 자원을 어떻게 조달하고 분배할 것인가? 이러한 세부적 의문사항에 관한 해결책을 찾는 것이 기업단위의 경영전략이다.

(2) 사업전략(business strategy)

기업전략으로부터 개발되는데, 기업 내의 특정분야 사업에 대한 경영전략으로서, 기업이 경쟁우위 확보를 위해 어떻게 해야 할 것인가의 문제를 다룬다. 보다 구체적으로 사업전략에서는 기존 사업의 지속적 발전, 새로운 시장의 개척 등을 다루게 된다. 사업전략은 시장에서 어떻게 경쟁을 할 것인가에 관한 방책에 관한 사항이라는 점에서 경쟁전략(competition strategy)이라고도 부를 수 있다. 또한 기업이 다양한 제품을 생산할 경우 각각의 제품은 자율적인 사업조직으로서 기언전략과 밀접한 관계하에 각각의 사업전략을 전개해 나간다.

(3) 기능전략(functional strategy)

사업전략의 세분화단계로 제품전략(product strategy)이라고도 한다. 기능전략은 각 기능부서가 사업전략 및 기업전략을 효과적으로 보조하기 위한 당해 기능부서의 효율성 극대화에 목표를 두고 있다.

기능전략은 생산・마케팅・연구개발・인사・재무 등 경영성과와 관련된 제기능을 결정하는 전략이다. 따라서 기능전략은 기업전략과 사업전략을 전개하는 과정에서 자금과 인력 등 내부자원의 배분과 기능분야의 활동을 조정함으로써 기업의 전략적 목표 달성에 중요한 역할을 한다. 예컨대, 특정 사업부서의 경영전략이 신제품개발이라면

그림 3-2 경영전략체계

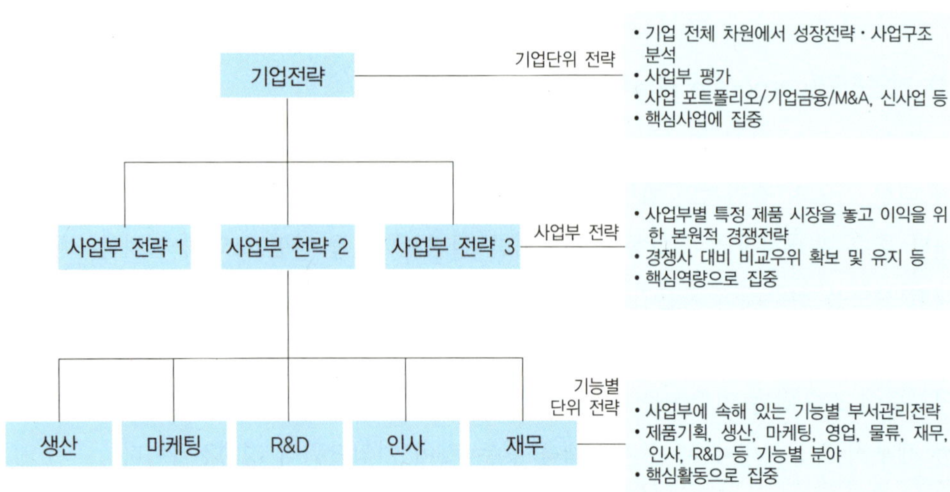

연구개발부서의 주요 전략은 신제품을 개발하기 위해 구체적인 계획을 작성하는 것이다. 기능적 단위에서의 경영전략은 전략계획이라는 개념보다 전술계획의 성격을 갖는다고 볼 수 있다. 따라서 경영전략의 작성수준이 기업에서 사업부로, 다시 기능부서로 하향함에 따라 계획의 내용은 보다 구체적이고 특수한 양상을 띠게 된다.

2) 경영전략 수립 주요 기법 소개

(1) PEST분석

Political, Economic, Social and Technological analysis를 뜻한다. 즉 장기적으로 기업에 영향을 줄 수 있는 외부환경요인들이 많은데, 이 요인들 중에서 기업이 통제 불가능한 정치적, 경제적, 사회문화적, 기술의 흐름을 분석하는 것이다.

(2) STEEP분석

STEEP는 기업이 직접 통제할 수 없는 외부환경분석을 통해서 산업 내의 기업경쟁력에 영향을 끼칠 수 있는 거시적인 환경요인이 무엇인지를 파악하기 위한 분석도구이다. STEEP는 사회(Social), 기술(Technological), 경제(Economic), 생태학(Ecological), 정치·법적(Political/Legal) 영역을 나타낸다. 이 다섯 요소를 분석하여 거시환경 기업전략에 활용한다.

(3) 7S분석

7S분석이란 기업, 사업부, 부서, 지방자치단체, 국가 등 조직의 내부역량을 분석하는 도구이다. 7S는 조직 내부에서 가장 중요한 요소 일곱 가지를 말하는데, 단어 첫 글자가 S로 시작한다. 즉 전략(Strategy), 공유가치(Shared Value), 관리기술(Skill), 시스템(System), 스태프(Staff), 스타일(Style), 조직구조(Structure) 등이다. 이 분석방법을 컨설팅에 활용한 맥킨지사의 이름을 따서 맥킨지 7S 모델이라고도 한다. 총체적으로 조직역량을 진단할 수 있는 강점이 있다.

(4) 3C분석

시장 내에서 고객(Customer), 자사(Company), 경쟁사(Competitor)의 3C분석을 통해 현황을 파악하는 기법이다. 이 분석 기법은 세분화된 시장(market) 내에서 고객은 어떤 특징을 가지고 자사와 경쟁사들은 어떻게 경쟁하고 있는지를 파악할 수 있다.

(5) SWOT분석

기업의 내부환경과 외부환경을 분석하여 강점(strength), 약점(weakness), 기회(opportunity), 위협(threat)요인을 규정하고 이를 토대로 경영전략을 수립하는 기법으로, 미국의 경영컨설턴트인 앨버트 험프리(Albert Humphrey)에 의해 고안되었다. SWOT분석의 가장 큰 장점은 기업의 내・외부환경 변화를 동시에 파악할 수 있다는 것이다. 기업의 내부환경을 분석하여 강점과 약점을 찾아내며, 외부환경분석을 통해서는 기회와 위협을 찾아낸다.

(6) BCG 매트릭스

보스턴컨설팅그룹(Boston Consulting Group)에 의해 개발된 것으로 기업수준에서 각 사업단위가 속해 있는 시장의 성장률(growth)과 각 사업단위가 그 시장 내에서 차지하는 상대적 점유율(market share)을 기준으로 사업 포트폴리오를 평가하는 분석 기법이다. 이 기법은 사업영역이 두 개 이상인 경우 한정된 자원배분의 투자조합에 관한 의사결정 기법으로서 기업은 'Cash Cow'에서 나오는 자금을 'Star'에 투입해 성장시키고, 'Dog'에서는 서서히 발을 빼며(비용절감) 투자금을 회수해 나가거나 타 기업에 매각해 철수하는 것이 좋다. 'Question Mark'의 경우 현금을 투자할 수도 있고 일찍부터 발을 뺄 수도 있다.

- Question Mark(개발사업) : 도입기~성장기 초반
- Star(성장사업) : 성장기
- Cash Cow(수익주종사업) : 성장기 후반~쇠퇴기
- Dog(사양산업) : 성장기 후반~쇠퇴기

(7) 마케팅 믹스 4P

4P Mix란 1960년대 제롬 메카시(Jerome McCarthy) 교수가 지금과 같은 형태로 정립한 기법이다. 마케팅 전략을 수립할 때 주로 사용하는 기법으로서 4P는 효과적인 마케팅 프로세스를 진행할 때 경영자가 통제가능한 핵심적인 네 가지 전략 요소를 말한다. 즉 이 기법은 마케팅 효과를 최대화하기 위해서 제품전략(product strategy), 가격전략(pricing strategy), 유통전략(placement strategy), 촉진전략(promotion strategy)을 적절히 섞어서(mix) 마케팅 전략을 수립하는 기법이다.

3) 성장과 구조조정전략

(1) 성장전략

① 집중화(Concentration)전략

특정 시장, 특정 소비자집단, 일부 제품 종류, 특정 지역 등을 집중적으로 공략하는 것을 의미한다. 원가우위전략과 차별화전략이 전체 시장을 대상으로 한 전략임에 반해 집중화전략은 특정 시장에만 집중하는 전략이다. 일반적으로 기업의 자원이 제한되어 있기 때문에 기업들은 특화된 영역 안에서 원가우위나 차별화전략을 추구하게 된다. 이 경우 원가우위에 의한 집중화로써 원가 측면에서 우위를 점하는 것이 가능하며, 차별화에 의한 집중화전략은 작은 범위의 제품에 집중함으로써 오히려 대규모의 차별화를 추구하는 기업보다 더 빠른 혁신이 가능하다.

② 다각화(Diversification)전략

한 기업이 다른 여러 산업에 참여하는 것으로 정의된다. 다각화는 제품이나 판매지역 측면에서 관련된 산업에 집중하여 다각화하는 관련 다각화(related diversification)와 관련이 없는 산업에 참여하는 비관련 다각화(unrelated diversification)로 구분한다.

다각화의 목적은 성장추구, 위험분산, 범위의 경제성, 시장지배력, 내부시장의 활용 등을 목적으로 한다.

표 3-1 다각화의 종류

종류	내용
관련형 다각화	기존의 기업활동과 새로이 진출하려는 사업 사이에 공통적인 가치사슬의 구성성분이 하나 이상 존재하는 것이다.
비관련형 다각화 (복합적 다각화)	기존의 기업활동과 전혀 관련이 없는 새로운 분야로 진출하는 것으로 새로운 고객층과 신제품 시장에 사업을 확대하는 전략이다.

③ 수직적 통합화(Vertical Integration)전략

기업의 가치사슬, 제품 및 서비스의 생산과정이나 유통과정에서 공급자나 수요자를 통합하는 과정으로 제품의 전체적인 공급과정에서 기업이 일정 부분을 통제하는 전략이다.

표 3-2 수직적 통합화 종류

종류	내용
후방통합	• 가치사슬의 근원지 방향의 활동을 통합하는 것을 말한다. • 유통기업의 생산기업을 통합하거나 생산기업이 원재료 공급기업을 통합하는 것을 말한다. • 기업이 공급자에 대한 영향력을 강화하기 위한 전략으로 사용한다.
전방통합	• 최종구매자 쪽 방향으로 기업의 활동을 통합하는 것을 말한다. • 유통과정에서 바로 뒤쪽의 과정을 통합할 수 있는 능력을 말한다. • 공급자로서 협상력이 높아지는 것은 다음 단계인 공정단계를 흡수할 수 있는 힘의 우위에 있는 것을 의미한다.

④ 수평적 통합화(Horizontal Integration)전략

수평적 통합화는 경쟁력을 강화하려는 목적이거나 경쟁의 정도를 줄이기 위해 같은 산업 내의 기업을 통합하는 것이다.

(2) 경영혁신전략

① 경영혁신의 정의

경영혁신은 새로운 제품이나 서비스, 새로운 생산공정기술, 새로운 조직구조나 관리시스템, 조직구성원을 변화시키는 새로운 계획이나 프로그램을 의도적으로 실행함으로써 기업의 중요한 부분을 본질적으로 변화시키는 것이다.

- **광의** : 환경의 변화에 대응하기 위한 조직의 의도적이고 계획적인 변화, 혁신 노력을 통칭한다.
- **협의** : 경영관리과정의 혁신을 의미한다.

① 경영혁신 기법

가. 리엔지니어링(Re-engineering)

리엔지니어링이란 프로세스별로 기존의 업무를 고객만족의 관점에서 근본적으로 재설계함으로써 경영효율을 획기적으로 높이는 경영기법이다.

비즈니스 리엔지니어링(Business Process Re-engineering : BPR)은 1990년경 해머와 챔피(Hammer & Champy)의 글들이 소개된 후 유행한 전형적 조직변화 기법이다.

리엔지니어링은 조직성과의 개선을 위하여 사업절차를 혁신적으로 재설계하는 것으로서 세 개의 특징적 요소(근본적・급진적・극적 요소)를 지니고 있다. 리엔지니어링이 근본적이라 함은 존재 이유가 분명치 않은 조직활동들을 철저히 배제함을 의미한다. 한때 필요했던 관행도 낡거나 당위성이 의문시되면 이를 과감히 버린다는 것이다. 리엔지니어링이 급진적이라는 것은 점진적 개선이 아닌 재창조를 추구한다는 것이다. 즉 기존의 모든 구조와 절차를 버리고 완전히 새로운 방식으로 업무를 처리한다. 마지막으로 리엔지니어링이 극적이라는 것은 리엔지니어링이 대규모의 개선을 추구한다는 것이다. 5퍼센트나 10퍼센트 정도의 한계적 이득은 리엔지니어링의 목표가 아니다.

리엔지니어링은 치열해져 가는 경영환경에서 경쟁우위를 확보하기 위해 업무처리방식의 재설계(Business Process Redesign)와 정보기술(Information Technology)을 결합해 획기적으로 경영성과의 상승을 이룩하기 위한 경영혁신 기법을 의미한다.

따라서 비즈니스 리엔지니어링은 내부 또는 외부의 고객 요구사항을 접수하여 최종단계까지 전달되는 일련의 과정을 하나의 프로세스로 설정하여, 경쟁사보다 월등한 성과를 내기 위해 시도하는 프로세스 혁신운동이라고 할 수 있다.

리엔지니어링을 추진하려면 아래와 같이 기본적으로 ① 프로세스 흐름도 작성, ② 리엔지니어링 대상 프로세스의 선택, ③ 프로세스의 이해, ④ 프로세스 재설계의 단계를 거쳐야 한다.

- **프로세스 흐름도 작성** : 리엔지니어링의 대상은 조직이 아니라 프로세스로서 영업부서나 생산부서를 리엔지니어링하는 것이 아니라 그 부서에서 수행하는 일을 리

엔지니어링하는 것이다. 기업 내에서 작업이 흘러가는 모습을 보여주는 프로세스 흐름도를 만들어 도식화(map)한다.

- **리엔지니어링 대상 프로세스의 선택** : 일단 프로세스가 식별되고 흐름도가 그려지면 어떤 프로세스가 리엔지니어링될 필요가 있으며, 밟아야 할 순서는 어떤 것인가를 결정하여야 한다. 대체로 세 가지의 기준으로 선택하는데 역기능(어떤 프로세스가 가장 심각한 상태냐 하는 것), 중요성(어떤 프로세스가 기업의 고객들에게 가장 큰 영향을 주느냐 하는 문제), 실행가능성(어떤 프로세스가 현시점에서 가장 성공적으로 재설계를 할 수 있느냐 하는 것)이다.
- **프로세스의 이해** : 프로세스가 리엔지니어링 대상으로 선택되면 프로세스 관리자가 선정되고 팀이 소집되는데 리엔지니어링 팀은 재설계를 진행하기 전에 현재 존재하는 프로세스에 대하여 이해해야 한다. 프로세스를 재설계하는 궁극적인 목표는 고객의 요구를 맞추어 줄 새로운 것을 만드는 것이기 때문에 무엇이 고객의 실제 요구인가? 무엇을 원한다고 말하며, 실제로 원하는 것은 무엇인가? 어떤 문제들을 가지고 있는가? 등 고객을 이해하는 것이 중요하다. 일단 고객이 원하는 것을 이해하였다면 다음으로 현재의 프로세스가 제공하는 것이 무엇인지를 이해해야 한다.
- **프로세스 재설계** : 재설계는 전체적인 리엔지니어링 과정에서 가장 창조적인 부분으로서 기업을 재조명해 본 후 새로운 업무방식을 만들어 내기 위한 출발 자세를 취하는 것이다. 이것은 상상력과 귀납적 사고, 그리고 열정이 무엇보다도 많이 필요하며 프로세스를 재설계하는 데 있어서 익숙한 일은 버리고 비정상적인 일을 탐색하는 자세가 중요하다.

비즈니스 리엔지니어링의 성공사례는 아직 많이 나타나고 있지는 않지만, 그 효과는 놀라울 정도이며 많은 기업들의 관심을 끌고 있다. 예를 들어, 'IBM'의 신용조회 작업의 경영혁신은 작업기간을 7일에서 1일로 단축시켰으며, 종업원의 생산성도 10배 증가하였다. 이 과정에서 IBM에서는 50%의 작업자동화를 실현할 수 있었다. 자동차부속회사인 'Federal-Mogul'은 제품개발부문에서 신규부품의 제작기간을 20주에서 20일로 단축시켰다. 모든 부품을 카탈로그를 이용하여 새롭게 제작하지 않고 과거 제품의 설계를 이용하도록 하였다. 보험회사인 'Mutual Benefit Life'는 보험증 발급업무인 언더라이팅 시간을 두 달에서 2일로, 비용은 1/2로 감축시키는 성과를 가져왔다. 이 회사에

▌표 3-3▐ 리엔지니어링 성공사례

회사명	대상 프로세스	BPR 전	BPR 후
Bell Atlantic	장거리 고속통신망 연결	30일	3일
Ford	외상매입	500명	125명
IBM Credit	신용대출	6~14일	4시간
MBL	보험청약, 증서발급	5~25일	4시간
Motorola	주문접수, 생산, 포장	1개월	2시간
Otis Elevator	애프터서비스 접수처리	18%	24%
Xerox	주문처리	33일	6일
Xerox	신제품개발	2년	6개월
삼성생명	보험청약, 증권발급	16일	6일

서는 18단계를 거쳐 수행되던 작업을 한 사람이 컴퓨터를 이용하여 수행하도록 하였다. 미국 국세청에서는 비즈니스 리엔지니어링을 시도하여 직원을 1/2로, 지점의 수는 1/3로 감축하고, 감사의 수익은 33%를 증가시켰다.

나. 벤치마킹(Benchmarking)

벤치마킹이란 어느 특정 분야에서 우수한 상대를 표적 삼아 자기 기업과의 성과 차이를 비교하고 이를 극복하기 위해 그들의 뛰어난 운영 프로세스 등을 배우면서 부단히 자기혁신을 추구하는 기법이다. 즉 뛰어난 상대에게서 배울 것을 찾아 배우는 것이다.

벤치마킹은 기본적으로 측정 프로세스이나 이러한 측성 프로세스는 결과적으로 상대방의 성과를 비교하는 데만 그치는 것이 아니라 상대방의 우수한 성과가 어떻게 도출되었는가 하는 방법론적인 노하우까지도 비교대상으로 삼는다. 즉 벤치마킹 활동의 결과물로는 상대적인 성과의 비교뿐만 아니라 우수한 성과를 가져오게 된 동인(enabler)도 분석하여 제시되어야 한다.

벤치마킹 기법을 활용한 경영혁신의 추진은 일반적으로 적용분야의 선정, 상대의 결정, 정보수집, 성과 차이의 확인 및 분석, 결과의 전파 및 사내 공감대 형성, 혁신계획의 수립, 실행 및 평가의 순으로 진행되며 성공적인 활용을 위해서는 적용분야, 상대, 성과측정지표, 운영 프로세스라는 벤치마킹의 네 가지 구성요소에 대한 명확한 이해가 필요하다.

또한 벤치마킹은 물론 자사의 개선활동을 위한 노력의 일환으로 진행되지만 여기에는 벤치마킹 대상 파트너(경쟁회사일 수도 있음)의 협조가 필수적이기 때문에 상호 이득이 될 수 있는 방향에서 진행되어야 한다.

표 3-4 벤치마킹의 원리

상호성 (reciprocity)	벤치마킹은 상호 관련성을 기반으로 수행되므로 모든 참가자들은 파트너와 정보를 상호 교환함으로써 서로 이익이 될 수 있다. 따라서 기업들은 상호 이득을 가져올 수 있는 상황의 창조를 위해 노력해야 한다.
유사성 (analogy)	벤치마킹을 수행하기 위해서는 먼저 파트너 기업과의 프로세스가 비교가능한 것이거나 유사성이 존재해야 한다는 전제가 있어야 한다. 벤치마킹 파트너 선정을 위한 기준을 잘 이해하고 유사성이 높은 기업과 프로세스를 선정하는 것이 벤치마킹의 성공 여부를 결정하는 데 주요한 요소이다.
측정성 (measurement)	프로세스의 측정은 자사와 파트너사의 프로세스 성과를 측정하고 비교할 수 있어야 한다. 이를 위해서는 먼저 성과 측정의 단위를 결정하여야 할 뿐만 아니라 측정단위가 계량화될 수 있는 것이 필요하다.
타당성 (validity)	자사나 경쟁사의 프로세스 측정과 검사결과는 타당한 실적자료나 연구자료에 의한 근거를 갖고 있어야 한다. 이는 벤치마킹 업무수행의 신뢰성을 확보하기 위하여 필수적이다. 따라서 영감이나 의견, 감정보다는 자료 위주의 접근법을 이용하여야만 벤치마킹에 대한 신뢰성과 타당성을 확보할 수 있다.

다. 아웃소싱(Outsourcing)

아웃소싱이란 사업의 일부 또는 많은 부분을 외부에 위탁(외주)하는 방법이다. 1980년대 후반에 미국 기업이 제조업분야에서 활용하기 시작한 이후에 전 세계 기업들로 급격히 확산되고 있다. 이는 기술 진보가 가속화되고 경쟁이 심화되면서 기업의 내부조직을 통한 경제활동비용보다 아웃소싱을 통한 거래비용이 훨씬 적게 든다는 점에 따른 것이다.

아웃소싱(outsourcing)의 단어적 의미는 '밖에서'(out) '조달한다'(sourcing)는 뜻이다. 경영전략 차원에서 국내외의 경제상황 악화와 이에 따른 경쟁의 격화로 인해서 한정된 자원을 가진 기업이 모든 분야에서 최고의 위치를 유지하기 어렵게 되면서 해당 기업은 가장 유력한 분야나 핵심역량에만 자원을 집중시키고 나머지 활동은 외부의 전문기업에 위탁처리함으로써 경제효과를 극대화하게 된다. 결과적으로 핵심사업에 기업의 제한된 자원을 집중시켜 경쟁력 우위를 유지하는 것이다.

아웃소싱의 기본개념은 기능적 차별화와 규모의 경제에 있다. 이의 장단점은 아래와 같다.

- 아웃소싱의 장점
  - 외부로부터 배울 수 있으며 핵심역량에 집중할 수 있다.
  - 첨단기술을 이용할 수 있다.
  - 규모의 경제로 비용을 줄이며, 생산용량을 환경에 유연하게 증감시킨다.
- 아웃소싱의 단점
  - 전략적인 유연성을 잃는다.
  - 내부 혁신이 무시될 수 있다.
  - 원래 상태로 되돌아가기 어렵다.
  - 높은 장기비용이 단기이익을 상쇄할 수 있다.
  - 공급자가 도산이나 능력부족으로 요구에 부응하지 못하는 경우가 있다.

아웃소싱의 새로운 개념으로 아웃파트너링(out-partnering)이 대두되고 있다. 미국의 생산전략시스템은 최근 새로운 21세기 생산기법이라 부르는 'Outpartnering System'(contract manufacturing이라 부름)으로 변하고 있다.

Apple사는 새로운 개념의 기술을 탑재한 iMac 컴퓨터를 생산하였다. 플로피디스크가 없고, 모니터 모양이나 색깔도 특이하다. 또한 마우스 줄, 전원, 프린터 코드 등 복잡한 선들을 한군데로 모아 옆에 'Input Box' 속에 모아 둠으로써 전선작업이 매우 편리해졌다. 이에 힘입어 iMac 컴퓨터의 수요가 급증하자 생산을 감당할 수 없게 되었고 새로운 생산방법을 모색하게 되었다. 아웃소싱이란 전략 차원을 넘어 생산을 대행해 줄 아웃파트너링, 즉 생산협력자를 찾아 새로운 생산방법을 모색하게 된 것이다.

라. 리스트럭처링(Restructuring)

리스트럭처링이란 조직경쟁력 강화를 위한 전략경영의 차원에서 핵심사업을 강화하기 위한 조직적 혁신전략이다. 일반적으로 기존 사업단위의 축소, 통폐합 및 확대 여부와 신규사업 진입 여부, 주력사업의 선정 등에 관한 결정과 함께, 이러한 사업을 어떻게 연계하여 통합할 것인가를 결정하는 복잡하고 다차원적인 전략기획방법이다.

리스트럭처링은 경영환경의 급변으로 위기의식을 느끼기 시작한 기업이 경영상태를 개선하기 위해 사업의 종류와 내용을 의도적이고 계획적으로 선택하는 급격한 변화가 필요할 때 사용한다. 또한 국내외 환경변화, 경쟁자의 동향, 기술혁신, 고객의 욕구변화 등을 고려해 현재의 전략이나 기존 업종으로는 미래 보장이 어렵다고 판단될 때 리스트럭처링이 필요하다.

(3) 세 가지 기업분할방법

기업 구조조정의 핵심은 사업구조를 다시 짜는 것이다. 이러한 리스트럭처링에서 성공의 열쇠는 핵심사업을 정해 회사역량을 집중하고 비수익성 사업은 정리하는 것인데, 지금까지는 대부분 사업을 매각하는 방법을 사용하였다. 그러나 기업을 팔지 않고 사업을 떼어 내는 기업분할도 사업 구조조정방법으로 최근 많이 이용되고 있다. 이러한 방법들로는 스핀오프(spin-off), 스플릿오프(split-off), 사내분사 등이 대표적이다.

① 스핀오프(spin-off, 분리설립, 기업분할)

특정한 연구 프로젝트에 참여했던 연구원이 연구결과를 갖고 창업하는 것을 말한다. 미국의 기업분할제도에서 유래했다. 기업이나 연구소의 창의적이고 도전적인 내부 잠재 창업자들에게 직접 신기술 및 신사업 기회를 제공하는 효과가 있다. 이를 위해 회사나 연구소가 투자 및 지원을 하고 독립적인 별도법인의 사업단위를 구성하게 된다.

스핀오프는 신규로 자회사를 설립하고, 기존 주주의 지분에 비례하여 주식을 배당함으로써 결과적으로 주주 구성이 동일한 두 개의 분리된 회사가 성립되기 때문에 '배당형 기업분할'이라고도 하며, 주식의 매수 등을 통해 두 개의 기업이 하나로 통합되는 M&A와는 반대되는 개념이다.

현재 국내 대기업 및 기술 관련 연구소 등에서 이 제도를 도입해 사내 벤처를 육성하고 있다. 대기업의 전산, 총무, 인사부문 등 공유 서비스센터가 분사해 독립법인 등의 형태로 창업하는 것도 스핀오프의 사례다.

스핀오프에 성공한 대표적인 기업으로는 미국 'ITT'를 들 수 있다. ITT는 사업다각화를 벌인 결과, 1990년대 중반에 쉐라톤호텔, 렌터카 사업인 아비스(Avis) 등 자회사가 무려 250개에 달했다. 이들 사업을 효율적으로 경영하기 위해 지난 1995년 보험을 위주로 하는 ITT Hartford, 산업제품 제조를 위주로 하는 ITT Industries, 통신과 호텔을 위주로 하는 ITT Corp. 등 3개 회사로 분리했다.

② 스플릿오프(Split-off, 분할설립)

기업분할 혹은 주식상환형 분할이라고 한다. 특정 사업을 자회사 형태로 분리한 뒤 이 주식을 갖고 싶어 하는 모회사 기존 주주에게만 주식을 교환하게 해준다. 주주들은 모회사나 자회사 중 한 개 회사만 선택, 주식을 보유하게 된다는 점이 스핀오프와 다르다. 결과적으로 모회사와 분리되는 셈이다. 스플릿오프를 활용한 기업으로는 제너럴모터스(GM)를 들 수 있다. GM은 본업인 자동차사업에 집중하기 위해 1996년 스플릿오프를 실시, 정보통신 자회사 EDS를 분리시켰다.

Spin-off(분리설립)와 Split-off(분할설립)의 차이점

Spin-off와 Split-off 차이점은 Spin-off는 모회사로부터 새로 설립된 회사의 주주 구성이 모회사와 동일한 데 반하여, Split-off의 경우는 모회사로부터 분리되어 신설된 법인의 주주가 기존 모회사 주주의 일부로 구성되어 주주 구성이 바뀐다는 점이다. 그리고 Split-off는 모회사로부터 현금 유입이 일어나는 반면, Spin-off는 현금 유입이 발생하지 않는다.

③ 사내분사

사내분사제란 기업 내의 각 사업부문을 마치 하나의 기업처럼 독립시켜 운영하는 것을 말한다. 사내분사는 기업 내의 각 사업부문들이 법인체는 아니지만 마치 하나의 단일 기업처럼 이익에 대한 책임을 지고 경영을 해나가는 독립채산제 형태를 가진다.

사내분사제가 기존의 사업부제와 다른 것은 분사 간 매출·매입거래를 할 때 합리적이고 공정한 가격에 바탕을 둔 사내 대체가격제가 이용되고 있다는 것이다. 또한 각 분사별로 대차대조표나 손익계산서와 같은 재무제표가 작성되며 엄격한 독립채산제 형태로 운영된다는 데 있다. 요즘은 독립법인으로 분리하지 않고 '회사 내 회사' 형태로 유지하는 경우도 있다. 이러한 사내분사는 스핀오프를 통한 사업구조조정의 사전 단계로 활용되기도 하는데, 요즘 국내기업들이 가장 많이 실시하는 사업구조조정방법이다.

최근 불황기에 처한 국내기업들이 사내분사제 형태를 도입해야 하는 이유는 다음과 같다.

첫째, 사내분사제를 도입하여 권한이양을 통한 의사결정속도를 단축시킬 수 있다. 즉 빠르게 변화하는 환경에서 기민한 대응이 가능해질 수 있다.

둘째, 기업 구성원이 무책임하고 효과적이지 못한 경영활동을 수행하지 않도록 하는 데 있다. 왜냐하면 사내분사제를 통해 기업 구성원이 자신의 능력을 충분히 발휘할 수 있도록 권한이 대폭 이양되며 동시에 이에 대한 책임도 명확히 할 수 있기 때문이다.

셋째, 필요시 외부 기업과의 합병, 기업 내 각 사내분사 간의 결합 또는 혼자 독립된 회사 형태로 분사하기가 쉽다. 특히 특별한 사전 준비작업 없이 보다 쉽게 구조조정작업을 수행할 수 있다는 장점이 있다.

3.2 기술전략

1) 기술전략의 이해

기술전략(technology strategy)이란 기업에서 전략적으로 미래에 경제적, 사회적, 생태적 파급효과가 클 것으로 예상되는 기술에 대해 목표를 설정하고, 성공적인 기술의 확보와 활용, 유지방안을 수립하는 것이다. 즉 기술에 대해 어떤 방식으로 어떤 시점에 획득하고자 하는지를 결정하는 모든 활동을 지칭하는 것으로서, 기술개발과 사용에 대한 조직의 접근방법이자 조직 자체의 연구개발전략과 외부 자원 활용전략을 포함한 전략이다.

기술전략은 기술, 제품의 설계, 개발, 기술의 원천, 연구개발관리, 자금 등의 문제를 다룬다. 일반적으로 기술전략은 경쟁자와의 경쟁우위 확보를 위한 경쟁전략에서 필수적 요소로 작용한다. 즉 기술변화가 산업구조와 경쟁우위에 미치는 영향이 크고, 특히 기술변화가 빠른 기술분야에서 경쟁하고 있는 기관의 경우에는 잘 정리된 기술개발전략과 사업전략 확보는 필수적이다.

기술전략은 넓은 의미에서 기업의 지식과 능력의 총합을 이용·개발·유지하는 것에 관한 것이다. 과거의 많은 사례를 살펴보면, 기술전략 개발의 실패나 기술전략과 사업전략 통합의 실패는 기업경쟁력 쇠퇴의 주요 원인이 되었다. 이 점에서 기술전략은 기능전략의 하나로 이해할 것이 아니라, 기업 경쟁전략의 핵심으로 이해해야 할 것이다. 따라서 기술전략은 기업 및 사업부 전체의 차원에서 세심하게 수립·집행되어야할 것이다. 그동안 대부분의 경영자는 기업경영에 있어서 생산의 효율성, 재무적 예산 등

▌그림 3-3▐ 기업의 경영전략과 기술전략

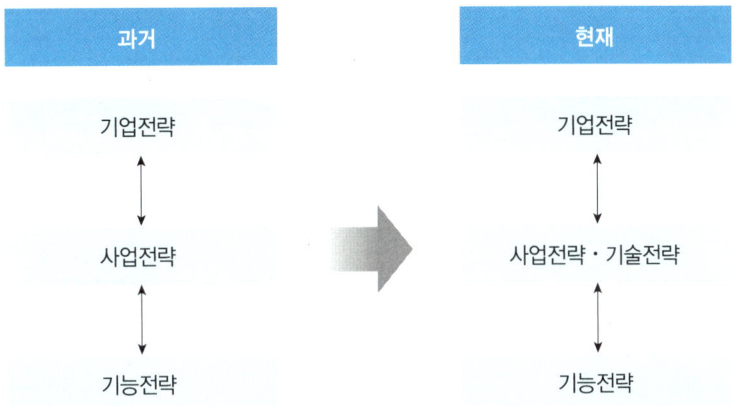

단기적인 이슈의 검토에만 집중하였으나, 최근 들어서는 기업의 장기적 경쟁우위의 핵심요소인 기술의 전략적 경영에 보다 깊이 관여하고 있다. 이는 최고경영자들이 기업의 경쟁우위 확보에 있어서 기술의 중요성을 인식하여 기술전략을 경쟁전략과 기업전략의 수준에서 파악하고 있는 것으로 이해할 수 있다. 실제로도 낙후된 기술을 가지고 있는 기업은 우수한 기술을 가지고 있는 기업과 경쟁할 수 없기 때문이다.

그러나 기술이 기업의 성공에 매우 중요한 요소이기는 하지만, 기업이 실제로 성공을 이루기 위해서는 기술혁신이 생산, 마케팅, 재무, 인사 등과 효율적으로 통합되어야 한다. 기술은 기업에게 경쟁우위를 제공해 주지만, 기술의 중요성은 기업의 모든 기능부서들에게 충분히 인식되고 실제 업무에 반영되어야 할 것이다. 즉 현시대에서 기업이 기술을 경쟁무기로 사용하기 위해서는 기술이 기업시스템에 체화되어야 한다. 왜냐하면 기술역량이 제품과 서비스의 경쟁력을 결정하기 때문이다.

전략수립의 초기단계에는 산업환경의 분석 및 사업전략의 수립이 기술환경의 분석 및 기술전략의 수립과 독립적인 과정으로 추진되는 것으로 파악되지만 이들은 상호 긴밀한 연계관계를 맺고 서로 간의 긴밀한 정보의 흐름을 바탕으로 추진되는 것이 중요하다. 현재의 산업시장구조는 사업전략의 수립, 집행, 평가 및 통제에 기술전략이 핵심적인 역할을 하고 있기 때문에 사업전략 차원에서의 기술전략 연계는 경쟁력 확보와 지속가능 성장동력으로 필수적이다.

❙ 그림 3-4 ❙ BPT 전략 흐름도

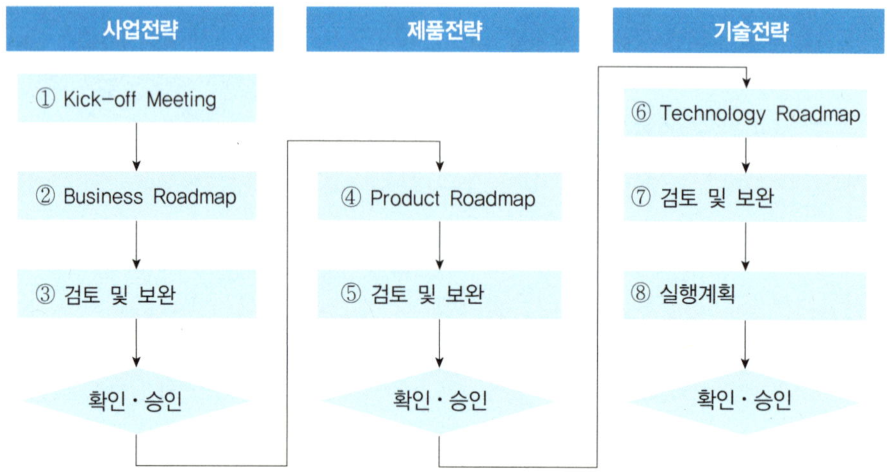

※ BPT : Business strategy, Product strategy, Technology strategy

2) 기술전략 수행에 필요한 핵심역량

- 미래의 시장과 사회에 파급효과를 가져오며 국가(또는 기업)의 제품경쟁력을 제고시킬 수 있는 기술을 남보다 빨리 인지할 수 있는 역량
- 인지된 기술 중 조직에 어떤 영향을 미칠지를 분석하여 최상의 기술적 대안을 선택할 수 있는 역량
- 자체 연구개발, 위탁연구 등을 통해 선택된 기술을 확보할 수 있는 역량
- 확보된 기술을 기반으로 개발 및 제조과정을 거쳐 제품·서비스의 성능 향상, 프로세스 개선 및 마케팅 수행역량
- 조직 내에 존재하는 특허, 제조공정·조직운영 노하우, 연구원 보유·잔류 등과 같은 지식재산을 체계적으로 방어하기 위한 역량

위에서 보는 바와 같이 기술전략 수립을 위해 필요한 핵심역량은 미래에 경제적, 사회적, 생태적으로 파급효과가 클 것으로 예상되는 산업·기술·시장에 대한 이해능력이 중요하다.

3) 기술전략의 범위

4차산업혁명시대의 산업시장은 산업시장은 경쟁의 무기로서 기술의 중요성이 점점 높아짐에 따라 경영전략과 기술전략의 연계가 강조되고 있으며, 기술전략이 경영전략을 달성하는 핵심수단으로 부상하고 있다.

(1) Porter(1985) 제시한 기술전략의 범위

- 획득해야 할 기술의 선택(The choice of technologies to develop)
- 기술선도자 대 기술추종자의 선택(Technology leadership vs. Technology followership)
- 기술 라이선싱의 역할(The role of technology licensing)

(2) Ford(1988)가 제시한 기술전략의 범위

- 기술획득전략(technology acquisition) : 자체개발, 모방, 외부 기술 채택, M&A
- 기술관리전략(technology management) : 기술지식 축적 및 관리시스템 구축, 기술평가(technology evaluation), 기술경쟁력평가(technology assessment)
- 기술활용전략(technology exploitation) : 특허임대(licensing-out), 기술전문회사 분사(spin-out)

4) 기술전략 수립 프로세스

기술전략의 목표는 어떤 기술을 어떤 방식으로 어떤 시점에 획득하고자 하는지를 결정하는 것이다. 그러므로 [표 3-5]와 같은 기본 프로세스에서의 결과물(산출물)을 만들어 내는 것이 중요하다.

| 표 3-5 | 기술전략 수립 프로세스

프로세스	활동	결과(산출물)
1단계 : 기술니즈 도출	• 사업니즈분석 • 고객니즈분석 • 산업환경·기술환경·시장환경 분석	• 사업전략 로드맵 • 제품전략 로드맵 • 기술니즈분석
2단계 : 기술 분해 및 기술구성도 작성	• 기술 분해 • 기술구성도 작성(제품 및 기술의 특성, 사용자의 기술 분해 목적에 따라 기술 분해의 수준을 결정하여 작성)	• 기술구성도 (technology tree)
3단계 : 기술평가	• 기술 포트폴리오(정성적 평가로서 미래 경쟁우위, 산업시장 관련 자원 활용, 기업 생존력 등) • 평점 모델(scoring model : 기술의 파급효과, 시급성, 확보용이성)에 의한 우선순위화	• 기술 우선순위
4단계 : 기술로드맵 작성	• 확보대상 기술에 대한 목표기술수준과 기술확보시점 결정	• 기술로드맵 (Technology Roadmap, TRM)
5단계 : 기술획득방안 수립	• 기술 포트폴리오를 활용한 방향성 설정 • 기술확보시점을 고려한 의사결정 • 독자개발, 공동개발, 구매 등	• 기술획득방안 선정

5) 기술기획의 이해

기술기획(technology planing)이란 기술에 관련된 활동에 대한 계획을 수립하는 것이다. 즉 기술의 확보와 개발범위, 속도, 시점 등에 대한 계획을 세우는 활동이다. 기술기획은 그 기획활동을 수행하는 조직의 단위에 따라 국가나 산업수준의 기획과 기업 또는 그 하위 단위 수준의 기획으로 나누어 볼 수 있다. 기술기획의 활동은 기술전략 수립활동과 동일하기 때문에 같은 개념으로 이해해도 무방할 것이다. 그러나 기술전략 용어는 산업현장에서 많이 사용되며, 기술기획이라는 용어는 공공분야 및 R&D 분야에서 많이 사용된다.

기술기획은 기술분야를 대상으로 한 기획을 의미하며 연구기획은 연구개발활동을 대상으로 한 기획이라고 할 수 있다. 다시 말해 기술기획은 연구대상인 기술을 도모하기 위한 제반활동을 의미하며, 연구기획이란 이미 결정된 특정 기술을 연구하기 위한 제반활동이라고 할 수 있다.

보통 연구개발계획, 연구개발기획, 연구기획, 기술기획은 거의 같은 의미로 사용하고 있으며 대부분 연구기획활동을 의미하는 용어로 이해되고 있다. 기술기획에는 국가단위, 부처단위, 사업단위, 과제단위가 있다고 할 수 있다. 국가단위의 기술기획에는 주로 과학기술과 분야를 대상으로 하는 과학기술기본계획, 중장기 과학기술 예측, 국가차원의 기술지도, 과학기술 수준평가, 기술영향평가, 국가과학기술표준분류체계, 연구개발예산조성 배분 등을 포함한다.

부처단위의 기술기획은 관련 소관 과학기술분야의 과학기술 예측, 기술지도 등 위에 열거한 기획분야를 추진할 수 있다. 사업단위 기술기획은 특정 사업을 신규로 추진하기 위한 기획이라고 할 수 있으며, 과제단위 기술기획은 특정 기술을 연구하기 위한 기획이라고 할 수 있다. 일반적으로 사업이나 과제단위의 기술기획을 연구기획(R&D planing)이라고 지칭하기도 한다.

6) 기술획득전략

기술전략을 수립할 때 자사에서 즉시 확보해야 할 기술과 미래에 획득해야 할 기술의 우선순위를 판단하고, 언제 어떤 기술에 대한 개발을 시작하며, 어떤 방법으로 기술을 획득할 것인가에 대한 계획이 수립되어야 한다. 여기에서 기술획득(technology acquisition)은 자체 연구개발을 의미하는 기술개발보다 포괄적인 개념을 지칭한다. 기술획득방법은 자체 연구개발과 같은 내부 기술원천과 기술 라이선싱, 기술구매와 같이 외부기술원천을 각각 어느 정도 활용할 것인가? 공동개발 시 자체 연구개발 의존도를 어느 정도로 할 것인가? 전략적 기술제휴 및 기술구매를 어느 정도로 할 것인가에 대해 결정하는 것이다. 이에 대해 기술획득방법에 따른 특징을 정리하면 [표 3-6]과 같다.

| 표 3-6 | 기술획득방법에 따른 특징

방법	내용
자체 연구개발 (in-house development)	자사의 연구인력과 자산을 활용하여 자체적으로 연구개발을 통해 기술을 획득하는 방식으로, 유능한 연구인력과 자금 지원이 필요하다.
공동개발 (consortium)	둘 이상의 회사가 자원이나 노하우를 서로 결합하여 공동으로 기술을 개발하는 방식
기술 라이선싱 (licensing)	기술에 대한 권리는 보유한 채 기술의 실시 및 사용권을 타인에게 허락하는 제도이다. 실시권 허여자(licensor)와 실시권자(licensee) 간에 실시권 허여계약을 체결하고 일정기간 동안 기술료 지급 등 일정조건을 전제로 그 실시 및 사용권을 허락하고 그 기간이 끝나면 더 이상의 실시가 불가능하게 된다.
기술구매 (technology trading)	기술의 매매, 즉 권리 이전이나 계약 등에 의하여 권리를 이전하는 것을 말한다. 이전되는 권리는 특허권, 실용신안권, 디자인권, 컴퓨터프로그램 저작권, 반도체집적회로 배치설계권 등 법으로 보호되는 방법이다.
기술교류협약 (technology exchange agreement)	MOU를 맺어 비공식적으로 비강제적으로 기술을 획득하는 방식으로 언제든지 중단이 가능하다.
위탁개발 (R&D contract)	기술구매의 일부로서 기술개발의 일정계약을 맺고, 연구개발기술의 소유권을 취득하는 방식이다.

/연/습/문/제/

01 목표와 KPI를 설정하기 위한 SMART 기법에 대해서 구체적으로 설명하시오.

02 경영전략에서 기업이 추구하는 기업전략, 사업전략, 기능전략 추진사례를 기술하시오.

03 경영전략 수립을 위한 주요 기법 중 외부환경분석을 위한 PEST분석, STEEP분석에 대해서 구체적으로 기술하시오.

04 경영혁신 또는 기술혁신을 위한 벤치마킹 성공사례를 토론하시오.

05 현대의 비즈니스 차원에서 기술전략의 필요성과 기업조직에 어떠한 영향을 줄 수 있는지 토론하시오.

06 기술전략의 기술획득방법의 자체 연구개발, 공동개발, 기술 라이선싱, 기술구매, 기술교류협약, 위탁개발 등 각각의 사례를 조사하여 기술하시오.

CHAPTER 4

기술예측과 기술로드맵

4 CHAPTER 기술예측과 기술로드맵

4.1 기술예측

1) 기술예측의 정의

기술예측(technology forecasting)이란 미래사회에서 필요한 니즈를 충족시킬 수 있도록 기술개념을 도출하는 과정으로 어떤 특정한 논리체계에 따른 기술의 실현시기, 기술특성, 기술모수의 변화속도 등 기술의 장래 모습을 양적, 질적, 내용적으로 예측하는 것을 말한다.

(1) 기술예측의 다양한 정의

- 경제적, 사회적으로 커다란 이익을 가져올 것으로 예상되는 전략적 연구 및 신기술을 알아내기 위해 과학과 기술, 경제, 사회의 보다 장기적인 미래를 조망하려는 체계적인 시도와 이와 관련된 과정이다(Ben Martin, 1995).
- 산업경쟁력 강화와 부의 창출, 삶의 질 향상에 크게 영향을 미칠 수 있는 과학기술적 발전을 평가하는(assessing) 체계적인 수단이다(systematic means)(Luke Georghiou, 1996).
- 예측(forecasting)은 합리적이고 과학적인 방법과 이용가능한 자료분석의 결과로서 미래의 사건, 조건 또는 상황을 전망하는 작업(박용태 & 기술경영연구실, 2009)으로 정성·정량적인 명확한 방법론과 실증분석이 가능한 자료가 필요하다.

기술예측은 최근 학문의 새로운 영역으로 부상하고 있는 기술경영(management of technology) 의 한 분야로서 그 중요성이 크게 부각되고 있다. 기술예측은 경제예측이나 경영예측 등에 비해 그 역사가 짧다. 하지만 최근 들어 여러 가지 방법론들이 개발되면서 꾸준히 발전되어 왔다. 기술예측의 효시는 미국의 군사부문에서 수행한 것이었고, 이들 기법이 민간부문에 이전됨으로써 기술예측활동이 크게 활성화되었으며, 정부 차원의 기술전략 수립을 위한 기초정보를 생산하기 위해서 많이 이용되고 있다.

(2) 기술예측의 목적

- 기술진보에 따른 경제적·사회적 영향과 파급효과를 파악한다.
- 기술적 환경변화에 따른 기회와 위협요소를 파악한다.
- 중장기 사업전략 및 기술전략을 수립한다.
- 제품개선 및 신제품개발의 영역을 파악한다.
- 적절한 신기술·신제품 도입시기를 결정한다.
- 고용 및 재교육계획 등을 세울 수 있다.

위 내용과 같이 기술예측은 미래에 관한 보다 합리적인 의사결정을 할 수 있도록 계획 수립을 지원하는 데 목적이 있다. 즉 기업 및 전문연구기관, 정부부처 등이 현재 어떠한 행동을 선택해야 하며, 어떤 선택이 보류되어야 하는가를 결정할 수 있도록 필요한 여러 가지 정보를 제공하는 것이다.

2) 기술예측 4요소

요소	설명
① 예측시기(time of the forecast)	미래에 대해 '2030' 또는 10년 후 등 구체적으로 기술예측이 되지만, "20~30년 사이 진행될 것이다" 등의 모호한 표현은 예측조건을 만족시키지 못한다.
② 예측대상기술(technology being forecast)	기술분류체계에서 어디에 속하며, 공식적으로 인정되는 기술명이 설명되어야 한다. 예 차세대 5G 초고속 통신기술은 모호함
③ 기술특성(characteristics of the technology)	기술이 갖고 있는 성능, 용도, 구조 등이 명확해야 한다. 예 생명공학기술, 친환경적인 기술은 모호함
④ 실현가능성(possibility)	"가능하다", "확률적으로 매우 높다"는 예측이 될 수 없다. 실현가능성이 정량적인 확률값으로 제시되어야 한다.

※ 기술경영에서 예측(forecasting)이란 현시점에서 과학적으로 일어날 수 있는 결과를 미리 추정하는 것으로서, 예측하는 자료가 되는 원인, 요인을 가급적 정확하게 많이 수집해서 이것을 과학적으로 분석해 예측을 판단할 수 있는 것을 말한다.

3) 기술예측의 절차

1단계 : 목표설정	2단계 : 자료조사	3단계 : 예측	4단계 : 결과도출
• 예측목적 • 범위설정 • 예측기간 • 활용방안	• 산업 및 시장구조 • 기술 수준 및 동향 • 사회·환경변화	• 탐구적 방법 • 규범적 방법 • 혼합모형	• 예측시기 • 예측기술 • 기술특성

4) 기술예측방법의 네 가지 분류

기술예측방법들은 목적과 성격에 따라 규범적인지 탐구적인지 또는 자료의 성격에 따라 정성적인지 정량적인지의 네 가지 기준으로 분류될 수 있다.

(1) 규범적 방법(Normative Forecasting)

- 바람직한 미래사회의 요구, 목표, 가치 등 규범적인 목표를 설정하고 현재의 가능성을 분석하는 목표지향적(goal-oriented) 예측방법이다.
- 내부지향적인 예측방법으로서 미래를 분석하고 선택해서 거기에 일정한 목표를 설정한 후 그 실현을 위한 최적화방안을 찾는 방법이다.
- 기술이 인간의 요구를 충족시키고 조직의 목표를 달성하기 위해 개발되고 실현된다고 가정한다. 구조분석의 다양한 기법을 이용하여 미래기술의 중요성과 가치 또는 관련기술의 출현시기를 예측하는 방법이다.
- 최적화된 기술개발이라는 명확한 목적을 보유한다. 예 연관나무(relevance tree) 기법, 형태학적 기법 등

(2) 탐구적 방법(Exploratory Forecasting)

- 과거부터 현재까지의 경향을 미래에 연장하여 미래의 연속적인 변화를 예측하는 기술능력지향적(capability-oriented)인 예측방법으로서, 일반적으로 강도, 파워, 속도, 크기 등과 같은 기술의 속성이 시계열적 일관성 또는 패턴에 따라 규칙적으로 변화한다고 가정하는 예측방법이다.
- 외부지향적인 예측방법으로서 현재를 바탕으로 미래의 상황을 추측 및 전개하여 예측한다.

- 교차영향분석, 전통적인 델파이법, 성장곡선법, 대체곡선법, 유추법, 추세선법, 기타 방법론 등 대부분의 주요한 예측연구는 이러한 탐색적 방법에 해당한다.

(3) 정성적 방법(Qualitative Method)

- 전문가들에게 정보를 제공하고 미래전망에 대한 전문적 견해를 체계적으로 평가한다.
- 장기적인 사회·경제·기술문제에 대한 계량분석적인 방법의 한계가 제기됨에 따라 전문가들의 직관, 지식과 판단력을 충분히 활용하는 기법이다.

(4) 정량적 방법(Quantitative Method)

- 예측대상이 비교적 체계적이고 관련 자료가 풍부할 때 구체적 자료를 활용하여 예측한다.
- 기술능력지향적인 예측방법으로서 일반적으로 강도, 파워, 속도, 크기 등과 같은 기술의 능력이 시계열적 일관성 또는 패턴에 따라 규칙적으로 변화한다고 가정한다(추세분석, 회귀분석 주로 사용).

5) 기술예측 주요 기법들

기술을 예측하는 방법에는 아래와 같이 탐구적 방법과 규범적 방법, 복합모형이 많이 사용된다.

(1) 탐구적 방법

델파이법 (delphi method)	• 1948년 미국 랜드연구소에서 개발하였다. 전문가 패널을 대상으로 설문을 반복적으로 실시하고, 의견을 수렴하여 미래를 예측하는 방법이다. • 중장기 예측에 유용하고, 시계열 자료가 없는 경우나 예측대상 기술분야가 광범위한 경우에 유용하다.
성장곡선법 (growth curve)	• 특정 기술의 진보가 생물의 성장곡선과 유사하다는 점에 착안하여 S곡선 형태로 가정하고, 일정시점의 기술수준을 예측하는 방법이다. • 거의 모든 기술분야에 활용가능하다.
대체곡선법 (substitution-curve)	• 새로운 기술이 기존의 기술을 대체하는 속도를 과거의 데이터를 이용하여 예측하는 방법이다. • 로지스틱 모델과 회귀분석을 이용한다.

유추법 (analogy method)	• 두 개 이상의 유사한 속성을 지닌 타 분야의 기술발전 경로를 분석하여 새로운 기술을 도출하는 방법이다. • 유추의 기본가정은 상호 비교를 위한 두 가지 이상이 존재해야 하며, 비교대상이 되는 사항은 완전히 이질적(heterogeneous)이지는 않아야 한다.
추세외삽모형 (trend extrapolation model)	• 시계열 통계를 이용하여 추세선을 그리고 이로부터 기술수준을 예측하는 방법으로서 중장기적 예측에 주로 사용하는 방법이다.

(2) 규범적 방법

연관나무법 (relevance tree analysis method)	• 기술목적을 순차자적으로 나열하고, 목적을 달성하기 위한 세부기술을 도출하는 방법이다. • 연구개발기획에 유용하다.
형태학적 기법 (morphological method)	• 기술변수와 대안으로 구성된 행렬표를 작성하고 이를 근거로 가능한 조합을 도출하는 방법이다. • 단순한 기술, 제품, 공정의 도출에 유용하다.
임무흐름도법 (mission-flow diagram)	• 임무수행을 위한 여러 대안을 그림으로 그려 서로 비교하는 방법이다. • 군사적 목적을 위해 사용된다.

(3) 복합모형

시나리오 기법 (scenario method)	• 기술예측 기법 중에서 델파이법과 함께 가장 많이 사용되는 기법으로 미국 랜드연구소에서 1950년 허만 칸(Herman Kahn)을 중심으로 무기발전과 군사전략 간의 관계를 분석하기 위해 개발되었다. • 미래에 나타날 가능성이 있는 여러 시나리오를 구상해 각각의 전개과정을 추정하는 방법이다. "미래에는 어떤 일이 일어날 것인가?", "이러이러한 일이 발생하면 어떻게 될 것인가?"에 대해 시나리오를 작성해 미래를 대비한다.
교차영향분석법 (cross impact analysis)	• 델파이법의 발전된 형태로서, 예측대상기술에 대해 상호 영향을 미치는 요인을 분석하는 방법이다. • 이 방법은 가능한 선택의 대안들이 이미 정해져 있고, 선택을 통해 얻고자 하는 최종목표 혹은 상태에 대한 정의가 명확히 내려져 있는 경우에 가장 효과적이다.

6) 자주 사용되는 예측방법론

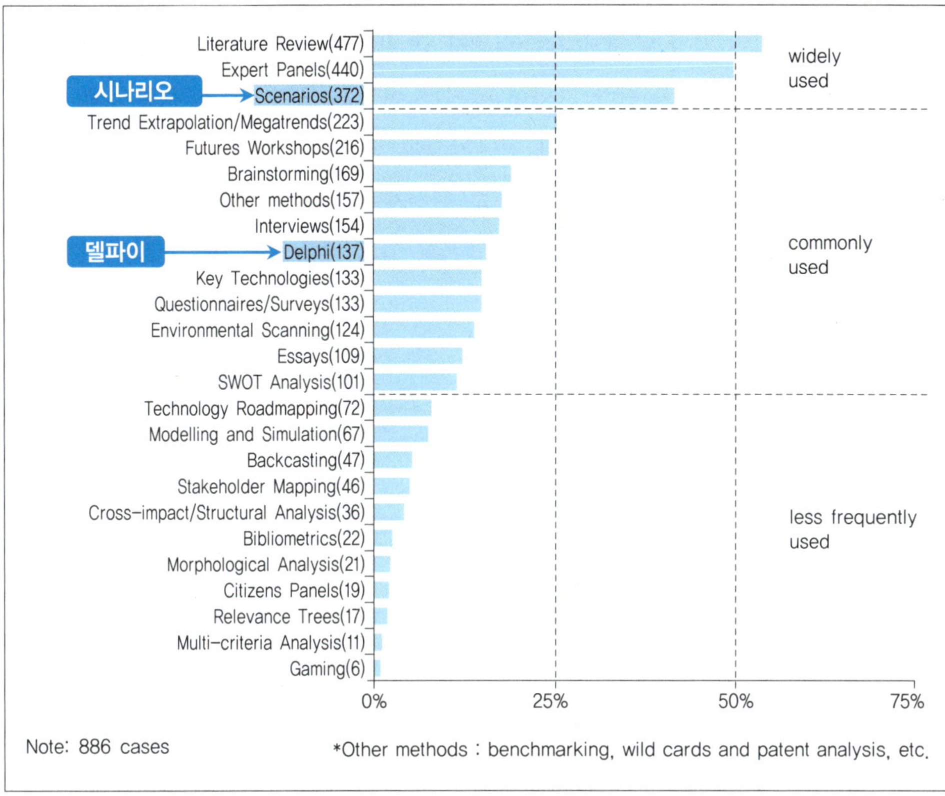

출처: EFMN, Mapping foresight, 2009

4.2 기술수용주기와 캐즘

1) 기술수용주기(Technology Adoption Life-Cycle)의 개념

기술수용주기는 미국의 사회심리학자 에버렛 로저스(Everett Rogers, 1990)가 제시한 모델로 소비자 행동패턴을 제품수명주기(도입기 → 성장기 → 성숙기 → 쇠퇴기) 모델과 결합한 형태로서, 새로운 신기술과 결합된 신제품이 시장에 도입되었을 때, 일반대중에게 수용되는 과정을 설명해 주는 모델이다.

기술수용주기에 대해 로저스는 [그림 4-1]과 [표 4-1]과 같이 불연속적 혁신기술(혁신제품)을 수용하는 데 걸리는 시간에 따라 소비자를 5개 군으로 구분했다. 이 5개 수용자집단에는 각각 작은 틈(캐즘, chasm)이 존재한다. 캐즘은 혁신 수용자와 선각 수용자로 대표되는 초기시장과 전기다수 수용자, 후기다수 수용자로 대표되는 주류시장 사이의 간극을 의미한다. 이러한 간극이 생기는 이유는 초기시장과 주류시장 사이의 커뮤니케이션 단절 때문이다. 그 결과 첨단기술이 접목된 상품에 대한 태도와 구매성향에 대한 의사소통이 이루어지지 않은 결과 혁신제품의 확산이 정체상태에 머물게 되는 캐즘이 발생한다.

▌그림 4-1▐ 기술수용주기 모델

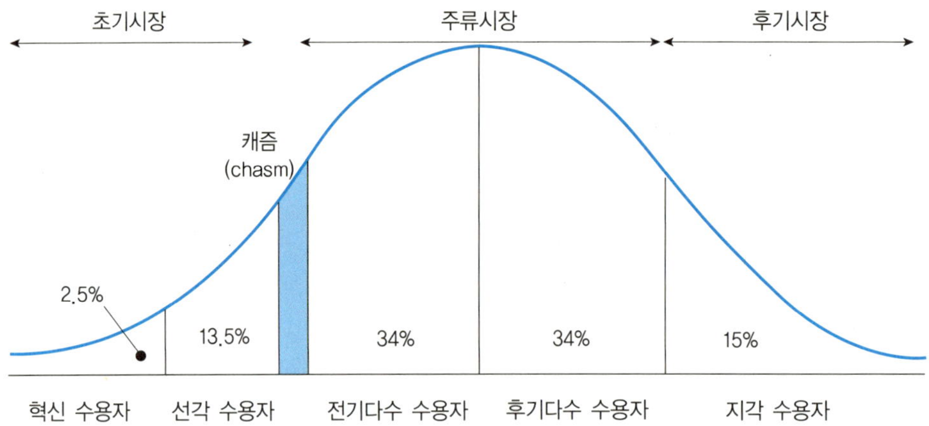

▌표 4-1▐ 기술수용주기 소비형태 5개 그룹 특징

기술수용단계	내용
① 혁신 수용자 (innovators)	• 기술애호가로 기술 자체에 관심이 매우 많다. 비싼 가격을 지불한다. • 동반자적 접근 전략이 필요하다.
② 선각(조기) 수용자 (early adopters)	• 진보적 성향의 선구자로서 기술의 가치를 알고 있다. 가격에 둔감하다. • 기술전문가가 아니며, 호기심을 자극하는 대상에 반응하므로 전략적 가치창출이 필요하다.
캐즘(기술확산점)	• 기술확산점을 지나면 신제품 수용속도가 빨라진다.
③ 전기(조기)다수 수용자 (early majority)	• 실용주의자로 가격에 민감하다. 전체 시장의 1/3을 차지한다. • 어느 정도 기술과 신제품에 대해 관심이 있지만 혁신수용자나 선각 수용자보다 실용성에 더 무게를 둔다.

④ 후기다수 수용자 (late majority)	• 보수주의자로 첨단기술에 두려움을 느낀다. 유명상표 기업을 중시한다. • 안정적인 회사를 선호하므로 기업 인지도를 높이는 전략이 필요하다.
⑤ 지각수용자 (laggards)	• 회의주의자들로 변화를 거부하고 혁신을 무시하는 수용자이다. • 신기술에 관심이 없으며 마케팅 대상이 아니다.

캐즘은 불연속적 혁신제품의 수용에 대한 연구결과를 토대로, 혁신기술을 채택하는 데에 걸리는 시간에 따라 소비자를 5개 수용자군으로 분류한 기술수용주기 안에서 적용되는 개념이다. 하지만 일단 기술수용주기 개념 속 캐즘을 알아보기 전에 불연속적 혁신에 대해서 짚고 넘어가야 한다.

제품에 따라 소비자가 기존의 행동 또는 사용패턴을 변화시켜야 하는 경우가 있고 그렇지 않은 경우가 있다. 여기서 소비자의 '사용패턴 변화'를 요구하는 제품을 바로 '불연속적 혁신제품'이라 한다. 예를 들어, 기존 가솔린을 사용하던 승용차와 전기자동차의 차이는 연료를 공급하는 관점에서 보면 상당한 소비자 행동 변화를 요구한다. 따라서 이러한 불연속적 혁신제품은 획기적인 스펙 향상으로 인해 조기 수용자(early adopters)에게 주목을 받게 되지만, 시장 다수를 형성하고 있는 보수적인 소비자들로부터는 외면받기 쉽다.

가티뇽과 로브트슨(Gatignon and Robertson, 1991)의 연구에서는 기술적 진보와 소비자의 행동변화에 어떻게 영향을 주는가에 따라 연속적 혁신, 동적으로 연속적인 혁신, 불연속적 혁신의 세 가지로 분류하여 제시하였다.

| 표 4-2 | 기존 기술과의 연속성에 따른 기술혁신 유형

연속적 혁신	새로운 제품을 만드는 것이라기보다는 기존 제품의 확대나 수정을 초래하게 하는 미미한 기술적 진보이다.
동적으로 연속적인 혁신	기존의 소비자 소비행동을 변화시키지 않고 기존에 있던 제품의 기술을 변경하거나 확대하는 것을 말한다.
불연속적 혁신	기존 제품의 확대나 구매자들의 소비행동에 상당한 변화를 야기하는 전적으로 새로운 제품을 소개하는 것을 말한다.

기술수용주기는 기술예측(technology forecasting)의 한 수단으로, 향후 기술의 가치 변화, 발전 방향, 경쟁구조 등을 파악하여 의사결정 등에 활용하기 위한 것이다. 기술의 혁신적·경제적 성과가 시간의 경과에 따라 일정한 패턴을 보이면서 변화하는 주기

를 통해 과학기술분야에 나타날 발전 자체 및 그 시기를 예측할 수 있다. 기술의 발전 속도를 전망함으로써 추구하는 기술적 수준의 달성가능성을 가늠할 수 있고, 최종평가된 기술의 가치 및 사회·경제적 영향에 대한 근거로서 이용할 수 있다. 기술수용주기분석은 특정 기술군 혹은 그 세부 기술에 대한 예측이 적합하다. 기술예측은 델파이 기법, 시나리오 기법, 시뮬레이션 기법과 같이 심층적 분석이 가능한 정성적 기법이 주로 사용되지만, 비용과 시간의 측면에서 비효율적이며 결과의 신뢰성을 보장할 수 없어 구조화된 기술가치평가 모델을 구성하기는 적합하지 않다. 반면 기술수용주기분석은 정량적 데이터 산출을 위해 계량적인 기법 위주로 진행되기 때문에 쉽게 이해할 수 있는 분석 척도를 활용하여 평가 모델을 구조하기 용이하다는 장점이 있다.

2) 캐즘(Chasm)

원래 캐즘은 땅에 난 아주 깊은 틈이란 뜻이다. 미국 실리콘밸리 컨설턴트 제프리 무어(Geoffrey A. Moore) 박사가 1991년 미국 벤처업계 성장과정을 설명하며 처음 사용했다. 캐즘은 첨단기술산업에 적용한 개념으로 첨단기술이나 제품이 초기시장을 거쳐 주류시장, 후기시장까지의 주기 사이에 초기시장과 주류시장 사이에 대단절(chasm)이 있다는 사실을 발견하였다.

캐즘이론

캐즘이론(chasm theory)이란 첨단기술제품이 초기시장을 거쳐 대중화하는 과정에 단절된 계곡이 있다는 것을 발견하고 이것을 캐즘이라고 부르는데 캐즘을 넘어서는 제품은 대중화의 길로 들어서지만 그렇지 못한 제품들은 일부 조기수용자(early adopters)들의 전유물로만 남는다는 이론이다. 우리말로 '첨단기술수용론'이라고도 한다.

캐즘이론은 소비자층을 혁신수용자, 선각 수용자, 전기다수 수용자, 후기다수 수용자, 지각 수용자로 나눈다. 혁신 수용자와 선각 수용자는 신제품 자체를 선호해 출시 초기에 제품을 구입한다. 전기다수·후기다수 집단은 제품 실용성을 확인한 뒤 구매를 결정한다. 전체 구매의 3분의 2를 차지해 주류시장을 형성한다. 지각 수용자는 시간이 지나도 마케팅 효과가 미미한 집단이다

예를 들어보자. 만약 가솔린자동차와 전기자동차가 출시되었다고 가정을 할 때, 소비자를 대상으로 당신은 언제 그 자동차를 구입하겠는가?라는 질문을 던졌을 때, 소비자 유형을 구분할 수 있는데, 시판되는 즉시 살 것이라고 생각하는 사람은 혁신 수용자이고, 전기자동차의 기능이 충분히 검증되고 동네 곳곳에 충전소가 들어선 다음에 사겠다고 한다면 전기다수 수용자이다. 모든 사람들이 전기자동차로 바꿔 가솔린자동차 운영이 불편해졌을 때 구입하겠다고 한다면 후기다수 수용자에 속하고, 전기자동차는 나와는 무관하다고 무시한다면 지각 수용자에 포함된다.

제프리 무어에 따르면, 첨단기술기업에게 캐즘이라고 하는 일시적 수요 정체는 호황, 불황과 무관하게 첨단기술제품 및 시장의 특성으로 인해 반드시 거쳐야 하는 필연적인 단계이다. 예를 들어, 태블릿 PC는 1999년 Intel이 'WebPad'라는 이름으로 시장을 태동시킨 이후에도 10년간 소비자들에게 환영을 받지 못하였다. 이 캐즘을 극복하기 위해서는 전통적인 방식의 매스 마케팅을 버리고 특정 표적시장에 집중해야 한다. 실제로 2010년 Apple의 iPad는 제품 출시 초기에 기업고객에게 집중했다.

[출처 : 기술수용주기와 캐즘(Chasm) (https://needjarvis.tistory.com/79)]

토네이도 마케팅(Tornado Marketing)

이 방법은 기존에 없는 전혀 새로운 기술을 도입해 소비자에게 생소한 첨단제품 상용화를 성공시키는 데 있어 어떤 방식으로 시장에 소개하고, 시장에 접근시켜 수익극대화로 끌어낼 것인가에 대한 전략과 전술이다. 이는 첨단제품 마케팅에서의 기술수용주기이론으로 유명한 제프리 A. 무어가 그의 저서 〈토네이도 마케팅〉에서 제시한 개념이다.

기술수용주기에 따르면 첨단기술제품은 기존 시장과 다른 새롭게 창조된 '불연속적 혁신'이기 때문에 일반제품과 다른 '초기시장단계 → 캐즘(chasm) → 볼링앨리(bowling alley) → 토네이도(tornado) → 주류시장(main street) → 완전동화(total assimilation)'의 6단계 시장변화를 거친다는 것이다.

따라서 신기술을 적용한 첨단기술제품은 기존의 일반상품과 다른 새로운 마케팅을 필요로 하며, 각 단계마다 다른 전략을 구사해야 한다는 것이다. 즉 첨단기술제품은 조기수용자들의 기대를 충족시키고, 다음 일반대중에게 제품으로서 수용되기 전까지 단절(캐즘)의 기간을 거칠 수밖에 없기 때문에, 이 단계를 넘어서 기술 범용화가 이루어져야 표준화된 한두 개의 제품이 시장 전체를 휩쓰는 수요폭발(토네이도) 단계로 들어가게 된다는 것이다.

토네이도(돌풍) 단계에 들어서게 되면, 공에 맞은 볼링핀이 옆의 핀을 넘어뜨리는 것처럼 점점 틈새시장에서 그 추진력을 확산해 나가기 위해 취하던 볼링앨리 단계와는 또 다른 마케팅 전략을 구사해야 한다. 즉 토네이도 단계에서는 급증하는 수요에 대한 원활한 제품 공급에 초점을 맞추고, 시장점유를 최대화하는 등 공격적 마케팅 전략을 실행해야 한다는 것이다.
출처 : [네이버 지식백과] 토네이도 마케팅(시사상식사전, pmg 지식엔진연구소)

4.3 기술트리

1) 기술트리의 이해

기술트리(technology tree, 기술체계도)는 기술전략 수립 시 체계적인 핵심기술 선정을 위한 도구로서, 제품·서비스의 성능목표를 충족시키기 위해 필요한 기술들을 도출하고, 이의 분류 및 그룹화를 통해 관심대상 기술영역 내의 기술체계를 트리 형태로 정리하는 방법이다.

기술로드맵은 목표기술의 단계별 이정표를 제시하는 것으로서, 향후 개발하고자 하는 필요기술이나 제품을 예측하여 최선의 기술적 방안을 선정하는 것이다. 따라서 기술로드맵을 작성하기 전에 기술예측을 통해 관련 기술에 대한 조사와 개발가능성을 타진할 수 있다. 기술로드맵이 작성되면 단계별로 목표를 달성할 수 있는 구체적인 실행계획이 필요하다. 기술트리는 현재 자사 또는 자국의 기술수준, 핵심기술 보유 여부, 세부 요소기술 등을 체계화할 수 있다. 그리고 더 나아가 기술트리에 따라 작성된 요소기술에 대해 보다 구체적인 기술로드맵을 작성할 수도 있다. 결국 기술예측과 기술로드맵, 기술트리는 R&D기획에서 서로 보완적인 관계를 가지며 활용된다.

[그림 4-2]에서 보는 바와 같이 기술트리 작성절차는 ① 대상선정, ② 세부기능전개, ③ 세부기술 도출, ④ 기술분류 4단계로 작성된다.

기술트리는 다음과 같은 문제에 기본적인 해답을 제공해 줄 수 있다. 연구주제(기술)가 어떠한 니즈와 용도로 활용될 수 있으며 사업성은 있는가? 혹은 사회적 영향력은 어느 정도인가? 실현하고자 하는 기술방식이나 성능 목표의 수준이 세계에서 어떤 위치에 있는가? 왜 그 기술방식을 선택했는가? 기술 데이터베이스를 어떻게 정리하여 활용할 것인가? 개발계획의 수립방식은 논리적인가? 등이 그것이다.

❙ 그림 4-2 ❙ 기술트리 작성체계

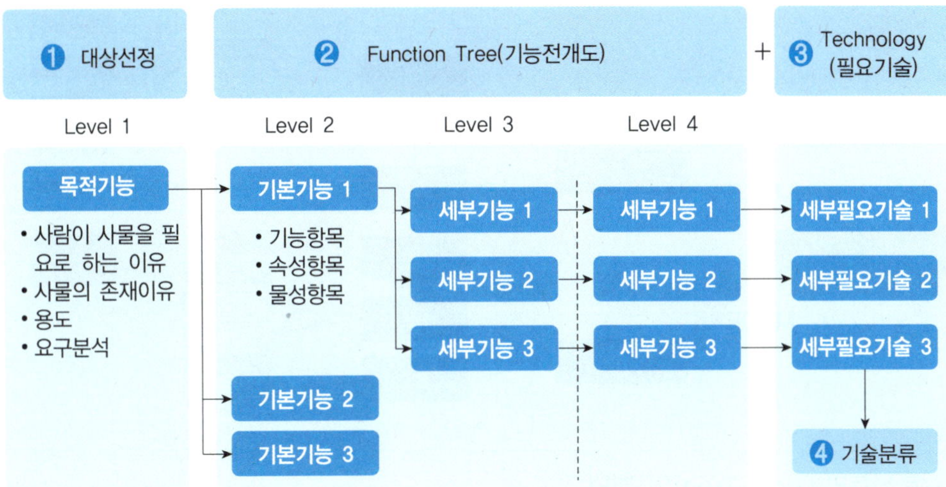

그러나 그 전개 내용면에서는 품질기능전개(Quality Function Deployment : QFD), TRIZ(Theory of solving inventive problem) 등 연구개발에 활용되는 다양한 연구개발 관리기법과 병용할 경우 보다 효과가 증폭된다. 뿐만 아니라 유사 기술분야의 기술트리를 모아 기능을 재그룹화함으로써 기술 데이터베이스로 그 기능의 활용을 확대 진화시킬 수 있는 충분한 가능성을 가지고 있어 연구개발 현장에서 이를 적용하여 제품개발의 유효성을 높여나가는 방향으로 활용되어야 할 것이다.

2) 기술분류표 작성

MECE(Mutually Exclusive, Collectively Exhaustive)는 기술분류 원칙으로 상호 중복되지 않고 각각의 합이 전체가 되는 집합을 의미하는 전략적 사고방법으로 데이터를 완벽히 분류한 형태를 뜻한다. 즉 교집합이 없이 A집합과 B집합의 합은 전체 집합이 나온다면, 이러한 분류를 MECE라고 한다. 로직트리는 바로 MECE 방식으로 분류한 것이고, 경영 기법에서도 많이 활용된다. 로직트리를 활용해 원인분석을 하는 이유는 핵심 문제점의 근본원인을 해결해야 문제가 완전히 해결되기 때문이다.

▌그림 4-3▐ 로직트리의 개념

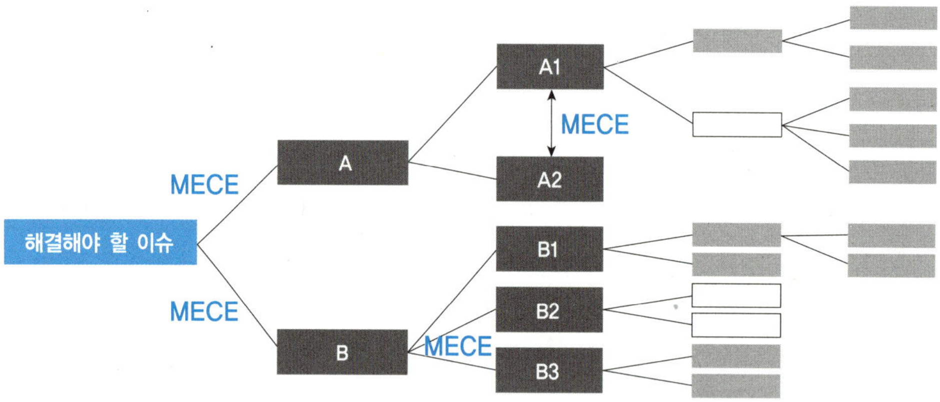

(1) 로직트리(Logic Tree)의 개념

- 주요 과제를 MECE의 사고방식에 기초하여 논리적 연관성이 있는 하부 과제들을 나무 모양으로 전개하여 분석을 하는 도구 기법이다.
- 주어진 문제를 해결하기 위해 어떤 하부 문제들을 고려해야 하는지, 어떤 수단을 고려해야 하는지 체계를 논리적으로 연결해 놓은 것이다.

(2) 로직트리의 역할

- **이슈 확인** : 문제해결의 각 단계에서 풀어야 할 이슈가 무엇인지를 명확하게 알려준다.
- **체계화** : 가설 설정, 가설의 검증을 위한 분석방법, 정보 출처, 담당자 선정 등 문제해결과정의 체계적인 진행이 가능하도록 도와준다.

(3) 로직트리 작성 시 유의사항

- 한 가지 과제에 대해 여러 가지 각도로 생각할 수 있는 유연한 사고가 필요하다.
- 진행 중 여러 번 반복될 경우 중단하고 다른 각도에서 시도해 보는 것이 효율적이다.
- 충분한 폭을 확보하기 위해서는 제3자의 체크가 필요하다.

[출처 : MECE를 활용한 분석 및 해결, 로직트리(Logic Tree) (https://needjarvis.tistory.com/87)]

사례 로직트리 작성사례

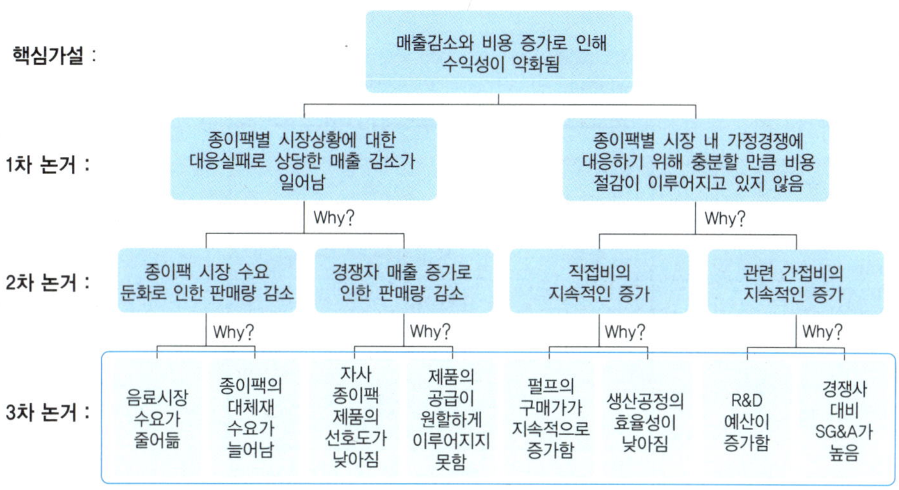

[로직트리에 근거한 업무리스트 작성]

논거 / Task	소비시장의 수요가 줄어듦	대체재의 수요가 늘어남	자사 제품에의 선호도가 낮아짐	자사 제품 공급이 원할하게 이루어지지 못함	원재료 구매가가 지속적으로 증가함	생산공정의 효율성이 낮아짐	R&D 예산이 증가함	경쟁사 대비 SG&A가 높음
A 시장분석	✔	✔		✔	✔	✔	✔	✔
B 경쟁사분석	✔	✔		✔				
C 소비자분석	✔		✔	✔				

출처 : 데루야 하나코·오카다 게이코, 로지컬씽킹 : 맥킨지식 논리적 사고와 구성의 기술, 2019 재편집

로드맵(Roadmap)

일반적으로 '로드맵'은 미래예측방법으로서 "어떤 목표를 위하여 원하는 방향으로 어떻게 나아가겠다고 하는 방법을 가이드라인 해주는 것"이라고 정의하고 있으며, 그 작성 목적은 조직이 목적을 달성하기 위하여 적절한 능력을 적절한 시기에 확보 및 활용할 수 있도록 도와주는 것이다.

로드맵이란 원래 도로 지도를 말한다. 의미가 확장되어 앞으로의 계획이나 전략 등이 담긴 구상도, 청사진 등을 뜻하기도 한다. 기업, 국가 등이 어떤 일을 계획하거나 추진할 때 사용된다. 이 개념은 경쟁시장이 알려져 있거나 알려지지 않은 영역의 비즈니스를 탐색하기 위한 도구(tool)로서 미래전략의 비유적인 이미지를 제공한다.

| 그림 4-4 | 로드맵 프레임워크

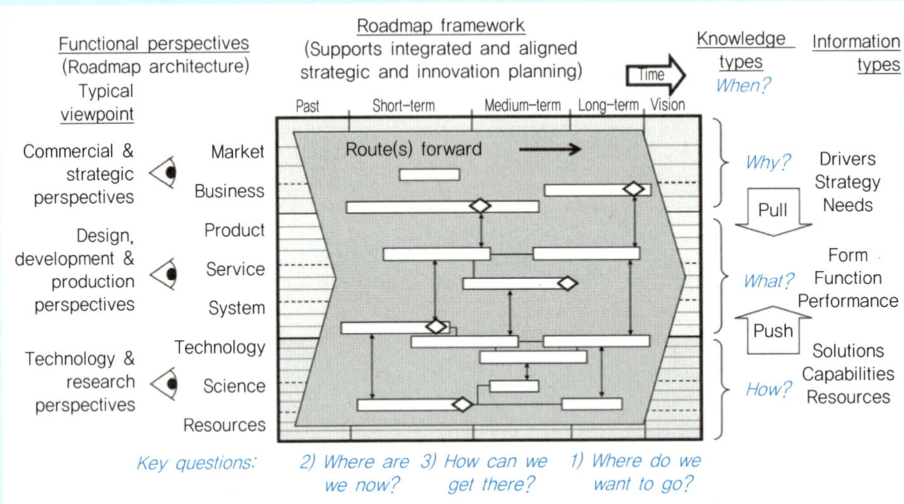

출처: Phaal & Muller, 2009

국가 차원에서 로드맵은 어떤 일을 추진할 때 각종 비전과 지원계획을 담은 것이다. 즉 연구·개발 투자의 효율성을 높이기 위해 미래 유망기술 및 제품을 예측한 뒤 이를 실현할 수 있는 최적의 방법을 제시하는 것이다. 국내에서는 2001년 처음으로 산업통상자원부가 로봇산업을 비롯해 디지털가전·무선통신기기·광섬유·전지·단백질 제품 등 6개 분야의 향후 10년간 기술개발 동향과 과제를 예측한 '산업기술지도'를 완성했다. 산업 및 기업 차원에서는 주로 앞으로의 기술계획과 표준화를 위한 기술로드맵(technology road map)이 쓰인다.

흔히 개별 기술업체들이 신제품과 관련해서 '로드맵'을 발표하는데, 이때 '로드맵'이란 앞으로 개발, 판매될 제품의 성능을 미리 공개하는 것을 말한다. 기업 차원에서 로드맵을 공개하는 목적은 이를 통해 시장의 지배적 표준을 유도하거나, 급변하는 기술환경에서 정보를 공유함으로써 위험을 축소하기 위함이다.

산업 차원에서는 기술을 표준화하고 발전계획을 수립하며 실현방안을 마련하기 위해 로드맵을 발표한다. 미국 인텔사는 항상 자사의 의지대로 컴퓨터 중앙처리장치(CPU) 시장을 활성화시키고 경쟁사를 따돌리는 수단으로 로드맵을 사용하는 데 유명하다. 특히 인텔의 로드맵은 전 세계 컴퓨터 시장의 급속한 세대교체를 주도해 왔다.

로드맵은 작성과정이 특히 중요하며, 그 작성과정을 로드맵핑(roadmapping)이라고 한다. 로드맵핑은 미래에 대하여 조직의 합의된 공통의 시각적인 이미지를 개발하는 것이며, 기획, 연구개발(R&D), 생산, 마케팅·영업, 그리고 A/S(After-sales Service) 부서 등 각 조직 간의 지식, 이해의 차이(gap)와 새로운 방향의 발견을 위한 종합적 학습 프로세스(process)이다.

4.4 기술로드맵(TRM)

1) 기술로드맵의 개념

기술로드맵(Technology Road Map : TRM)이란 [그림 4-4]와 같이 미래 산업기술시장에 대한 예측을 바탕으로 핵심기술과 지원기술을 순차적으로 서술하는 방법으로, 향후 개발하여야 할 대상제품의 필요기술과 제품을 예측하여 최선의 기술 대안(alternative)을 선정하는 구상도이다.

또한 기술로드맵은 기술들을 유용하게 활용할 수 있는 세부 프로젝트를 계획하는 데 필요한 지침을 제공하는 기술전략 수립 또는 기술기획(technology planning)의 전 과정이라고 할 수 있다.

기술로드맵은 1980년대 모토롤라에서 처음으로 개발되어 기업의 기술예측 및 기술기획 기법으로 이용되었으며, 점차 널리 확산됨에 따라 우리나라에서도 국가과학기술기획 및 산업기술기획, 공공부문 연구소의 기술기획 기법 중 하나로 사용되고 있다. 특히 최근의 기술기획은 민간 및 공공부문 어느 곳을 막론하고 기술로드맵 작성을 원칙으로 하는 추세이다. 그러나 기술로드맵은 주로 실무에서 많이 이용되었기 때문에 작성주체나 작성목적을 표현하는 방식이 동일하지 않으면, 작성결과도 상이하게 나타날 수 있다.

기술로드맵은 기술기획 실무자, 연구원들이 공히 습득하고 있어야 하는 중장기 기술전략의 구체적 기법이다. 최근 기술의 라이프사이클이 짧아짐에 따라 발전과 쇠퇴가 급격하게 빨리 이루어지면서 기술전략 및 기술기획은 매우 중요해지고 있는데, 기술로드맵은 기술전략 및 기술기획 도구의 하나이다.

해외 문헌에 소개된 개념적 정의에 의하면, 로드맵은 특정 지리학적 공간에 존재하는 경로를 나타내며, 로드맵은 과학기술분야 자원배분계획을 위한 은유적 표현으로 사용되고 있다.

로드맵핑은 로드맵을 작성하는 시각적 메커니즘이라고 정의되며 로드맵핑 프로세스는 로드맵 참가자들을 위한 학습경험인 동시에, 커뮤니케이션 도구라고 정의할 수 있다. 따라서 사전적 의미로 과학기술로드맵(S&T Roadmap)은 미래 과학기술환경에 대해 의사결정자들에게 일치된 견해와 비전을 제시하고 과학기술적 요소들 사이의 구조적이고 시간적인 관계를 규명하는 것이라 할 수 있으며 과학기술로드맵 프로세스는 희망하는 과학기술적 목표를 성취하기 위해 전략적 대안들을 선택하고 평가하며 증명해 주는 일련의 과정이라 할 수 있다.

그러나 기업체에서 활용하는 기술로드맵의 실제적인 의미는 기술의 선정, 개발방향을 결정하는 도구로써, 주요 제품, 기술의 니즈를 파악하고 이를 만족시킬 수 있는 대체기술을 결정하여 기술을 개발하고 전개할 계획을 수립하며 나아가 사업비전까지 제시하는 것이다. 이를 위해 기술로드맵은 중장기 핵심제품군을 위한 필요기술과 핵심기술을 명확히 규정한다. 일반적으로 기술의 범위를 과제단위로 할 것인가, 기술군단위로 할 것인가에 대해 로드맵은 중장기 기술전략의 관점에서 군단위로 규정을 한다.

[그림 4-5]에서 보는 바와 같이 기술로드맵의 기본 포맷은 ① 신제품에 대한 시장수요 견인과 신기술개발에 의한 기술 주도, 이들의 상호작용을 동시에 고려한다. ② 신제품 개발, 제품개선 등의 새로운 기회를 포착하고, 기술개발계획 수립을 통하여 기회를 활용한다. ③ 전략분야의 제품개발 아이디어 및 콘셉트단계를 강화하기 위해 시장,

그림 4-5 R&D 기술로드맵의 일반적인 형태

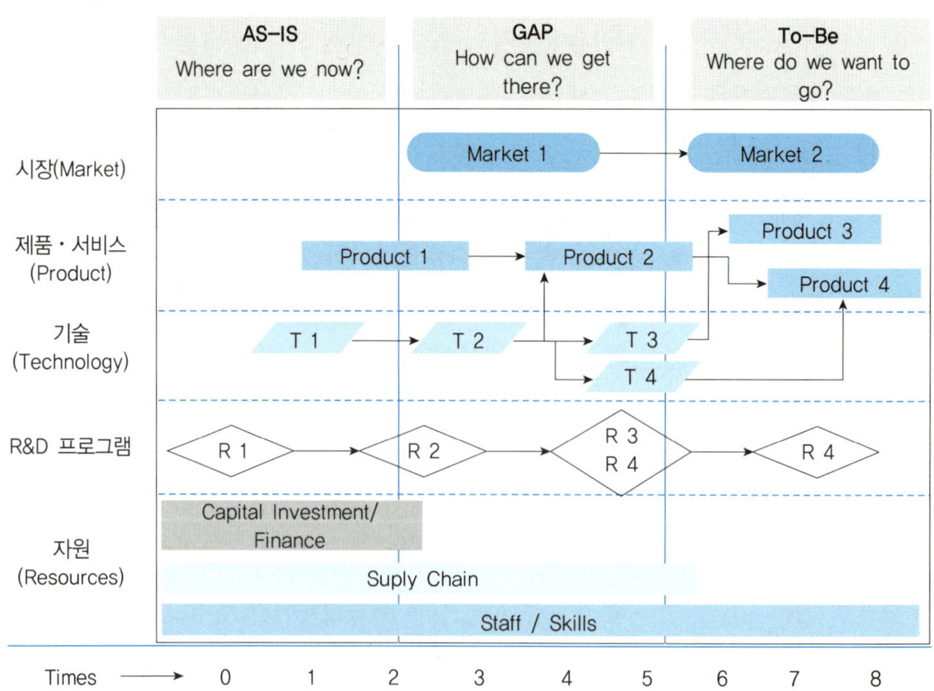

제품기능, 이용가능한 기술이 연계된 구조를 가지도록 하는 것이 필요하다.

기술로드맵은 ① 성능목표(performance target)에 도달할 수 있는 핵심기술 혹은 기술격차(technology gap)를 확인할 수 있으며 ② 이를 바탕으로 전문가들이 대상분야의 기술발전을 예측할 수 있는 메커니즘(mechanism)을 제공하고 ③ 관련 구성원들 간 연구활동을 조정함으로써 R&D 투자 관련 의사결정을 조율할 수 있는 수단을 제공한다. 따라서 동일한 기술에 과도한 투자를 하거나 중요 기술들을 간과하는 일을 피할 수 있고, 핵심기술들을 공동으로 개발할 수 있는 기반을 제공함으로써 정부 차원에서는 R&D 예산의 효율적인 배분을 가능하게 하고, 산업 차원에서는 정보 공유와 공동연구를 촉진하는 도구로 유용하게 활용할 수 있다.

2) 기술로드맵의 유형

기술로드맵의 유형은 작성기준과 관점에 따라 다양하게 제시될 수 있다. 그러나 크게 본다면 대상산업의 범위를 어디까지로 하는가, 작성작업을 누가 주도적으로 하는가, 작성대상이 무엇인가에 따라 아래와 같이 몇 가지 유형으로 나눌 수 있다.

표 4-3 기술로드맵 유형

분류기준	기술로드맵	세부내용
대상 산업 범위	복수산업 차원	특정 기술이 여러 산업에 걸쳐서 요구되는 경우에 작성. 대표적인 예로 미국의 IMTI(Integrated Manufacturing Technology Initiative)가 작성한 정보시스템, 모델링과 시뮬레이션, 제조프로세싱과 장비, 기업통합 등 4개 제조기술분야 로드맵
	단일산업 차원	특정 기술이 한 산업에서만 요구되는 경우에 작성. 대표적인 예로 미국의 DOE(Department of Energy)가 작성한 9개 산업기술로드맵
	개별 기업 차원	해당 기업이 미래시장에서 더 나은 위치를 차지하고 더 좋은 제품을 생산하기 위해 요구되는 경우에 작성. 동종산업 내 다른 기업이 이를 이용하는 데 한계가 존재
작성 주체	정부주도 로드맵	정부 및 관련 산업에 속한 관계자들이 효과적으로 의사결정을 할 수 있도록 비전과 기술개발의 방향성과 이정표를 제공하는 목적으로 작성
	산업주도 로드맵	급변하는 기술경영환경에서 개별 기업이 감당하기 어려운 고위험을 줄이기 위해 지배적 표준을 유도함으로써 시장에 공존할 목적으로 작성. 사업협회 또는 기업 컨소시엄이 주도

	기업주도 로드맵	동일 산업 내 경쟁기업보다 먼저 미래시장에서 경쟁력을 확보할 목적으로 단일 기업이 주도하여 작성하는 로드맵
작성 대상 내용	제품기술 로드맵	일반적으로 기업주도하에서 작성되는 경우가 많으며, 폭넓은 제품 흐름(product context)을 보여주는 로드맵
	유망기술 로드맵	잠재적으로 유망한 기술이나 실험실 수준에서 개발된 기술을 대상으로 작성된 로드맵. 잠재유망기술의 개발과 상업화를 예측하고 그 기술에 관한 기업의 경쟁력 수준이 어떻게 발전하는가에 중점을 두고 작성
	이슈지향 로드맵	특정 이슈와 관련하여 프로젝트 계획을 수립하고 예산배정을 위해 그 결과를 알아내려는 의도로 작성되는 로드맵

3) 기술로드맵 작성 프로세스

기술로드맵은 작성자가 단독적으로 기술로드맵을 작성하는 것이 아니라 타 부서, 나아가 기업이나 조직의 전체적인 협동과정에서 탄생한다. 따라서 기술로드맵은 정부나 기업의 다양한 계층이나 부서와의 지속적인 커뮤니케이션이 요구된다. 정부주도의 기술로드맵 작성의 경우 관련 연구기관뿐만 아니라 학술 전문가, 기업, 관련 단체 등 다양한 계층에 속한 사람들의 의견을 반영하고 상호 간의 협력을 유도할 수 있는 장을 마련해 주어야 할 것이다. 또한 기업의 기술로드맵은 최고경영자(주로 기업의 중장기적 전략), 연구개발부서, 생산부서의 사람들이 자신의 목표를 달성하기 위해 서로 아이디어를 모으는 과정에서 작성되어야 한다.

기술로드맵을 작성하는 단계에 대해서도 연구자들 간에 다소 차이가 존재하나 전체적인 프로세스는 일맥상통한다. 또한 많은 연구자들이 기술로드맵을 작성할 때 가장 중요하게 지목하는 점은 준비단계에서 마무리단계까지의 유기적인 연계이다(McMillan, 2003; Albright and Kappel, 2003; Phaal et al., 2004). 특히 알브라이트와 카펠(Albright and Kappel, 2003)은 로드맵의 준비단계에서부터 작성 후 관리단계까지 순환적인 프로세스를 강조하고 있다.

표 4-4 기술로드맵 작성 프로세스

1단계 : 사전준비	2단계 : 기술로드맵 작성	3단계 : 후속활동
• 기술로드맵 개발 공감대 형성 및 팀 구성 • 기술의 정의 및 범위설정 • 예산확보 및 개발주체 • 미래목표시장 조사 • 기술분류 • 기술우선순위 설정 등	• 대상분야(제품) 선정 • 제품기능과 성능목표 결정 (Critical System Requirement : CSR) • 핵심기술 + 요소기술 분석 • 기술대안 및 실현시점 설정 • 기술로드맵 작성 • 보고서 작성 등	• 작성 로드맵 검증 • 실행계획 수립 • 주기적 평가 및 수정, 보완

(1) 1단계 : 사전준비

기술로드맵의 필요성을 인식하고, 조직 내 각 부서들의 참여가능성을 확인한 후, 실제로 기술로드맵의 작성에 참여할 작업팀을 구성한다. 그리고 기술로드맵의 작성기간을 결정한다. 산업수준의 기술로드맵은 10~15년, 기업수준의 기술로드맵은 3~5년 정도의 기간에 대해 작성하게 된다.

[그림 4-6]은 기술분류체계를 만들어 내는 진행과정을 Top-Down 방식으로 나타낸 것이다.

그림 4-6 기술분류체계 설정방법

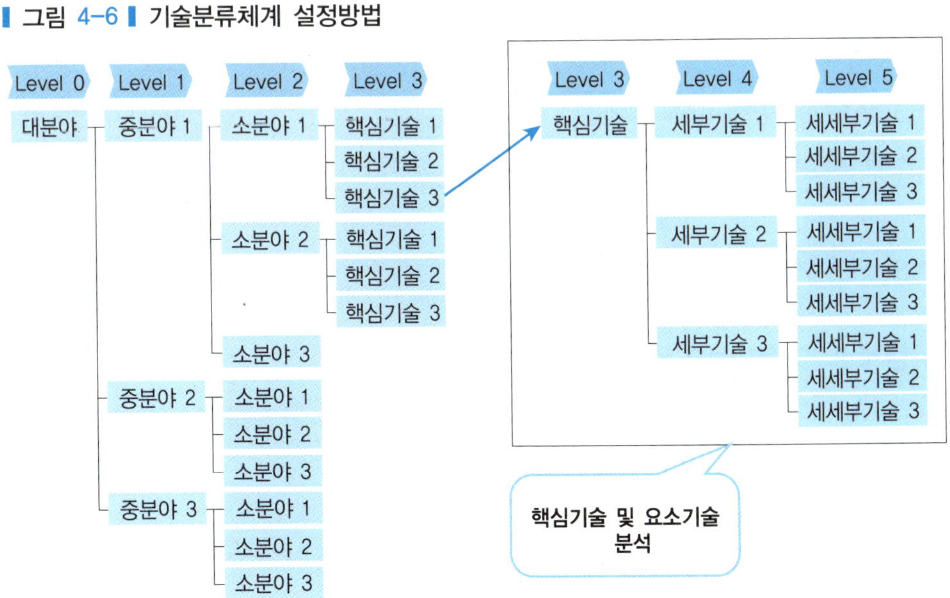

(2) 2단계 : 기술로드맵 작성

기술로드맵의 구체적인 대상분야를 선정하고 일반적인 대상분야는 제품이지만, 만일 제품의 구조가 너무 복잡하면 부품수준에서 선정한다(산업수준의 기술로드맵의 경우, 제품군에 대해 선정가능). 다음으로는 선정된 대상분야에 대해 시장과 고객의 니즈를 토대로 대상분야의 특성과 성능을 결정한다. 가능한 기술대안들을 탐색한 후 경제성, 실현시기, 가능성 등의 기준에서 가장 적합한 대안을 선정한다. 이 대안을 수행하기 위한 R&D 프로젝트를 기획한다.

(3) 3단계 : 후속활동

작성된 기술로드맵의 타당성을 검증하고 수정하는 작업을 진행한다. 이 작업은 주기적으로 수행되어야 하며, 적절한 점검주기는 기술 진보와 시장 수용의 변화 정도에 맞추어 결정한다.

4) 제품기술 기술로드맵 작성사례 : L사의 핸드폰 개발기획

(1) 단계 1 : 대상분야 선정

- 핸드폰 제품의 시장환경과 경쟁전략을 분석하여 핸드폰에 대한 소비자 니즈를 파악한다.
- L사의 경영전략과 연계하여 목표시장을 '10대 청소년 고객시장'으로 선정한다.
- 시장조사를 통해 10대 고객들의 핸드폰에 대한 중요가치를 도출한다(디자인-가격-액정성능-카메라, 화음 등의 부가기능, 총통화시간, 모바일기능 순서).
- TRM 대상분야를 '디자인이 우수한 핸드폰'으로 정의한다.
- 이 단계를 통해서 TRM의 계층구조 중 상위계층인 '시장'을 결정한다.

(2) 단계 2 : 제품기능과 성능 결정

- 마케팅 부서 주관으로 고객의 니즈를 어떻게 제품에 반영할 것인가를 결정한다.

| 그림 4-7 | 고객 니즈에 관련된 제품 특성

고객 니즈		제품특성
핸드폰 디자인	→	크기, 무게
가격		비용(자재비, 조립비)
핸드폰 액정		디스플레이
카메라, 화음 등 부가기능		화소, 화음
총통화시간		배터리 성능
모바일 기능		인터넷 연결

- 향후 3년간의 제품출시계획을 수립한다.
- 출시 예정인 네 가지 신제품 모델인 걸리폰, 걸리폰 1.0, 걸리폰 1.1, 걸리폰 1.2에 대해 크기, 비용, 디스플레이, 화소 등의 측면에서 제품성능 목표치를 설정한다.
- 이 단계에서 TRM의 두 번째 계층인 '제품'이 결정된다.

| 그림 4-8 | 시장계층과 제품계층에 대한 설계

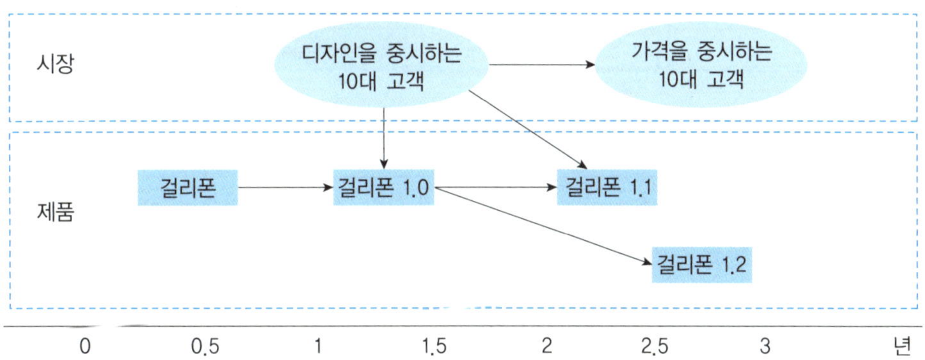

(3) 단계 3 : 일차적 기술로드맵의 작성과 최적 기술대안의 선정

- 시장계층과 제품계층에 대한 설계가 완성된 후, R&D부문 부서와 제조부문 부서의 주도로 최적의 기술대안을 선정하기 위한 정보의 수집과 분석작업을 수행한다.
- 이 단계에서는 제품의 특성에 관련된 기술영역이 정의되고 각 기술영역별 실현시기가 제시된다. 부가적으로 기술영역별 중요도와 L사의 상대적 경쟁우위 등의 정보도 포함된다.
- 이 단계에서는 도출된 결과 그 자체가 TRM의 형태를 나타내기 때문에, 기술계층의 TRM이라 부른다.

▌그림 4-9 ▌기술계층 TRM의 구조와 내용

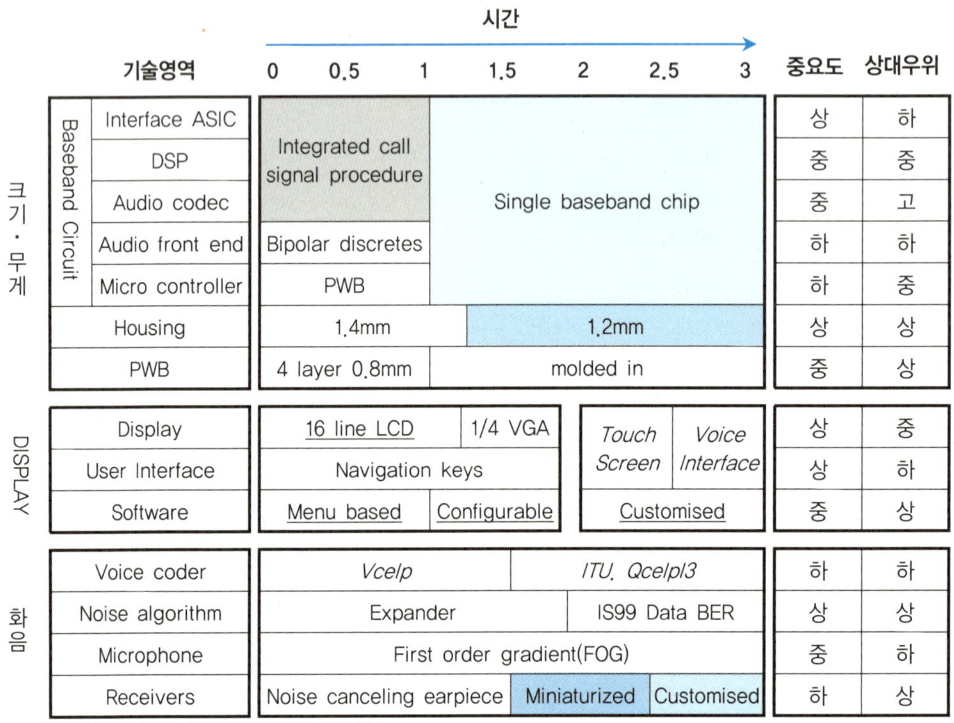

- 앞에서 만들어진 기술계층 TRM을 토대로 출시 예정인 네 가지 신제품이 당초에 계획했던 제품 성능을 구현할 수 있는 최적의 기술대안들을 선정한다.
- 최적 기술대안들을 선정하는 작업까지 마치게 되면, 시장-제품-기술의 세 계층을 연계한 설계안이 만들어진다.

(4) 단계 4 : 최종적인 기술로드맵의 작성과 R&D 프로젝트의 기획

기술로드맵을 활용한 R&D 프로젝트 기획은 현재(As Is)에서 미래(To Be)에 대한 사업전략과 기술전략의 연계 및 통합을 지원하는 가장 현실적인 기법으로 인식되고 있으며, 관련 산업시장에서의 경쟁우위를 차지할 수 있는 전략적 의사결정에 매우 중요한 역할을 하게 된다.

▌그림 4-10▐ 최종 기술로드맵과 R&D 기획도

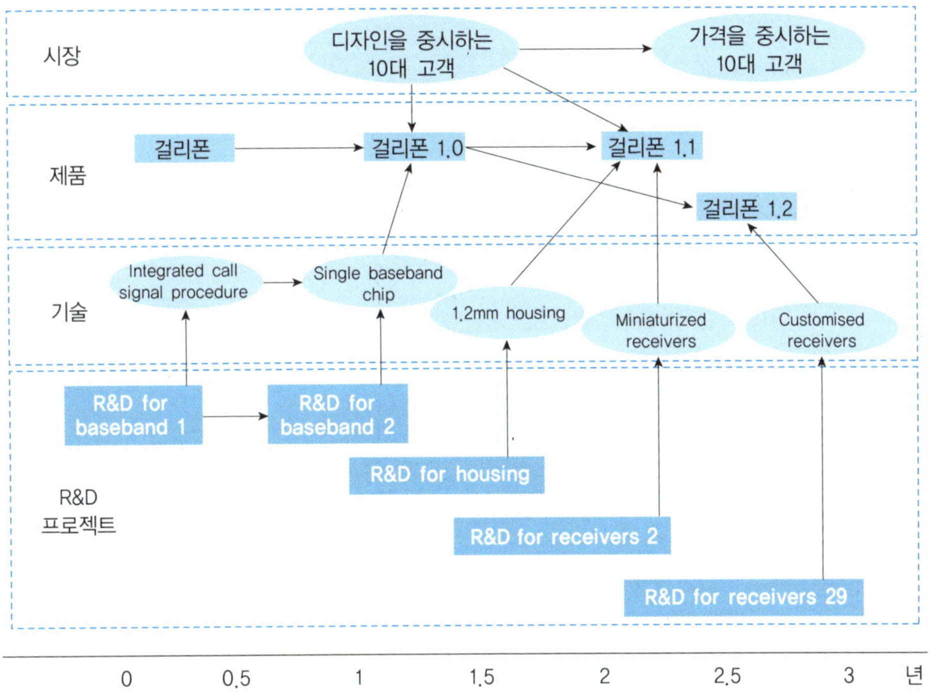

5) 기술로드맵 품질관리활동

[표 4-5]와 같이 기술로드맵 작업에는 비교적 소수의 인원이 참가하기 때문에 이의 활용에 관련된 그룹들로부터 검토와 평가를 거쳐 인준을 받아야 하며, 기술로드맵 기획 과정과 결과물에 대한 품질평가를 추진하고 평가결과에 대한 피드백을 수정보완과정에 반영하여야 한다.

평가방법은 참여자의 자율평가와 교차평가로 이루어지며 평가기준은 다음과 같다.

- 추천된 기술이 개발될 경우 목표가 달성될 것인가?
- 이 기술이 합리적인가?
- 중요 기술 중 누락된 것은 없는가?
- 작성과정에 참여하지 않은 사람들에게도 분명하고 이해할 만한가?

▌표 4-5 ▌ 기술로드맵 품질관리활동 평가

주요 항목	세부항목	평가						
		가중치	5	4	3	2	1	계
파트너(30)	작업반이 제대로 구성되었는가(관계사와 공동으로)?	0.2	1					6.0
	실무선 협력과 역할은 분담되었는가?	0.2	1					6.0
	해당 사업부 Top의 참여와 관심을 끌었는가?	0.1	1					3.0
	사업부와 연구소가 협의로 후원을 이끌어 냈는가?	0.1	1					3.0
	사업부와 목표가 공유되었는가?	0.4	1					12.0
	소계	1.0						30.0
Needs/Seed 분석(30)	사업부와 기술원 상호 간 니즈를 명확히 하였는가?	0.4	1					12.0
	선진사 및 우리의 기술수준을 파악·분석하였는가?	0.3	1					9.0
	기존 지식 내에서 작성된 것은 아닌가?	0.3	1					9.0
	소계	1.0						30
목표설정/실천 계획 규명(40)	사업목표에 근거한 전략이 명시되었는가?	0.2	1					6.0
	핵심기술은 규명되었는가?	0.2	1					6.0
	현기술의 한계와 이를 극복하기 위한 대체기술은 검토되었는가?	0.1	1					4.0
	요소기술별 목표수준과 타이밍은 명확히 설정되었는가?	0.2	1					6.0
	선진사 Catch up 방안은 있는가?	0.1	1					4.0
	아웃소싱, 표준화전략은 있는가?	0.1	1					4.0
	벤치마킹할 과제를 도출했는가?	0.3	1					10.0
	소계	1.0						40
	합계							100

출처 : KIST, Korea Research Innovation Training, Technology Roadmap, Vol.16-14, 199~200, 2016

6) 기술로드맵 작성사례 1

[그림 4-11]은 초고속 단거리 무선통신부품의 중소기업 기술로드맵의 사례를 제시한 것이다. 이 그림은 중소벤처기업부에서 중소기업의 기술역량 강화를 위해 유망기술 신성장 미래기술개발 가이드라인을 제시하기 위한 중소기업 맞춤형 단기(3년 이내) 상용화 기술로드맵이다.

중소기업 기술로드맵 사이트(http://smroadmap.smtech.go.kr/)의 산업별 전략보고서를 참조하면 기술로드맵 작성실무에 도움이 될 것이다.

그림 4-11 초고속 단거리 무선통신부품의 중소기업 기술로드맵

Time Span		2018	2019	2020	최종목표
연도별 목표		60GHz 기술 보완 및 테라헤르츠 원천기술 개발	저전력 60GHz 부품 기술확보 및 테라헤르츠 원천기술 보완 개발	60GHz 상용부품 개발 및 테라헤르츠 핵심기술 개발	기가급 초고속 단거리 무선통신부품 기술개발
핵심요소기술	60GHz 주파수 대역 무선통신 기술	저전력 광대역 송수신기술 초고속 근접통신 MAC 기술 60GHz 대역 저전력 회로 및 소자기술			3.5Gbps급 무선통신 부품양산 및 10Gbps급 초고속 단거리 무선통신 상용부품
	테라헤르츠 주파수 대역 무선통신 기술	저전력 초광대역 송수신기술 테라헤르츠 대역 저전력 회로 및 소자기술			100Gbps급 초고속 단거리 무선통신 원천 시제품
기술・시장 니즈		초고속 단거리 무선통신 부품의 세계 선도 및 중소기업 육성	스마트 기기의 폭발적 성장과 함께 다양한 응용제품의 요구 증대	ICT 기술과의 융복합화를 통한 무선통신부품의 효율성 제고	

7) 기술로드맵 작성사례 2

[그림 4-12]는 스마트공장 생산장비 개발기술 및 혁신제품 로드맵 사례를 나타낸 것이다.

▌그림 4-12▐ 스마트공장 생산장비 개발기술 및 혁신제품 로드맵

<table>
<tr><th colspan="2">구분</th><th>~2019</th><th>2020</th><th>2021</th><th>2022</th><th>2023</th><th>2024</th><th>2025</th><th>End-Product</th></tr>
<tr><td rowspan="5">고유연·
하이브리드
생산장비</td><td rowspan="2">원천
기술</td><td></td><td></td><td colspan="4">모듈러·재구성형 고유연 가공장비 설계기술</td><td></td><td rowspan="5">고유연·
하이브리드
생산장비
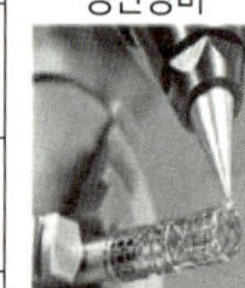</td></tr>
<tr><td></td><td></td><td></td><td colspan="4">친환경·에너지 저감장비 핵심모듈 설계 및 공정기술</td></tr>
<tr><td rowspan="3">혁신
제품</td><td colspan="3">복합형상 부품 가공용 스마트 컴팩트 라인센터</td><td></td><td></td><td></td><td></td></tr>
<tr><td></td><td colspan="5">하이브리드 가공장비 핵심 공정모듈 및 시스템(레이저·전자빔·적층 초음파 워터젯 용접 등)</td><td></td></tr>
<tr><td></td><td colspan="4">멀티 헤드 기반 초고속 복합공정 대응 장비</td><td></td><td></td></tr>
<tr><td rowspan="4">로봇융합
제조장비</td><td rowspan="2">원천
기술</td><td></td><td></td><td></td><td colspan="4">로봇 융합 자율이동형 제조장비 핵심기술</td><td rowspan="4">로봇 융합
신개념 제조장비
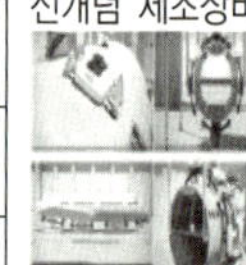</td></tr>
<tr><td></td><td></td><td colspan="4">로봇/병렬기구 기반 고생산성 가공장비</td><td></td></tr>
<tr><td rowspan="2">혁신
제품</td><td></td><td></td><td colspan="4">로봇 기반 유연생산 무금형 점진성형 장비</td><td></td></tr>
<tr><td></td><td colspan="5">대형 구조부품용 로봇 응용 가공/접합 장비</td><td></td></tr>
<tr><td rowspan="4">센서
임베디드
기계장비</td><td rowspan="2">원천
기술</td><td></td><td colspan="5">이기종 장비 표준 네트워크 인터페이스 모듈</td><td></td><td rowspan="4">멀티센서 융합
자율 제어형
제조장비
</td></tr>
<tr><td></td><td></td><td colspan="4">센서 임베디드 스마트 장비 플랫폼(Machine 4.0)</td><td></td></tr>
<tr><td rowspan="2">혁신
제품</td><td></td><td></td><td colspan="5">센서융합 장비 핵심 구동모듈 개발(주축/툴링/레이저 등 대표 공정모듈, 베어링 감속기·이송계 등</td></tr>
<tr><td></td><td></td><td></td><td colspan="4">IoT/엣지 기반 장비상태 인지 및 자율제어형 생산장비</td></tr>
</table>

8) 기술로드맵 작성사례 3

[그림 4-13]은 차세대 이동통신서비스 분야 기술로드맵 사례를 나타낸 것이다.

▌그림 4-13 ▌차세대 이동통신서비스 분야 기술로드맵

<table>
<tr><th>2018</th><th>2019</th><th>2020</th><th>2021</th><th>2022</th><th>2023</th></tr>
<tr><td>5G 시범
서비스</td><td colspan="2">5G 시험인증
서비스</td><td colspan="3">스마트시티 인프라 지원 서비스, 딥러닝 기반 교통정보제공 인공지능 서비스, 모바일 기반 지능형 자율 제조 서비스, 몰입형 미디어 서비스, 스마트 재난안전 서비스</td></tr>
<tr><td>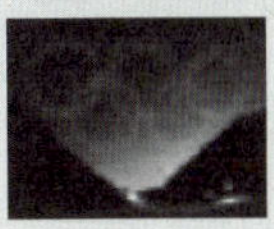</td><td colspan="2"></td><td colspan="3"></td></tr>
<tr><td></td><td>초저지연
파장당 25G급
PON 플랫폼</td><td>실감·지능
엣지 플랫폼</td><td>네트워크 기반
증강·가상
현실 서비스</td><td>상황 인지
저지연 서비스</td><td>저지연 자율
네트워킹
서비스</td></tr>
<tr><td></td><td>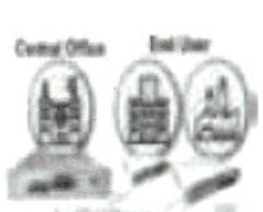</td><td>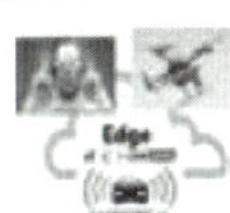</td><td></td><td></td><td></td></tr>
<tr><td>동일 위성채널
주파수 공유
서비스</td><td>무인기
제어·임무용
통신 서비스</td><td>EMC 현장
측정·평가
서비스</td><td>모바일 트래픽
예보 서비스</td><td>위성 IoT 기반
원격감시
서비스</td><td>배터리 필요
없는 IoT 기기
무선충전 서비스</td></tr>
<tr><td></td><td></td><td>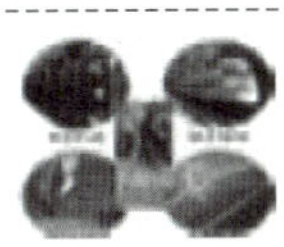</td><td></td><td></td><td></td></tr>
</table>

출처 : 과학기술정보통신부, ICT R&D 기술로드맵 2023 총괄보고서, 2019

/연/습/문/제/

01 기술예측(technology forecast)과 기술전망(tehnoloogy foresight)의 개념과 차이점에 대해서 기술하시오.

02 기술예측을 위한 예측방법론 중 시나리오분석과 델파이 기법에 대해서 기술하시오.

03 산업수명주기, 제품수명주기, 기술수용주기에 대해서 설명하고, 각각의 특징에 대해서 기술하시오.

04 기술수용주기의 캐즘(Chasm)에 대해서 기술하시오.

05 기술로드맵 유형의 산업범위, 작성주체, 작성내용에 대해 조사 및 사례를 제시하시오.

CHAPTER 5

기술사업화 관리

5 CHAPTER

기술사업화 관리

5.1 기술사업화

1) 기술사업화 개요

기술사업화(technology commercialization)란 기술 또는 지식을 활용하여 신제품·신사업을 창출하거나 그 과정의 관련 기술의 향상에 적용하기 위한 일련의 혁신활동이며, 연구개발된 기술이 제품이나 서비스로 만들어져 시장에 성공적으로 판매되는 일련의 과정을 말한다.

기술사업화의 정의는 매우 다양하지만 정리해 보면, 확보된 기술의 추가 개발(개량), 거래·이전, 협업 및 제휴, 창업 및 신사업 추진 등을 통해 새로운 수익들을 창출해 가는 과정으로 협의적인 관점에서는 제품 및 공정개발에 적용가능한 기술이 개발·완료되어 출시제품이 제작·완료되기까지를 의미한다고 볼 수 있다.

그림 5-1 사업과 기술사업화 개념

사업 (Business)	• 생산과 영리를 목적으로 하는 지속적인 경제활동이며 사업화란 생산과 영리를 목적으로 하는 지속적인 경제활동인 사업을 할 수 있도록 하는 제반 활동
기술사업화 (Technology Commercialization)	• 기술사업화란 "기술을 이용하여 제품의 개발·생산 및 판매를 하거나 그 과정의 관련 기술을 향상시키는 것"(「기술의 이전 및 사업화 촉진에 관한 법률」) • 기술혁신의 전 주기적 관점에서 개발된 기술의 이전·거래·확산·적용을 통해 부가가치를 창출하기 위한 제반 활동과 그 과정

기술사업화는 단순히 연구개발과 단순 시제품 제작과는 차이가 있으며, 반드시 시장에 출시되어 매출이 발생되어야 한다. 기술자원의 생산을 강조하는 투입실적 중심의 개념과는 달리 기술사업화는 기술과 시장의 상호 연계를 중시하는 성과 중심의 개념으로서 기술개발 프로세스보다 기술의 비즈니스화 프로세스를 중시한다.

법률에서는 '기술사업화'를 기술을 이용하여 제품을 개발·생산 또는 판매하거나 그 과정의 관련 기술을 향상시키는 것으로 정의하고 있으며, 기술사업화의 성공이란 개발기술의 확산과 활용을 통해 경제적 부가가치가 창출된 경우 또는 기술개발비용(기술이전비용 포함)과 생산투자 및 판매비용보다 많은 수익을 확보하여 손익분기점을 넘었을 경우를 의미한다.

기술이전 측면에서는 기술자원의 성장 동력화를 위해 출연연 및 전문연구소의 보유기술들을 기업에 이전하거나 공동기술개발, 전략적 제휴(joint venture) 등을 통해 기술전수가 되는 것을 사업화 지원의 일환으로도 보고 있다.

기술사업화 및 기술이전방식은 개념이 다양하고 포괄적이므로 [표 5-1]과 같이 기술개발 주체의 사업 유형에 따라 조직특성과 기술특성에 따른 차별화된 사업 프로세스와 추진전략이 수립되어야 한다.

기업들은 태생적으로 보유한 기술을 제품에 적용하여 필요한 성능과 이용편의성을 소비자들에게 전달하고 이를 통해 수익을 창출하는 일련의 가치창조활동을 하고 있다.

표 5-1 기술사업화 추진방식에 따른 유형

구분	유형	내용
공공부문	공공기술 이전 및 사업화	• 정부 연구개발자금의 투입으로 개발된 기술을 민간기업에 이전하여 사업화 • 정부 연구개발사업의 효율성과 경제적 효과를 높이기 위한 방안
	공공기술 개발자 창업	• 대학, 연구기관이 주관이 되어 개발한 기술을 기술개발에 참여한 교수, 연구원 등으로 하여금 창업 및 사업화하도록 하는 방안
민간부문	자체기술 사업화	• 민간기업이 자체 개발하였거나 공동으로 개발한 기술을 직접 제품화하여 판매하는 방안
	이전기술 사업화	• 기술의 판매 희망자와 기술의 구매 희망자가 연결되어 민간부문에서 해당 기술의 거래가 이루어지고 이를 사업화하는 방안

다만 자체적으로 연구개발을 하여 경쟁사보다 우수한 기술을 확보하려던 폐쇄적인 연구활동들이 시간과 비용상에 문제를 일으키는 이유가 되었다. 급변하는 산업구조와 빠르게 발전하는 기술을 기업이 모두 대응하기가 어려워진 것이다. 기술개발이 진행 중인 경우에도 이미 경쟁기업이나 다른 나라에서 기술개발이 완료되어 활용하기 시작하는 경우가 증가하면서 중복연구와 중복투자에 대한 부담감이 서서히 증가하게 되었다. 이를 극복하기 위한 방안으로 오픈이노베이션 개념으로 외부의 기술개발 결과물을 도입하여 신속하게 기업내부에서 수용하고 후속 연구개발을 통해 바로 응용기술과 개량기술을 개발해 냄으로써 기술개발속도와 중복연구에 대한 부담을 개선할 수 있게 되었다.

이처럼 기술사업화 개념은 기업의 사업효율화에 기여하고 있을 뿐만 아니라 신사업 아이템을 확보했을 때 시장에서 조기 경쟁력을 확보하기 위해 기술도입을 통한 시장진출들이 성공사례들로 알려지면서 관심이 증가하게 되었다.

2) 기술사업화 추진 프로세스

기술사업화는 [그림 5-2]에서 보는 바와 같이 일반적으로 사업화 기획단계와 사업화 추진단계로 나누어 진행된다. 기술사업화는 기술을 유형의 제품화, 무형의 서비스 제품화, 생산현장에 적용 또는 응용, 판매과정을 통해 경제적 가치를 창출할 수 있도록 하는 제반 활동으로서, 기술창업, 기술이전, 공정개선, 연구개발, 신제품 제조, 새로운 서비스 개발, 자금조달 등의 활동들이 해당된다.

그림 5-2 기술사업화 추진 프로세스

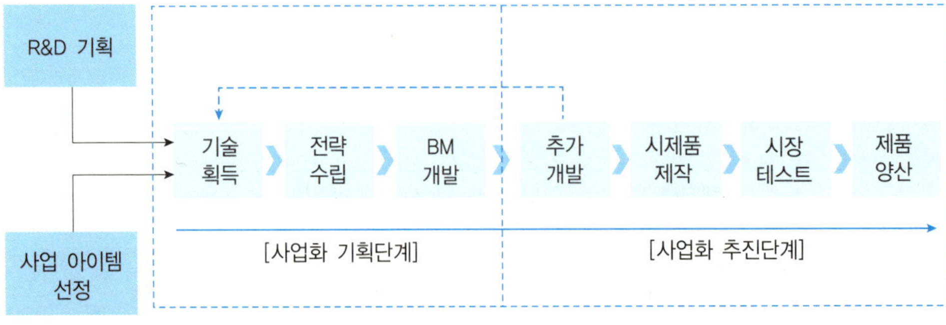

기술사업화 성공을 위해서는 [그림 5-2]에서와 같이 크게 사업화 기획단계와 사업화 추진단계로 과정을 구분하여 살펴보는 것이 좋다.

(1) 사업화 기획단계

사업화 기획단계에는 투입자원 및 시장전망 등에 대한 사업화전략을 수립하는 과정과 구체적인 비즈니스 모델(Business Model : BM)을 개발하는 과정이 있다. 사업화 기획단계에서는 소비자의 요구사항이 명확히 무엇인지를 파악하고 이를 해결하기 위한 기술들이 확보되었는지 점검해야 한다. 이 기술 확보는 기업내부에 보유하고 있지 않다면 외부에 우수한 기술을 적극 도입하여 내재화해야 한다. 기술도입이 비즈니스 전략상에서 중요한 해결방안으로 검토되는 이유는 관련 기술개발활동이 외부에서 더 활발하게 움직이고 있을 수 있고, 일부 응용만 하면 활용할 수 있는 기술들이 외부에 다수 존재하기 때문이다. 또한 기술개발 투자가 점차 대형화되고 범위도 광범위하여 어느 한 기업이 모든 범위의 기술을 개발하고 확보하는 것은 사실상 불가능하기 때문이다. 또한 최근 기술들은 융복합화되어 복잡·다양한 기술들을 모두 기업내부에서 감당할 수 없게 되었기 때문이다.

기술이 확보되었다면 제품·서비스를 적절한 비용으로 제공할 수 있는지 검토해야 한다. 또한 경쟁사에서 제공되고 있는 제품·서비스를 철저하게 분석하여 차별화부문과 상대적 우위부문을 찾아야 한다.

(2) 사업화 추진단계

사업화 기획이 완료되면 사업화 추진단계를 검토하여야 한다. 비즈니스 모델에 따라 후속 추가 개발사항이 있는지를 검토하고, 시제품을 제작하여 기획했던 내용과 비교 검토를 진행해 보기를 권장한다. 동작이나 기능 구현이 양호하면 이번에는 소비자들에 평가를 받아야 한다. 정작 제품화가 되었는데 소비자가 외면하는 상황이 발생되면 양산단계로 진행되었을 때 큰 손실을 볼 수 있다. 시장테스트 결과 구매수요가 존재하고 그 잠재구매물량이 수익창출이 가능한 상황이라고 판단되면 이제는 상용화를 위한 생산기술을 확보하여야 한다. 양산을 위해서 제품생산부분을 외부 전문기업에게 의뢰하는 경우도 최근에는 빈번해지고 있다.

3) 기술성숙도

기술성숙도(Technology Readiness Level : TRL)는 특정 기술의 성숙도를 평가하거나 서로 다른 유형의 기술성숙도를 일관되게 비교할 수 있도록 도와주는 체계적인 측정 수단이다. 이것은 1989년 미국 NASA에서 우주산업 기술투자 위험도 관리 목적으로 개발되었으며, 이후 미국 국방부(DoD), 유럽 우주국(ESA), 유럽위원회(EC), 미국석유협회(API) 등 세계 많은 기관에서 활용하고 있다. 우리나라 공공기관인 ETRI(한국전자통신연구원)에서는 연구개발자와 기술이전업체의 기술완성도에 대한 인식격차(gap)를 해소하고자 기술이전 시 개별기술의 해당 기술성숙도단계를 명시하고 있다.

기술성숙도는 개발기술의 시작과 종료시점에서의 기술적인 목표달성 정도를 보다 효과적으로 표현하고 평가하기 위해 핵심요소기술의 기술적 성숙도에 대한 객관적인 지표로서 기술의 성숙도를 9단계로 구분(기본원리~사업화)하여 제안기술의 기술 준비도를 측정하는 지표로 널리 활용되고 있다.

이전된 기술의 기술성숙단계를 보면 실험실에서의 개발완료단계 및 시제품 완성단계에서 대부분 기술이전이 되고 있는 것은 시사하는 바가 매우 크다. 따라서 아이디어 및 개념단계가 아닌 기술적으로 구체화되어 있는 단계 및 특허출원 또는 등록된 상태에서 기술이전이 활발하게 진행되고 있다.

기술성숙도는 1단계 기본원리에서 9단계 사업화까지 이루어져 있으며, 그 내용은 [그림 5-3]과 [표 5-2]와 같다. 기술성숙도 도입은 R&D 단계별 명확한 연구개발 목표 설정 및 정량적인 평가기준 설정으로 사업성과 제고에 기여하고 있다.

일반적으로 미성숙 기술의 시장출시는 막대한 비용이 발생되는 경우가 많다. 기술개발 전이나 콘셉트단계가 아니라 생산이 시작된 이후 기술적 결함을 제거할 때 천문학적인 높은 비용이 필요하기 때문이다. 이로 인해 기술사업화 성공확률이 낮아진다.

반면에 기술적으로 성숙한 제품으로 미성숙한 시장에 진입하게 되면, 시장이 아직 충분히 준비되지 않았기 때문에 실패할 위험성이 존재한다. 이는 시장경쟁에서 실패요인이 된다. 따라서 시장이 충분한 준비상태에 도달할 때까지 기다리거나 틈새시장처럼 조기 개방되는 시장을 통해 시장을 개발할 필요가 있다. 결과적으로 산업과 기술과 시장성숙도가 일치되는 것이 바람직하다.

그림 5-3 기술성숙도(TRL) 9단계

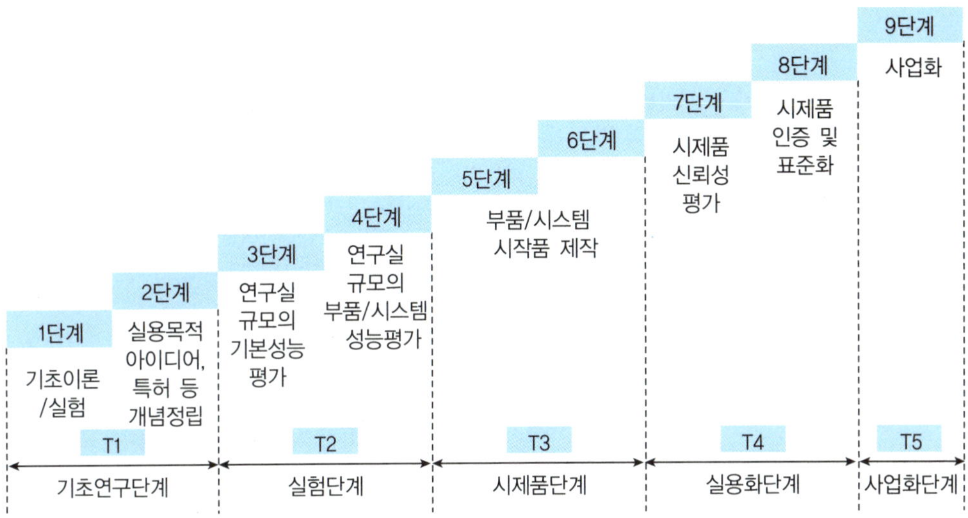

표 5-2 기술성숙도(TRL) 단계별 정의

단계	TRL 단계			단계별 정의
기초 연구	기초 연구	1단계	기본원리 발견	• 기초이론 정립단계
		2단계	실용목적의 아이디어, 특허 등 개념정립	• 기술개발 개념정립 및 아이디어에 대한 특허출원 단계
응용 연구	실험 단계	3단계	실험실 규모의 기본성능 검증	• 실험실 환경에서 실험 또는 전산 시뮬레이션을 통해 기본성능이 검증될 수 있는 단계 • 개발하려는 부품 또는 시스템의 기본 설계도면을 확보하는 단계 등
		4단계	실험실 규모의 소재·부품·시스템 핵심성능평가	• 시험샘플을 제작하여 핵심성능에 대한 평가가 완료된 단계 • 3단계에서 도출된 다양한 결과 중에서 최적의 결과를 선택하는 단계 • 컴퓨터 모사가 가능한 경우 최적화를 완료하는 단계

	시제품	5단계	확정된 소재・부품・시스템 시작품 제작 및 성능평가	• 확정된 공법・재료・시스템의 실험실 시제품 제작 및 성능 평가가 완료된 단계 • 개발대상의 생산을 고려하여 설계하나 실제 제작한 시제품 샘플은 1~수개 미만인 단계 • 경제성을 고려하지 않고 기술의 핵심성능으로만 볼 때, 실제로 판매가 될 수 있는 정도로 목표 성능을 달성한 단계
개발 연구	시제품	6단계	파일럿 규모 시작품 제작 및 성능평가	• 파일럿 규모(수개~양산규모의 1/10 정도)의 시제품 제작 및 평가가 완료된 단계 • 파일럿 규모 생산품에 대해 생산량, 생산용량, 생산수율, 불량률 등 제시 • 파일럿 생산을 위한 대규모 투자가 동반되는 단계 • 생산기업이 수요기업 적용환경에 유사하게 자체 현장테스트를 실시하여 목표 성능을 만족시킨 단계 • 성능평가결과에 대해 가능하면 공인인증기관의 성적서 확보
개발 연구	실용화	7단계	신뢰성 평가 및 수요기업 평가	• 실제 환경에서 성능 검증이 이루어지는 단계 • 장치 및 재료개발의 경우 수요업체에서 직접 파일럿 시제품을 현장평가(성능뿐만 아니라 신뢰성에 대해서도 평가) • 가능하면 인증기관의 신뢰성 평가결과 제출 등
개발 연구	실용화	8단계	시제품 인증 및 표준화	• 표준화 및 인허가 취득단계
–	양산	9단계	사업화	• 본격적인 양산 및 사업화단계 • 6시그마 등 품질관리가 중요한 단계

[표 5-3]은 시장성숙도(Commercial Readiness Level : CRL)단계를 나타낸 것이다.

▌표 5-3▐ 시장성숙도(CRL) 9단계

단계	기본정의
1	대상기술을 활용한 제품정보나 사례, 시장분석자료가 알려진 바 없거나 일부만 존재
2	제품에 대한 아이디어만 도출된 상태이나 경쟁 기술 · 제품은 이미 시장에 존재
3	경쟁 기술 · 제품 분석으로 신제품의 시장진입을 위한 고려사항이 문헌 및 인터뷰 조사를 통해 도출
4	제품에 대한 가설검증으로 Value-position, Value-chain, 잠재적 파트너, 고객 및 관련 인증 · 규제 확인
5	목표시장 및 제품에 대한 정의 완료, 단기에서 중기까지의 판매 및 이윤창출방안을 포함한 자금 운영계획 수립
6	제품화를 위한 필요사항이 문서화되고, 설계 최적화 및 파트너십 체결, 관련 인증 및 규제 준수를 위한 절차 진행
7	상품 설계, 생산을 위한 인증 규제 대응방안 및 종합적 자금 운영계획이 완료되어 초기 제품 생산을 위한 집행이 승인
8	초기 상품 제조 및 판매가 시작되고, 생산규모 및 판매처 확대가 점진적으로 이행
9	제품의 대량생산 및 보급이 완료

출처 : www.kird.re.kr

4) 민간기업을 통한 사업화방법

기술사업화의 가장 일반적인 형태로서 창업 또는 기존 민간기업에게 기술을 이전하여 사업화하는 방법이 있다. 사업화에는 3단계의 죽음의 계곡이 존재하며 최종적으로는 기술 자체를 벗어나 마케팅과 자금력이 적절하게 발휘되어야 한다. 따라서 기술공급자의 측면에서는 기술적 우수성뿐만 아니라 시장성 및 사업성에 대한 이해와 설득이 기술이전협상의 관건이라 할 수 있다.

[그림 5-4]에서 보는 바와 같이 기업은 기술혁신단계별로 위기를 맞이하는데, 그것을 죽음의 계곡(death valley)이라고 한다. 이는 미국하원 과학위원회 부회장인 버몬 에흘러 의원이 제시한 용어로서 기초연구가 사업화로 이어지는 굴곡 구간을 뜻한다. 우수한 기초기술이 있더라도 R&D단계, 사업화 기술혁신단계, 마케팅 · 경영단계에서 세 번의 죽음의 계곡이 존재하며, 각 계곡에서 자금 및 혁신역량 등이 뒷받침되어야 성공할 수 있다는 것을 의미한다(출처 : 산업통상자원부).

▌그림 5-4▐ 기술혁신단계와 죽음의 계곡

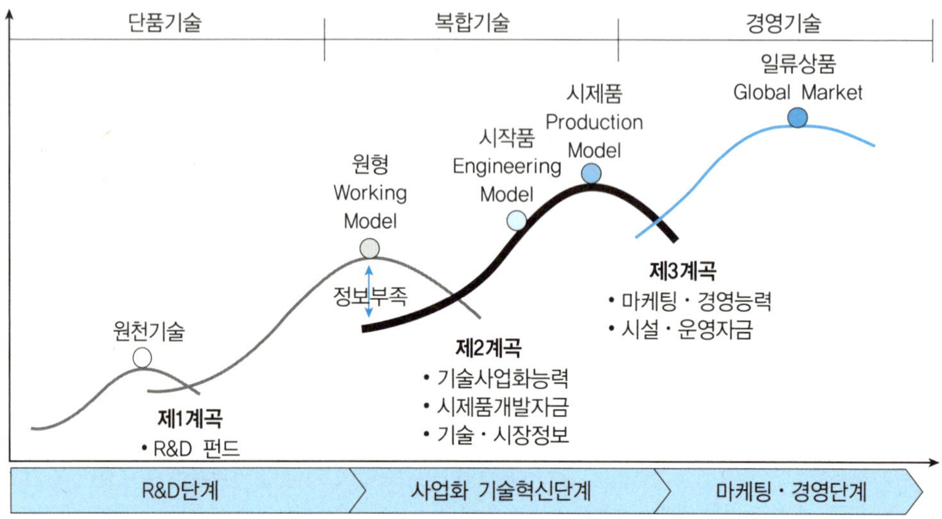

출처 : 산업통상자원부, 기술사업화 촉진 종합대책(안), 2004

우선 첫 번째 위험구간으로 R&D단계에서 원천기술을 확보하고 나서 시장진출 시 자금 확보의 한계(제1계곡)가 도래하게 된다. 이를 개선하기 위해 사업화단계에서는 비즈니스 모델을 기반으로 기술혁신을 추진하여야 한다. 이후 정보의 부족과 시제품개발 후 판로개척에서 한 번 더 위험한 고비(제2계곡)를 만나게 되며, 제품양산 이후 성장단계에서 글로벌 진출을 모색할 때 기업내부의 역량(마케팅)으로 기인하는 위험(제3계곡)이 온다고 한다. 이러한 위험구간을 성공적으로 극복하려면 우선 시장주도형(market-driven) 마인드 및 전략 마련이 필요하다.

기획단계에서 기술과 시장정보를 기반으로 사업화를 고려한 R&D기획을 체계적으로 검토하고 수립하면 매력도가 높은 비즈니스 모델을 개발할 수 있다. 이러한 과정을 최근에는 사업화 연계 기술개발(research and business development)이라 표현하기도 한다.

5) 공공기관을 통한 사업화방법

비공기업체에서의 제품화와 관련하여 민간기술이 공공기관 또는 국가기관으로 이전되거나 사업화되는 경우는 드물지만, 국방분야나 환경분야 등 특수한 경우는 엄격한 심사를 거쳐 가능하다. 이에 대해서는 공동구매제도나 국방 R&D 과제와 연계하여 단계적으로 진입이 가능하다. 다만 이 경우에는 마케팅 노력은 줄어들지만 기술성에 대한 엄격한 인증과 품질검사 및 대량생산을 위한 자금 확보가 중요하다.

6) 기술사업화 사례

선바이오텍의 기술사업화 사례

'선바이오텍(현, 콜마비앤에이치(주))'을 잠시 살펴보면, 2004년 한국원자력연구원과 한국콜마가 설립한 벤처기업으로 2006년 교과부 승인 대덕연구개발특구 연구소기업 1호로 지정된 기업이다. 창업 6년 만인 지난 2009년 연매출 200억 원을 달성하고 2011년 527억 원, 2012년 800억 원대 매출을 기록하여 4년간 연평균 매출 성장률이 100%를 웃도는 폭발적 성장세를 보이는 기업이다.

이 기업은 화장품에 녹차추출물을 넣어서 새로운 제품을 제작・판매하고 있는데, 원자력연구원의 연구개발 성과물인 '항암치료 보조식품 제조기술'과 '나노기술을 이용한 화장품 관련 특허기술' 등 2종의 기술을 한국콜마㈜가 기술도입하여 기술사업화를 추진한 사례이다. 현재 비즈니스 모델 확장은 암치료보조제, 일반인 암예방, 항피로제, 간기능 보조제 등을 생산하는 건강식품 사업과 화장품 제조 및 소재사업 등으로 넓혀가고 있다. 주력상품은 면역을 증강하는 건강기능식품 '헤모힘'과 로즈메리추출물, 녹차추출물 등 60여 가지의 유기농 화장품원료 등이다.

5.2 기술이전

1) 기술이전 개념

기술이전(technology transfer)이란 "기술의 양도, 실시권 허락, 기술지도, 공동연구, 합작투자 또는 인수・합병 등의 방법을 통하여 기술보유자(당해 기술을 처분할 권한이 있는지를 포함)로부터 그 외의 자에게 이전되는 것"이다(「기술의 이전 및 사업화 촉진에 관한 법률」). 다시 말하면 무형재인 기술과 지식요소를 외부로부터 부분 또는 전체를 도입하여 유형재인 제품으로 전환할 목적으로 기술이전 당사자가 계약을 하거나 협상을 하는 데 필요한 모든 제도상의 공식적인 행위이다.

기술이전절차는 기술의 특성, 필요성 등에 따라 다양한 형태로 절차가 진행될 수 있다. 이전대상기술의 수요조사, 발굴, 합리적인 기술가격 정보제시를 위한 기술평가, 기술내용, 기술이전방법 및 절차 등에 관한 기술홍보(tech-fair promotion) 등의 기술의 상품화 및 홍보단계와 기술이전협상 및 계약, 이전기술의 사업화 지원을 위한 사후관리, 기술료 징수 등의 기술이전계약 및 사후관리단계로 나누어진다. [그림 5-5]는 기술수요자와 기술공급자 공급자 관점에서 기술이전 기본절차를 7단계로 정리한 것이다. 기술공급자의 기술이전절차와 기술수요자의 기술도입절차는 동일한 절차를 따르지만, 단계별 수행내용은 각자 다르다.

그림 5-5 | 기술이전 추진단계

기술이전 목적검토 → 전략수립 → 기술마케팅 → 기술이전 조건협상 → 계약체결 → 조건이행 → 사후관리

기술의 도입을 원하는 기업에게 보유기술을 이전하는 것은 기술공급자 관점에서는 그 목적이 기업의 경영 및 사업전략적 차원에서 고려되어야 한다. 왜냐하면 기술이전 대상이 경쟁사로 유출되어 원하지 않는 결과로 나타나지 않게 하기 위해서는 중요한 활동이기 때문이다.

표 5-4 | 기술이전 추진단계별 고려사항

기술이전 추진단계	기술공급자	기술수요자
기술이전 목적 검토	• 기술판매의 필요성분석 • 판매기술 우선순위, 후순위	• 기술도입의 필요성분석 • 시급한 도입기술의 목록
전략수립	• 이전의 상대방 • 기술의 가치, 요구조건	• 경쟁력 있는 기술 • 기술도입의 조건
기술마케팅	• 유관기관, 인터넷 • 기술전시회, 설명회, 상담회	• 기술보유자의 탐색 • 최적 기술공급 가능성
기술이전 조건협상	• 비밀 유지 • 기술의 장점 부각	• 기술의 지식재산권 여부 • 즉시 상품화 가능성
계약체결	• 기술도입자의 권리능력 • 기술도입자의 행위능력	• 기술공급자의 권리능력 • 기술공급자의 행위능력
조건이행	• 기술 관련 자료 제공 • 기술 권리이전 서류 교부	• 기술료의 지급 • 기타 조건의 이행
사후관리	• 기술료 관리 • 매출액 확인 등	• 기술료 지급 • 기타 보고사항 의무 이행

2) 기술이전 주체

기술이전 주체는 일반적으로 기술(특허, 노하우 등)을 확보한 후 '보유기술 DB' 형태로 유지・관리하게 되며, 이 가운데 마케팅 대상 기술을 선별하여 기술마케팅을 수행한다. 기술마케팅은 기업이 필요로 하는 기술을 선정하여 홍보함으로써 보유기술 활용을 통해 기술이전 및 사업화를 추진할 기업을 발굴하는 일련의 활동이다.

▎표 5-5 ▎기술이전 주체

구분		정의
기술이전 주체	기술보유기관	기술이전을 위한 기술보유기관 예 연구기관, 대학 등 공공 기술보유기관
	기술중개기관	기술 발굴, 이전, 협상을 수행하는 기관(부서) 예 TLO(Technology Licensing Office), 기술거래기관 등
	기술구매기관	외부 기술을 도입(구매)하고자 하는 기관 예 공공 기술을 이전받아 상용화를 추진하는 기업
기술이전용 기술 유형	보유기술	기술보유기관이 개발, 보유(관리) 중인 기술 예 특허, 노하우 등 지식재산권
	우수기술	보유기술 중 사업화 가능성이 높다고 추천하는 기술 예 보유기술 선별 평가결과 우수등급기술
	판매기술	우수기술 중 기술이전 가능성이 높아 판매하고자 하는 기술 예 기술마케팅 대상 기술 등

3) 기술이전조직 설치현황

국내의 기술이전과 관련된 조직으로는 대학, 연구소 등 공공연구기관의 기술이전 전담조직과 정부지정 기술거래기관, 그리고 지역기술이전센터가 있다. 이 중 공공연구기관의 기술이전 전담조직은 「기술의 이전 및 사업화 촉진에 관한 법률」에 근거하고 있다. 이 법에 의하면 공공연구기관의 장은 기술이전・사업화에 관한 업무를 전담하는 조직을 설치하도록 하고 있다. [표 5-6]과 같이 한국지식재산연구원 조사자료에 따르면, 2017년 12월까지 기술이전 및 기술사업화 등록기관은 273개이다.

| 표 5-6 | 기술이전조직 설치현황

기관유형		기관수
대한민국 기술이전 및 사업화 등록기관 「기술의 이전 및 사업화 촉진에 관한 법률」 제7조 기준	국가과학기술연구회 산하 연구소	23
	특정 연구기관	9
	전문생산기술연구소	14
	기타 공공연구기관	8
	국공립시험연구기관	36
	비영리법인 및 단체	39
	국공립대학	28
	사립대학	116
	합계	273

출처 : 한국지식재산연구원, 2018 공공연구기관 기술이전·사업화 실태조사보고서(2017년 실적기준)

5.3 기술거래

1) 기술거래의 개요

기술거래는 기술의 양도, 실시권(license) 허여, 기술지도(지원), 공동연구개발, 합작투자(joint venture) 또는 인수·합병(M&A) 등의 방법을 통하여 기술보유자(공급자)로부터 기술수요자에게 이전되는 것을 말한다. 이러한 기술거래의 유형은 ① 특허권 등 지식재산권 및 기술 관련 노하우, 영업비밀 등의 양도, ② 특허권 등 지적재산권 및 기술 관련 노하우, 영업비밀 등의 실시권 허여, ③ 교차 실시권 허여(cross license), ④ 기술지도(지원)(technical assistance), ⑤ 공동연구개발, ⑥ 기술집약 기업의 합작법인 설립, 인수·합병을 포함하고 있다.

2) 기술이전의 거래대상 기술

▌표 5-7▐ 기술이전 거래대상 기술

구분	거래대상
기술과 지식재산권	특허, 실용신안, 다자인, 반도체집적회로의 배치설계 및 소프트웨어 등 지식재산
전문기술인력	지식재산권을 포함한 기술, 전문인력 및 교육훈련 프로그램, 기술화 상품 및 부품, 전문연구인력, 기술인력, 숙련기능인력(H/W, S/W)
교육훈련 프로그램	기술자, 기술혁신관리자, 감독자, 교육훈련 프로그램(현장, 대학, 직업학교, 연구소) 기술자, 기술혁신관리자, 감독자
기술체화상품	기술이 사용된 자본재 및 시작품 등의 산출물, 타인의 침해로부터 보호가 가능한 노하우, 완제품, 부품, 중간재, 원자재
기술수용주기	시작품 생산기술, 성장 및 안정화 기술, 쇠퇴기술
거래대상 기술명세	기술정보 및 문서, 특정 공장 및 설비, 제조공정, 시험조사, 기업의 경영 노하우, 디자인, 컨설팅, 조사 및 서비스

3) 기술거래 유형

(1) 양수도

양수도는 지식재산 수요자가 대가를 지불하고 지식재산권의 명의를 이전받는 거래방식이다.

- 지식재산 수요자는 지식재산권을 소유할 수 있고, 지식재산 공급자는 지식재산권 관리의 부담이 없다는 장점이 있다.
- 양수도는 금액에 대하여 적정선의 합의만 이루어진다면 매우 신속하게 추진될 수 있는 지식재산 거래방식이다.
- 각종 인증의 취득 등을 목적으로 지식재산 거래를 수행하는 경우 양수도방식의 지식재산 거래가 바람직하며, 특히 벤처 인증, IP담보대출, 신제품 인증, 조달우수제품선정 등은 특허권을 직접 보유해야 한다.

(2) 라이선스

라이선스는 지식재산 공급자가 권리를 가지고 있으면서 지식재산의 실시 및 사용만을 타인에게 허락하는 방식으로 전용실시, 통상실시, 재실시 등의 방식이 있으며 지식재산 공급자와 지식재산 수요자의 상황에 따라 다양한 방식을 사용할 수 있다.

- 전용실시권은 일정한 범위 내에서 그 지식재산권을 독점적으로 실시할 수 있는 권리이다.
  - 하나의 지식재산권에 대해서 단일 수요자에게 독점적 실시권 허여가 가능하다.
  - 법률적으로 볼 때, 전용실시권이 허여되면 특허권자도 해당 지식재산권을 사용할 수 없으므로 주의를 요한다.
- 통상실시권은 일정한 범위 내에서 비독점적으로 지식재산권을 실시할 수 있는 권리이다.
  - 다수의 지식재산 수요자를 대상으로 동시에 실시권을 허여할 수 있다.

(3) 기술자료 및 노하우의 매매에 의한 거래

지식재산 거래에 있어 지식재산권과 관련된 노하우, 소프트웨어, 실험 데이터 등 관련 자료를 함께 거래하는 방식이다.

- 지식재산권이 포함하지 못하는 세부적인 노하우까지 전수받을 수 있어 사업화에 걸리는 기간을 단축할 수 있다.
- 지식재산 거래를 통해 도입하는 기술에 대한 자체 사업화능력이 부족할 경우에 대안이 될 수 있다.

(4) 기술력 보유 기업 또는 자산의 M&A

기술력이 뛰어난 기업을 인수・매각하는 지식재산 거래의 한 유형으로 특정 사업조직을 분사하여 매각하는 방식의 거래가 이루어지기도 한다.

(5) 기술자문 및 지도와 연계

기술자 파견 등을 통해 기술자문 및 지도를 지식재산 거래와 연계하여 제공하는 방식으로 구매한 지식재산권 관련 기술을 자체 역량으로 사업화하기 어려운 경우, 제조를 위해 지식재산 공급자 측의 기술 지원이 필요한 경우에 효과적이다.

(6) 기타

지식재산 거래의 기타 유형으로는 지식재산과 경영자원의 공동이전방식, 기술제휴 및 협력에 의한 거래방식 등이 있으며, 경우에 따라서는 공공연구, 생산제휴 등을 지식재산 거래의 조건으로 하는 복합적 거래방식도 있다.

| 표 5-8 | 기술거래 유형

구분		내용
권리 양도(매매)		기술도입자가 대가를 특허권 등의 권리자에게 지불하고 권리를 기술도입자에게 명의 이전
실시권 허여(licensing)	전용실시권	• 실시권 범위 내에서 계약지역에서 계약기간 동안 당해 기술을 독점적으로 사용할 수 있는 권리 • 제3자에 대한 동일 실시권 허락은 불가능하므로 최저판매액, 최저기술료, 경쟁제품 취급 제한 등의 까다로운 조건을 제시하는 것이 일반적임
	통상실시권	• 실시권의 범위 내에서 당해 기술을 비독점적으로 사용할 수 있는 권리로서 특허권자는 제3자에게 별도의 통상실시권 허여가능 • 실시권 허락자가 일반적으로 선호하는 방식임
	재실시권	지식재산 수요자가 라이선스 받은 지식재산권을 제3자에게 다시 라이선스할 수 있는 방식
기술자문 및 지도		기술자 파견 등을 통해 기술자문 및 지도를 라이선스 계약과 연계하는 방식
기술자료 및 노하우의 매매에 의한 거래		기술과 관련된 노하우, 실험데이터 등의 관련 자료를 함께 거래하는 방식
인수합병(M&A)		기술을 보유한 기업의 전체를 매수하는 방식으로서 매매대상 기업의 기술, 관련 설비, 기술인력 등을 한꺼번에 획득하는 방식(M&A 결과 자산을 매각하는 회사는 사라지게 됨)
기타		기술자료의 매매에 의한 거래방식, 기술제휴에 의한 협력, 합작벤처, 공동연구, 생산제휴 등

5.4 기술료

1) 기술료의 개요

기술료(royalty)란 라이선스 사용에 대한 대가를 말한다. 기술료는 라이선스 내용, 즉 재라이선스(sublicense) 여부, 독점 또는 비독점(exclusive or non exclusive), 라이선스

기간 등에 따라 달라진다. 기술료를 결정하는 방법으로서는 기술이전대상 특허나 노하우를 실시함으로써 얻어지는 이익금(또는 비용의 절약액)을 그 이익을 산출하는 데 기여한 기술력(특허 또는 노하우), 자금력, 영업력에 따라 분배한다든가 혹은 기술, 자본, 조직, 노동에 따라 분배하여 이익금의 1/3 내지 1/4을 타당한 로열티라고 하는 일반적인 견해가 있다.

이론적으로 이익을 산출하는 데 기여한 각각의 요소별 기여율을 고려해서 기술요소의 기여율에 따라 이익금의 몇 분의 1을 로열티로 하는 것이 타당하다고 생각되지만 기술이전의 대상특허 또는 노하우에 관계되는 개별적 이익금을 산정해서 각 요소의 기여율을 산정하는 것은 실제로 극히 어려워 불가능할 때가 대부분일 것이다.

기술료의 일반적인 소매시장 같은 장소에서는 로열티의 협상이나 결정에 고생할 필요가 없겠지만 단순히 로열티의 비율만으로서 거래시장을 운운하는 것은 문제가 있다. 로열티의 비율은 같더라도 로열티 계산의 대상범위가 달라지는 것도 있으며, 착수금(initial payment)이나 최저기술료(minimum royalty)등의 조건 또는 Grant Back의 조건 같은 것이 달라지는 것도 고려해야 한다. 나아가 기술이전대상 기술의 가치, 실시권의 유형(독점 또는 비독점적 실시권 등), 실시지역문제 등 로열티의 전제조건을 고려할 필요가 있다.

일본의 경우 5% 이하가 전체 계약건수의 50%를 차지하는 것으로 보고되고 있으며, 자기실시를 하지 않고 전용실시권을 주는 경우에는 10~15%, 자기실시를 하며 독점실시권을 부여하는 경우에는 5~10%, 비독점적 통상실시권일 경우에는 5~2%가 적당하다는 견해가 주류를 이루고 있다.

또한 경상기술료를 순매출액으로 계산하는 경우에는 반품, 수송비, 포장비, 세금, 보험료, 창고보관료 등을 공제하는 것이 보통이며, 통상 총매출액의 10%를 공제한 금액을 순매출액으로 잡고 있다.

[출처 : 뉴아이피비즈, 로열티(기술료) 산정방법
(http://www.newip.biz/interest/?type=view&gkind=8&interestkind=48&index=1302&page=1)

[그림 5-6]은 기술료 평가를 산정하기 위한 기본절차를 나타내고 있다. 일반적으로 기술공급자 입장에서는 기술료가 높게 책정되기를 원할 것이고, 기술수요자 입장에서는 기술료가 낮게 책정되기를 원할 것이다. 합리적인 기술료를 결정하기 위해서는 해당 기술이 사업화되었을 때 창출할 것으로 기대되는 미래의 수익을 현재가치로 환산한

금액이 정확해야 할 것이다. 그러나 기술을 팔고자 하는 공급자 기술을 사고자 하는 기업 등 수요자 어느 쪽도 객관적인 자료나 근거를 가지지 못한 채 가격협상에 임하고 있는 것이 현실이다. 그렇게 수요공급의 원칙으로 밀고 당기는 과정을 거쳐 적정선에 합의하고 기술료를 산정하고 협상하는 구체적인 방법과 과정은 매우 다양하고 케이스별로 다르다.

그림 5-6 '로열티 공제법' 실무절차

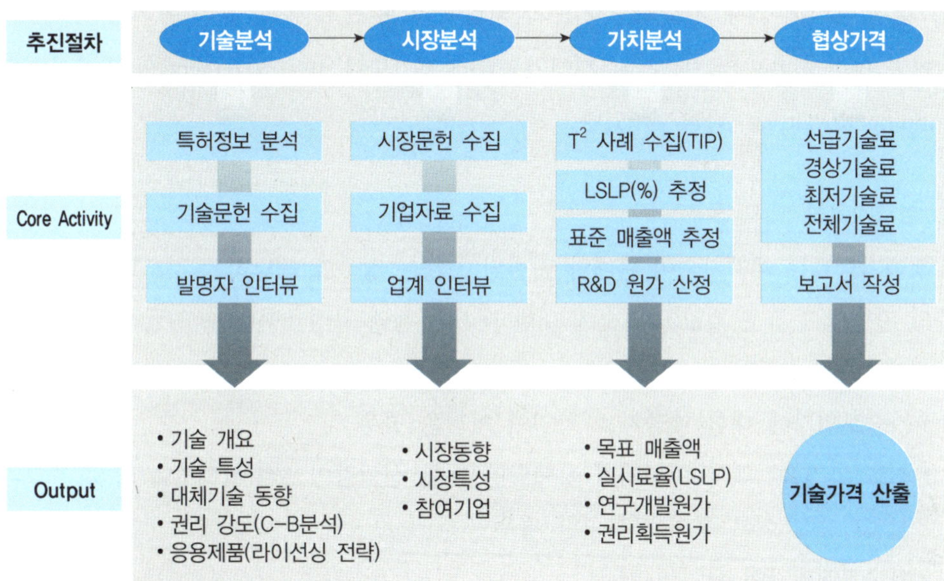

출처 : (주)델타텍코리아 기술평가팀

기술료는 수요자와 공급자가 합의되는 적정수준의 합의점을 찾는 것이 매우 중요하다. 하지만 공급자보다는 수요자 입장에서 대상기술에 대해 ① 대체가능성, ② 기술수명의 불확실성, ③ 파급력, ④ 모방 용이성, ⑤ 완성도, ⑥ 시장의 크기・전망・경쟁 상황, ⑦ 특허의 무효가능성 등을 고려하여 기술을 수용하는 것은 매우 어렵다. 왜냐하면 이러한 부분에 대해서 충분한 정보를 갖고 있지 못하고 있기 때문이다. 기술료는 수요자와 공급자가 단순히 협상에 의해서 결정되면 안 된다. 시장환경과 산업환경 그리고 관련 분야에 대해 충분히 정보를 분석하고 서로의 조건과 계약기준을 만들어야 한다. 그렇기 때문에 해당 기술에 대해 전문지식을 갖고 있는 전문가들 또는 기술중개기관(기술거래기관)의 도움이 필요하다.

2) 기술료의 종류

기술료의 종류는 여러 문헌에서 알 수 있듯이 정액기술료, 경상기술료, 고정기술료, 선급기술료, 최대기술료, 최저기술료, 일괄기술료, 완불기술료, 대물기술료 등 여러 단어들이 사용되고 있지만 실제 계약에 의해 지불되는 기준과 방법에 따라 몇 가지로 정리될 수 있다.

(1) 실제 계약에 의해 지불되는 기준과 방법에 따른 분류

가장 많이 사용되는 기술료는 정액기술료(고정기술료, fixed payment)와 경상기술료(running Royalty)로 나눌 수 있다.

① 정액기술료

정액기술료는 계약기술이 판매와 직결되지 않는 경우에 해당하는 것으로서, 계약제품의 판매액 등과 관계없이 기술에 대한 대가를 정액(고정금액)으로 지급하는 것이다.

정액기술료 지급방식 선택 유형은 다음과 같다.

- 기술도입자에 대한 매출자료 확인이 어려운 경우
- 최초로 기술거래가 이루어져 상대방에 대한 신뢰감이 불확실하거나 당해 기술의 성공가능성 여부 등이 불확실한 경우
- 기술거래기간이 단기인 경우
- 기술수명주기가 짧은 경우
- 시장상황이 불안정한 경우
- 매출이 증가될지 여부에 대한 확신이 없는 경우
- 신기술인 경우
- 거래대상 기술이 노하우인 경우 등

② 경상기술료

경상기술료는 계약기술이 판매와 직결된 경우에 정해진 산정기준에 의하여 매출액 또는 순이익에 일정률을 곱하여 산출된 금액을 정기적으로 지불하는 것으로 정의할 수 있다.

경상기술료 지급방식 선택 유형은 다음과 같다.

- 기술계약이 장기간인 경우
- 기술도입자의 당해 기술 관련 매출자료 확인이 가능한 경우
- 기술수명주기가 장기이며 이 범위 내에서 장기간의 기술계약기간이 설정되는 경우
- 매출액의 증대가능성과 관련 시장의 성장가능성이 큰 경우
- 거래대상 기술이 산업재산권인 경우
- 산업재산권인 경우

(2) 지급되는 시기와 형태에 따른 분류

기술료는 지급되는 시기와 형태를 고려하여 선급기술료, 일괄기술료, 최저기술료와 최대기술료, 최대기술료, 마일스톤 기술료로 구분하기도 한다.

① 선급기술료

선급기술료(initial payment)는 계약기간 중 발생이 예상되는 기술료에 관하여 일부 또는 전부를 계약 발효와 동시에 또는 계약에서 정하는 지불기간의 초기에 지불하는 것이다. 대학에서 자주 발생하는 형태이다.

② 일괄기술료

일괄기술료는 계약기간 전체의 기술료를 총액으로 미리 결정하는 방식의 기술료이다. 대학에서 가장 많이 발생하는 형태는 정액기술료를 일괄기술료의 형태로 선급으로 전부 징수하는 경우라 할 수 있다.

③ 최저기술료와 최대기술료

최저기술료(minimum royalty)와 최대기술료(maximum royalty)는 각각 수요자와 공급자의 요구조건과 경상기술료의 범위와 관련이 있다. 전자는 계약기간의 전 기간 또는 소정의 기간에 대하여 지불되어야 할 기술료의 최저금액을 미리 정하는 것이고, 후자는 기술료의 최고상한액을 설정하여 아무리 많은 양의 계약제품을 제조판매하여도 실제로 발생되는 매출과 관련 없이 사전에 정해놓은 한도금액 범위 내에서 지불하는 방식이다. 즉 기술공급자는 최저기술료의 개념을 도입하고자 할 것이며, 기술도입자는 이에 대응하여 최대기술료의 개념을 주장할 것이다. 따라서 경상기술료를 적정하게 산정하고 그 폭을 설정함에 있어 최저기술료와 최대기술료의 개념을 동시에 도입한다면

어느 일방에 치우치지 않는 합리적 기술료를 산정할 수 있고 쌍방의 위험이 분담될 수도 있다.

④ 마일스톤 기술료

추가적으로 요즘 많이 채택되고 있는 마일스톤 기술료 방식이 있다. 마일스톤(milestone)은 '이정표'란 뜻으로 기업의 경영관리 기법 중 하나이다. 쉽게 말하자면 프로젝트의 최종산출물을 만들기 위한 중간목표를 설정하고, 그 중간목표를 중요한 하위목표들로 세분하여 각각의 하위목표들에 마감시한을 할당한 것이다. 프로젝트 팀이 최종목표를 향하여 진행할 수 있도록 팀을 안내해 주는 중간 목표와 마감시한을 정한 것이며, 프로젝트 주요 과업의 수행내용과 완료시점에 대해 이해할 수 있다. 프로젝트의 일정을 세우는 기초이며, 가장 중요한 프로젝트 활동상황을 나타내 준다. 프로젝트에 대한 큰 그림(big picture)을 보고자 하는 경영진이나 고객 등에게 프로젝트의 주요 활동 등의 개요를 대략적으로 제시해 주고자 할 때 가장 유용하게 이용할 수 있는 방식이다. [그림 5-7]은 마일스톤 방식의 기술료 산정방식을 나타낸 사례이다.

최근 바이오 분야 기술이전 시에 마일스톤 방식을 많이 사용하고 있다. 이는 기술이전료를 기술개발단계별로 지급하는 방식이라 할 수 있다. 바이오분야에서는 전임상, 임상, 허가신청, 제품생산 등 기술의 개발단계를 용이하게 구별할 수 있다. 또한 기술의 사업화 및 시장가치는 동일한 기술이라 할지라도 기술개발단계별로 크게 달라지는 이유도 마일스톤 방식을 사용하는 중요한 까닭이다.

TLO(기술전담기관)에 있어서는 상기 기술료의 종류를 알고 이해하는 것보다 어느 시점에 정액기술료와 경상기술료를 선택하느냐가 더 중요할 수 있다. 기술공급자의 매출 자료를 확인할 수 없는 경우, 상대방에 대한 신뢰도가 미흡하거나 기술의 사업화 성공가능성 여부 등이 불확실한 경우, 기술거래기간이 단기간인 경우, 시장상황이 불안정한 경우, 향후 매출증가 여부에 대한 확신이 없는 경우에는 정액기술료를 사용하는 것이 바람직하다. 그러나 기술계약기간이 장기간이거나 기술도입자의 매출 자료가 확인이 가능하고, 관련 시장의 성장가능성이 큰 경우에는 경상기술료를 사용하는 것이 유리할 수 있다. 하지만 정액기술료의 경우, 계획보다 매출이 증가하여 로열티가 증대되더라도 정액 이상의 어떠한 것도 받을 수 없으며, 경상기술료의 경우 매출의 성실신고, 매출액 감사 등에 대한 제도적인 장치가 미흡하며 제대로 된 경상기술료를 받지 못하는 경우가 있다. 따라서 정액기술료의 경상기술료의 혼합적 사용이 효과적일 수 있다.

그림 5-7 마일스톤 기술료 지불방식 사례 : 한미약품

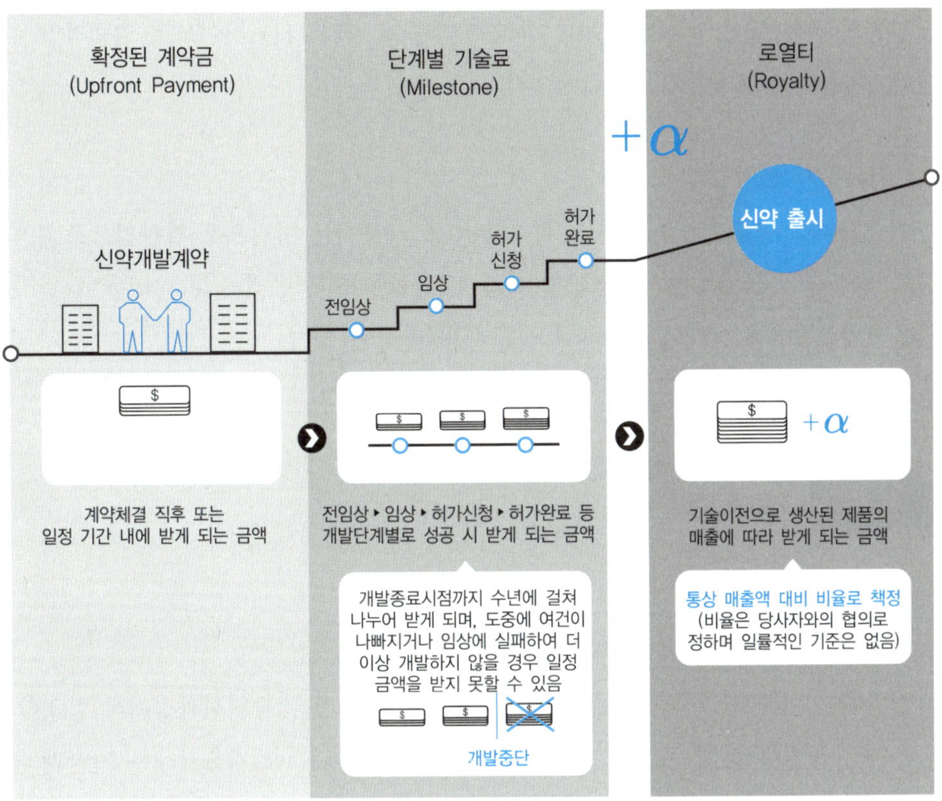

출처 : 한미약품 홈페이지

3) 기술료 산정방법

가장 널리 알려진 기술료 산정방법은 다음과 같다.

(1) 이익분배방식

앞서 언급한 바와 같이 기술료를 산정하나 이익 확인과정에서 기술사용자의 영업비밀이 공개될 수 있기 때문에 실제로 잘 사용되지 않는다.

(2) 매출액 기준방식

가장 보편적 방식으로 순매출액은 총매출액에서 일정한 공제항목의 비용을 차감한 금액을 말하고 공제항목은 계약에 의해 정해진다. 기술료 요율(%)은 업계에서 적용되는 기술분야별 평균 레이트(rate)를 참고할 수 있으나 기술의 고도성, 경쟁력, 독점성, 실시권의 종류(독점, 비독점), 기타 계약조건 등에 따라 다를 것이므로 일률적일 수는 없다. 일반적인 요율은 1~10% 선에서 결정된다.

(3) 기술가치 평가방법

기술가치를 금액으로 환산하여 평가하는 데 사용되는 방법으로 일반적으로 수익접근법(income approach), 시장접근법(market approach), 비용접근법(cost approach), 선물옵션접근법(real option approach), 25% Rule 등이 있다.

5.5 기술금융

1) 기술금융의 개요

일반적 의미에서 기술금융이란 창업, R&D, 사업화 등 기술혁신과정에서 필요한 자금을 기술평가를 통해 공급하는 기업금융의 한 형태이다. 즉 기술금융은 기술과 금융이 결합된 기업금융의 한 분야로서 기술이 개발되어 사업화하는 일련의 과정에서 발생하는 금융을 말하며, 연구개발을 포함한 기술혁신활동과 사업화과정에서 지원되는 투자, 융자, 보증 등 자금지원 형태를 불문한 총체적 금융행위를 말한다.

금융위원회(2014)는 기술금융 활성화 정책을 수립하면서 OECD의 기술금융에 대한 해석을 인용하였다. 그에 따르면 기술금융은 아이디어와 기술의 개발·사업화 등 기술혁신 전 과정에 필요한 자금을 지원하는 것으로, 협의의 기술금융은 미래수익 창출이 기대되는 기술과 아이디어 등에 대해 가치평가에 근거하여 필요한 자금을 공급하는 행위로 명시하고 있다. 이후 금융위원회(2015년 6월)는 기술금융은 기술력 있는 기업 또는 특허권 등 기술 자체에 대한 평가(TCB 평가결과를 체계적으로 반영)를 기반으로 대출, 투자 등의 방식으로 자금을 공급하는 것으로 재정의하였다.

기술금융은 기술평가에 의한 투자나 신용 제공, 보증, 출연 등의 형태로 이루어지며 기술보증기금의 보증, 기술신용평가기관(Tech Credit Bureau : TCB)의 보증에 의한 금융회사의 대출 및 벤처캐피탈의 기술혁신형 창업기업에 대한 투자 등을 포함한다.

TCB기관은 기업 기술의 경제적 가치를 평가하기 위해 기술신용평가 전문성을 갖춘 기관으로 금융위원회가 지정한다.

| 그림 5-8 | 기술금융 운용 메커니즘

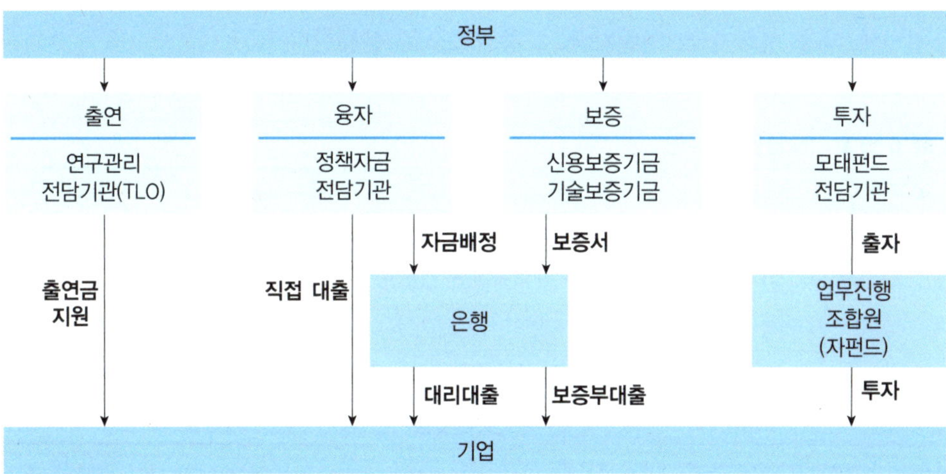

TLO : Technology Licensing Office(기술이전 연구전담조직)

대학이나 연구소들이 보유한 기술의 특허를 기업에 팔아 수익을 올리는 기관으로, 이들이 보유한 기술을 상업화해 재정 건전화에 기여하는 것을 핵심기능으로 한다. TLO는 대학이나 연구소들의 연구결과물을 체계적으로 관리하고 외부 기업들이 이를 사용할 수 있도록 기술마케팅 등을 지원한다.

기술금융은 크게 투자와 대출로 구분되고 기술적 특성과 기업의 성장단계 등을 고려하여 기업에 적합한 형태로 제공된다.

투자와 대출

- **투자** : 벤처캐피탈, 펀드 등이 무형자산이 창출하는 미래수익에 기초하여 자금을 제공하는 직접금융에 해당된다.
- **대출** : 은행 등이 재무정보를 기초로 원리금과 이자 등 채무상환능력을 평가하고, 자금을 공급하는 간접금융에 해당된다.

기술금융은 [표 5-9]와 같이 조달방법에 따라 직접금융과 간접금융으로 나뉘고, 공급주체에 따라 정책자금, 일반자금, 보증금융으로 분류한다.

표 5-9 기술금융의 유형

구분	유형	내용
조달방법	직접금융	주식, 회사채 등 금융시장에서 직접 조달
	간접금융	은행 등 금융기관의 대출을 통해 간접 조달
공급주체	정책자금	정부의 출연금, 보조금, 융자금 등
	일반금융	은행, 창업투자회사 등의 투・융자금 등
	보증금융	기술보증기금, 신용보증기금 등의 기술보증금융

출처 : 조형래 외, 기술경영, 2013, p.429.

2) 기술금융의 특성

기술금융은 기술을 기반으로 한다는 점에서 일반금융과는 다른 특성을 가지고 있으며, 일반적인 특성은 아래와 같다.

- **자금공급자와의 수요자 간 정보의 비대칭성 존재** : 자금 수요자인 기업은 자사가 보유한 기술의 우수성, 사업성, 시장성, 기술성 등을 잘 알고 있지만, 공급자인 금융기관은 정보나 지식이 부족한 경우가 많다. 결과적으로 평가의 객관성을 확보하기가 어렵다.
- **기술 및 시장의 사업성공 불확실성 내재** : 기술사업화과정에서 관련 시장에서의 사업 성공가능성을 예측하기가 어렵다.
- **담보자산의 고위험** : 특허와 지식 등의 기술력 중심의 무형자산은 설비, 장치, 토지 등의 자산보다 리스크가 매우 크다. 일반적으로 금융기관은 유형자산의 물적 담보

를 선호한다.

- **투자대상 선정의 어려움** : 기술력을 담보로 하는 기술금융에서는 투자대상 기업에 대한 평가가 어려울 뿐 아니라, 창업 초기 기업인 경우가 많아 다른 기업과 비교하는 것이 어렵다.

3) 기술금융의 유형

[그림 5-9]와 같이 기술금융 주요 대상은 기업이다. 그리고 자금공급방식에 따라 보증, 융자, 투자방식으로 구분할 수 있으며, 공급주체에 따라 민간부문과 공공부문으로 구분할 수 있다.

기술금융은 창업, R&D, 기술사업화 등 기술혁신과정에 필요한 자금을 기술가를 통해 공급하는 기업금융이다. 이는 '혁신성장'의 주요 주체인 벤처·스타트업의 기술혁신과 성장을 위한 필수 자원으로서 매우 중요하다. 특히 기술력은 갖고 있으나 자금이 부족한 벤처·스타트업은 기술금융을 통한 자금조달이 기술사업화 성공에 큰 역할을 한다. 선진국은 기술금융환경이 우수하여 높은 기술력을 보유하면 자금조달이 수월한 반면, 국내의 자금조달환경은 좋지 않은 편이다. 한국의 자금조달 수월성은 OECD 국가 중 낮은 편에 속하고, 기업은 기술사업화 부진의 이유로 자금부족을 꼽고 있다.

그림 5-9 기술금융 대상 및 유형

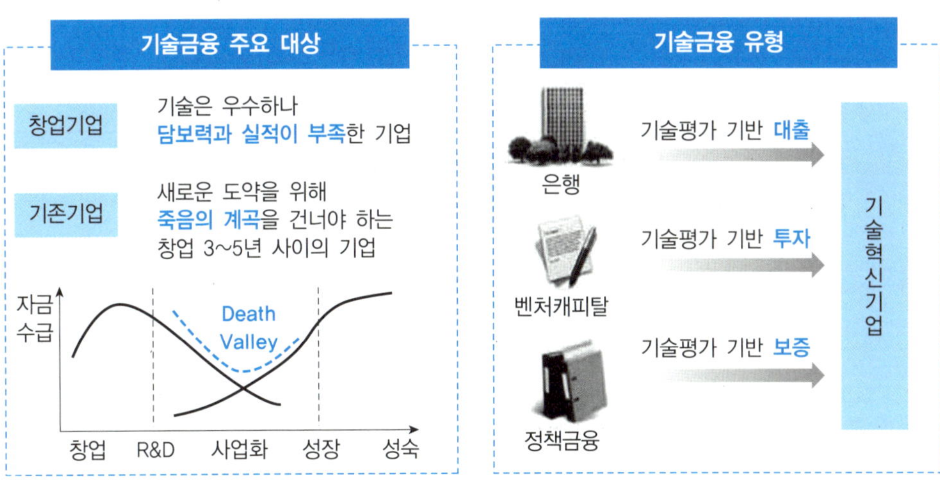

출처 : 금융위원회(2015)

(1) 기술평가 기반 대출(기술신용대출)

기술신용대출(융자)이란 융자 형태의 기술금융은 기업에 대한 기술력평가를 바탕으로 대출 여부, 이자율, 한도 등을 설정하여 대출하는 상품이다. 민간 시중은행이 제공하는 기술신용대출이 대표적인데, 이는 금융위원회가 지정한 기술신용평가기관(Tech Credit Bureau: TCB)에서 발급된 기술신용평가서를 기반으로 대출하는 프로그램이다. 기술신용대출 잔액 및 건수는 매우 빠른 속도로 증가하고 있다.

기술평가에 기반하여 자금을 공급하고 이자 및 원금을 상환하는 형태의 대출로 볼 수 있다. 대표적인 사례로 한국산업기술평가원에서 추진하였던 '기술담보대출제도', 기술평가서를 기반으로 은행에서 신용대출을 취급하는 '혁신형 중소기업 기술금융 지원사업', 산업은행의 '기술력담보대출' 등이 있다. 융자방식의 정책금융 중 하나인 중소기업진흥공단의 정책금융은 성장단계별 창업기에서 성장기, 성숙기의 각 단계별로 다양한 형태의 기술사업성 및 정책목적성 평가를 기반으로 시장실패 보완, 금융관행 선

그림 5-10 기술신용대출 구조

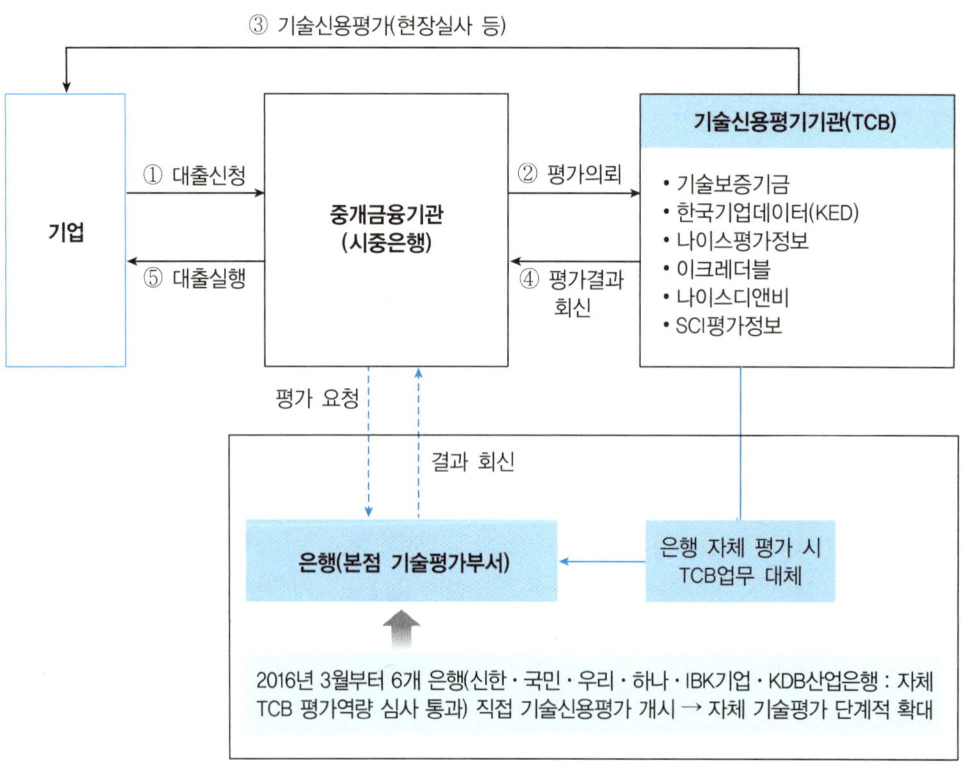

도, 투융자복합금융 운용, 경제위기 대응 및 사회적 가치 실현을 목적으로 하고 있다.

이밖에도 산업은행의 '온렌딩(on-lending) 대출'과 한국은행의 '기술형 창업지원' 등 공공부문이 수행하는 대출 형태의 기술금융도 낮은 금리를 통해 기술 기반의 기업을 지원하고 있다.

기술신용등급은 공신력 있는 기술신용평가기관(Tech Credit Bureau : TCB)이 기업이 보유한 기술정보와 신용정보를 결합·평가하여 기술신용등급(신용등급+기술등급)을 산출하여 금융기관 등에 제공하는 서비스이다. 우리나라는 기술평가기관은 많지만 TCB는 기술보증기금 등 6개이다.

TCB를 통한 기술신용평가는 은행이 대출을 결정할 때 기업의 기술력과 신용도를 같이 고려하도록 하는 것으로, 은행들이 기존에 사용해 오던 재무정보 이외에 기술정보를 추가로 고려함으로써 신용도 판단 예측의 정확성을 높이려는 것이다. 또한 기술신용평가 결과에 따라 최종적으로 대출이 이루어질지 여부는 은행이 자율적으로 결정하도록 되어 있고, 정책금융 관련 기술신용평가를 의무화하는 것은 은행이 대출 결정 시 부도율 예측의 정확성을 높이려는 것이다.

| 그림 5-11 | 기술신용등급 산출 예시

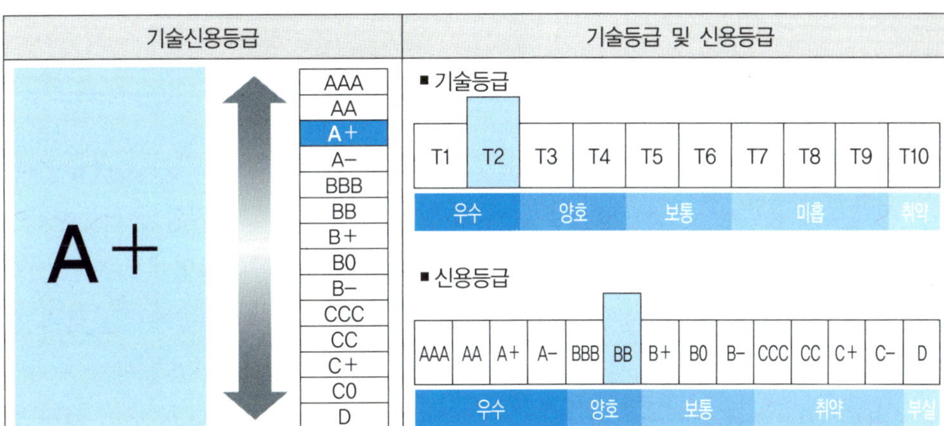

[표 5-10]은 나이스평가정보 기술평가등급 예이다. 일반적으로 기술평가등급이 T6 이하가 나온다면 TCB 기술신용으로는 자금을 받기가 어려운 것이 현실이다.

| 표 5-10 | 기술평가등급 예 : 나이스평가정보

평가등급	기술평가등급 정의
T1	기술력 수준이 상위 5%에 해당하며, 기술환경에 대한 능동적 대처를 통해 미래 성장가능성이 매우 높은 기업
T2	기술력 수준이 상위 10%에 해당하며, 기술환경에 대한 능동적 대처를 통해 미래 성장가능성이 매우 높은 기업
T3	기술력 수준이 상위 20%에 해당하며, 기술환경에 대한 능동적 대처를 통해 미래 성장가능성이 매우 높은 기업
T4	기술력 수준이 상위 35%에 해당하며, 기술환경 변화에 영향을 받을 것으로 예상되나 미래 성장가능성이 높은 기업
T5	기술력 수준이 상위 50%에 해당하며, 기술환경 변화에 영향을 받을 것으로 예상되나 미래 성장가능성이 있는 기업
T6	기술력 수준이 상위 65%에 해당하며, 기술환경 변화에 영향을 받을 것으로 예상되나 미래 성장가능성이 있는 기업
T7	기술력 수준이 상위 80%에 해당하며, 기술환경 변화에 대한 대처가 쉽지 않을 것으로 예상되어 미래 성장가능성이 낮은 기업
T8	기술력 수준이 상위 90%에 해당하며, 기술환경 변화에 대한 대처가 쉽지 않을 것으로 예상되어 미래 성장가능성이 낮은 기업
T9	기술력 수준이 하위 10%에 해당하며, 기술력 수준이 매우 낮은 기업
T10	기술력 수준이 하위 5%에 해당하며, 기술력 수준이 매우 낮은 기업

(2) 기술평가 기반 보증(기술보증)

기술금융의 보증은 기술평가에 기반한 보증서를 활용하여 보증기관이 융자를 제공하는 형태로 운용된다. 중소기업을 위한 금융은 시장 메커니즘이 원활히 작동하기에 수요자와 공급자 측면에서 여전히 한계가 존재한다. 수요자(기업) 측면에서 보면 정보의 비대칭성, 낮은 신용등급 등의 문제가 있고, 공급자(금융기관) 측면에서는 국내 은행들의 신용평가역량 부족, 담보 위주의 금융 관행, 높은 거래비용 등이 문제로 제기된다. 이러한 시장 한계를 극복하기 위해 동아시아에서는 신용보증제도를 통한 정책 지원을 적극적으로 활용하고 있다. 기술보증은 대표적인 정책금융 중 하나로 기술창업, 연구개발에 대한 보증업무를 수행한다. 기업이 보증기관에 보증을 신청하면 보증기관은 기술평가를 통해 기업이 대출을 신청한 금융기관(은행)에 보증서를 발급하고 은행은 해당 보증서를 매개로 대출을 제공한다.

그림 5-12 기술보증절차

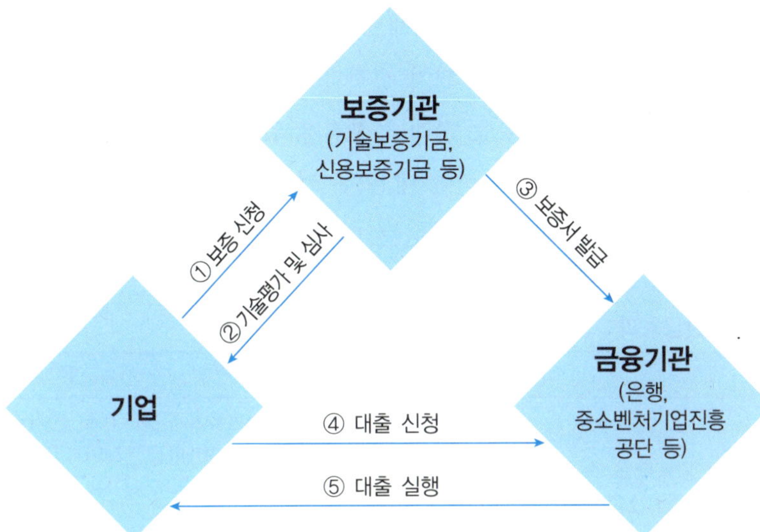

출처 : 기술보증기금, 최성현(2018:4) 재인용

대표적인 정부 보증기관으로는 기술보증기금과 신용보증기금이 있다. 1987년 신용보증기금 내에 기술기업에 대한 신용보증을 우대하기 위해 기술신용보증기금이 설치되었으며, 1989년 해당 기금은 기관으로 설립되어 현재 기술보증기금으로 명칭이 변경되었다. 기술보증기금은 1999년 2월 국내 최초로 기술평가보증을 도입하여 우리 금융시장에 기술금융을 본격적으로 확산시키는 토대를 마련하였다. 초기의 보증 형태는 '기술우대보증'으로 기술 분류와 기술 관련 인프라 보유 여부(특허권, 기술인력, 부설연구소 등)만을 체크하고 적정수준인 경우 지원한도 및 보증비율 등을 우대하는 제도를 시행하였다. 이후 지속적인 평가시스템 개선과 다양한 상품개발 및 운용체계 개편 등을 거치면서 점진적으로 확대·발전되어 왔다. 이러한 우대보증은 지원대상 기업이 보유하고 있는 기술에 대한 평가(기술사업성평가)과정을 통해 보증을 지원하는 '기술평가보증'으로 발전한다. 또한 2006년부터 특허청과 협약을 통해 특허권을 사업화하는 기업의 특허를 가치평가하고 특허권을 질권으로 설정하며 가치평가금액 이내에서 보증을 지원하는 '특허가치평가보증'을 시행하고 있다. 이는 앞서 언급한 기술담보 대출제도와 유사하다.

기술평가보증은 기술력 및 사업성 등 미래가치 위주의 심사를 통해 보증을 지원하는 기술평가와 금융이 결합된 기술금융의 대표적 상품이다. 기술력은 우수하나 영업실적이 미미하여 기존의 신용보증 지원체제에서는 지원이 어려운 기술기업에 대해 기술력을 위주로 심사하여 보증을 지원하기 위해 도입되었다. [표 5-11]에서 보는 바와 같이 일반보증이 재무상황 및 신용도 등 과거 실적과 현재 업황 위주의 심사를 하는 반면, 기술평가보증은 기술성·사업성 등 장래 성장전망 위주로 평가한다. 또한 일반보증이 매출실적 기준의 보증금액 결정방식인 데 비해 기술평가보증은 기술개발, 제품화, 양산화 등 미래 소요자금을 기준으로 한다는 데 큰 차이가 있다.

표 5-11 일반금융과 기술금융 비교

구분	일반금융	기술금융
평가(심사)의 중점사항	매출액 등 재무정보를 기초로 채무 상환능력을 중심으로 평가(경영전반, 영업상황, 사업전망, 재무상황 및 신용도 등)	여신 심사과정에 TCB 평가결과를 체계적으로 반영(경영자의 기술능력, 기술우수성, 기술시장성 및 수익성, 기술사업 타당성 등)
주요 평가(심사)항목	경영자의 능력, 경영환경 등 기업 성장 가능성을 벤처캐피탈, 엔젤 등이 자체 판단	IP·기술 등 기술 자산의 기술가치평가를 통해 투자형 기술평가 타당성 제고
보증금액 사정	매출실적의 일정비율(매출액의 1/3, 1/4, 1/6 등)	계획사업 수행에 따른 소요자금 범위 내

(3) 기술 기반 투자 : 엔젤투자와 벤처캐피탈

기술금융에 있어 투자란 기술 기반의 기업을 발굴하여 주식 및 채권 형태로 기업에 투자하는 직접금융의 형태를 지닌다. 공공에서 자금을 공급하는 대표적인 기술금융 투자는 '한국모태펀드'가 있으며, 중소기업진흥공단의 '개발기술사업화자금', 중소벤처기업부의 'TIPS 프로그램' 등 다양한 직간접 투자방식을 개발하고 있다. 정부의 벤처펀드 자금은 기술금융 시장실패의 원인으로 지목될 만큼 벤처생태계를 이루는 자본의 상당수를 차지하고 있는데, 이러한 시장실패를 보완하고 민간의 투자자본 유입을 위해 정부에서 공급하는 투자자본은 점차 민간과 매칭하여 사업을 확대하고 있다.

엔젤과 벤처캐피탈은 벤처기업에 자금지원과 경영지원을 제공한다는 공통점이 있지만 투자단계, 투자선정과정, 투자규모 등 여러 면에서 차이점을 가지고 있다.

벤처캐피탈은 광범위한 비공개 기업을 대상으로 하며 주로 창업 이후 주식공개에 이르는 후기 성장단계를 중심으로 한 투자이지만, 엔젤은 이제 막 사업을 시작한 사업 구상에서 초기 성장단계의 기업에 대한 투자가 중심이다.

투자 동기는 고수익성에 있으나 엔젤은 고수익성뿐만 아니라 창업자 자신이나 친구 및 지인 등에 의한 친분과 인연도 중요한 요소로 작용한다. 벤처캐피탈의 벤처기업 지원은 자금 지원을 위주로 하지만, 엔젤은 자금 지원뿐만 아니라 경영진에게 다양한 전문 노하우를 제공하는 비중이 크다.

벤처캐피탈은 투자자를 모집하여 조성한 펀드를 투자재원으로 하는 반면, 엔젤은 개인자산으로 보유자산이 한정되는 경우가 많다. 벤처캐피탈을 설립하기 위해서는 일정한 법적 자격요건을 갖추어야 하나 엔젤은 어떠한 자격이나 요건이 없는 비공개적인 자금이다. 엔젤은 벤처캐피탈보다 위험성이 더 높으며 투자에 따르는 수익성도 더 높은 것이 일반적이다.

① 엔젤투자

가. 엔젤이란?

창업 시 천사처럼 등장하는 자본가를 일컫는 말로 이들은 대개 사업가 또는 기술기업임원으로 성공한 사람들이다. 창업 초기 위험이 많은 상황에서도 벤처기업의 기술성, 성장성을 보고 투자하는 사람을 지칭한다.

엔젤투자자는 미국에서 나온 개념인데 이들 엔젤자본가에 의한 투자는 연간 300억 달러를 상회한다. 이들은 개인적으로는 큰 투자수익을 올리고 국가적으로는 첨단산업 발전에 기여하는 역할을 담당한다. 결국 자본을 가진 엔젤들이 무분별한 투지를 했다기보다는 회사가 가진 사업성, 기술성 등을 분별할 수 있는 건전한 투자자로서 존재하고 있는 것이 미국의 벤처산업 활성화를 이끈 이유 중 하나라 할 수 있다.

나. 엔젤의 종류

- 리드 엔젤(lead angel) : 자금지원에 주도적 역할, 비상근이사 등으로 경영에 참여
- 서포트 엔젤(support angel) : 변호사, 회계사, 컨설턴트 등 전문가로서 지원 대가는 주식

다. 엔젤투자 형태

- 직접투자 : 개인이 기업과 직접 접촉해서 투자하거나 엔젤클럽활동을 통해 자기 책

임하에 투자하는 방식

- **간접투자** : 49명 이하의 개인이 모여서 결성하는 개인 투자조합(펀드)에 자금을 내는 방식

② 벤처캐피탈

벤처캐피탈(Venture Capital : VC)이란 잠재력이 있는 벤처기업에 자금을 대고 경영과 기술 지도 등을 종합적으로 지원하여 높은 자본이득을 추구하는 금융자본이며, 다른 말로 위험자본(risk capital)이라고도 한다. 주로 기술력은 뛰어나지만 경영이나 영업의 노하우 등이 없는 초창기의 벤처기업을 대상으로 한다.

벤처캐피탈의 재원은 부유한 개인 투자자, 소기업 투자회사로 조직된 은행의 자회사, 벤처캐피탈 펀드와 같은 조직화된 집단의 투자로부터 나온다. 신설기업에 투자하는 벤처캐피탈리스트(모험자본가)는 신주인수권증서를 취득하거나 투자로 사들인 주식이 기업공개를 해서 자본평가 절상이익을 획득하게 되면 창업회사에 투자한 돈을 높은 수익과 함께 회수하게 된다.

벤처캐피탈의 벤처투자방법은 다음과 같다.

- **주식인수** : 신주인수방식으로 주식투자하며 기업이 가지는 기술의 내용, 사업전망에 따라 인수조건은 다양해진다. 보통 납입자본금의 50% 이내에서 인수한다.
- **전환사채(Convertible Bond : CB) 인수** : '주식으로 전환할 수 있는 권리', '주식으로의 전환권이 인정되는 사채'를 말한다. 일정한 조건 아래 발행회사의 보통의 주식으로 전환할 수 있는 선택권이 부여된 회사채이다. 일반채권과 똑같이 만기일이 정해져 있고 그때까지는 정기적으로 이자가 지급되는 채권이기도 하다.
  사업자금이 필요한 기업 입장에서는 일반적인 채권 발행으로 투자자에게 높은 이자를 지급하는 것보다 '주식으로 전환할 수 있는 권리'를 부여한 전환사채를 낮은 이자율로 발행함으로써 자금조달비용을 줄일 수 있는 장점이 있다.
- **약정투자** : 투자기업의 매출액, 순이익 등 경영성과에 따라 사용료를 지불하는 조건으로 약정을 하고 자금을 지원하는 방식이다.
- **프로젝트 투자** : 영상 및 음반물의 제작, 기술개발 등과 같이 특정 사업의 수행을 위하여 계약을 통해 소요자금을 지원하고 수익을 분배하는 방식이다.
- **자금대여** : 투자기업의 성장단계별로 일시적인 운용자금을 은행의 융자와 유사한

형태로 일정금리를 받고 자금을 지원해 주는 방식이다.

엔젤투자자와 벤처캐피탈의 핵심적인 차이는 엔젤투자자는 자기 돈을 투자하는 사람들이고, 벤처캐피탈은 펀드를 조성하여 타인의 자본으로 투자하는 집단이다. 모든 차이점이 여기에서 발생한다. 엔젤투자자는 자기 돈을 투자하므로 투자자의 성향에 따라 모든 것이 결정된다.

엔젤투자자의 핵심은 엔젤투자자는 개인이며, 자신의 돈을 투자하고, 자신의 책임하에 투자한다는 사실이다. 이들은 자신이 직접 번 돈을 투자하는데 주로 본업과 별도의 추가적인 수입을 얻기 위하여 스타트업이나 중소벤처기업의 지분을 인수하는 방법으로 투자한다.

창업자의 입장에서 보면 이들이 개인으로 움직이기 때문에 만나기가 쉽지 않다. 따라서 창업자는 이들을 만나 관계를 맺기 위하여 더욱 노력해야 한다.

표 5-12 엔젤과 벤처캐피탈의 비교

구분	엔젤	벤처캐피탈
투자단계	사업구상에서 발아 또는 성장초기 단계	성장단계 선호
투자동기	고수익성, 친분, 인연 중시	고수익성
지원내용	자금 지원, 다양한 전문 노하우	자금 지원 중심
투자재원	개인 자산	투자자를 모집하여 펀드 조성
투자조건	유연함	까다로움
자격요건	자격요건 없음	일정한 법적 자격요건
위험 허용	상대적으로 큼	상대적으로 작음
투자수익	상대적으로 큼	상대적으로 작음
거리 제한	근거리 선호	거리 제한 없음
신분 노출	익명 선호	공개적
양자 만남	우연성이 큼	사전 공지
경영 참여	경영에 관여하지 않음	경영에 깊이 관여

엔젤투자자와 벤처캐피탈 사이에 많은 차이가 있기는 하지만 공통점도 많다. 엔젤투자자들은 회사에 투자하기 전에 투자 여부를 검토하기 위하여 잘 작성된 회사의 사업

개요서나 사업계획서를 요구하며, 최초 투자액의 5배 내지 10배의 수익을 창출해 줄 회사를 찾는다. 그리고 이들은 투자약정계약을 체결하기 전에 조사분석과정을 거치고, 창업자에게 분기별로 재무보고서를 제출할 것을 요구하며 또한 벤처캐피탈보다 회사의 경영에 더 관여하기도 한다.

그리고 대다수의 엔젤투자자는 5년 내지 7년 내에 투자금액을 회수하고 회사와의 관계를 마칠 회수전략을 기대한다.

▌그림 5-13▐ 투자자 그룹별 특성과 적정 투자자 선별

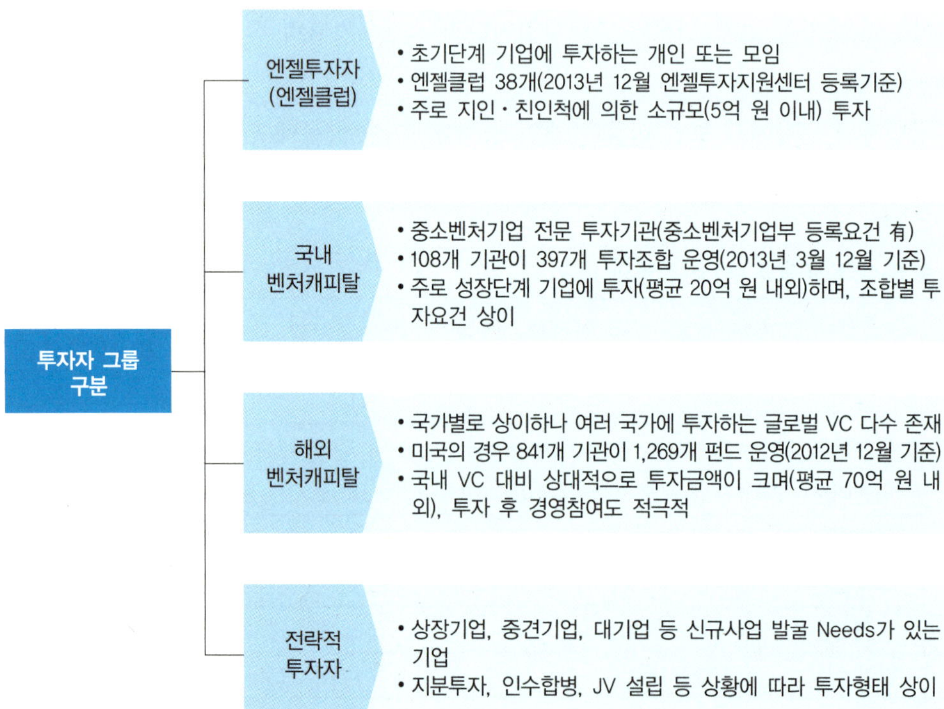

출처 : 아이플러스센터 홈페이지, 2018

투자자는 크게 엔젤, 국내 벤처캐피탈, 해외 벤처캐피탈, 전략적 투자자(상장·중견기업 등)로 구분할 수 있으며, 각 투자기관 내에서도 운용하고 있는 투자조합(펀드)별로 투자기준과 특성에 차이가 있다.

/연/습/문/제/

01 기술사업화의 개념 및 기술사업화 전략 유형에 대해서 기술하시오.

02 기술성숙도(TRL) 9단계를 기초연구단계, 실험단계, 시제품단계, 실용화단계, 사업화단계로 구분할 수 있는데, 각각의 단계에 해당하는 사례를 기술하시오.

03 기술이전방식은 기술양도(assignment), 공동연구(cooperative research), 라이선싱(licensing), 분사(spin-off), 합작벤처(joint venture), 인수합병(M&A)의 여섯 가지 방법으로 구분할 수 있는데, 각각의 방식에 대한 사례를 기술하시오.

04 기술거래 라이선싱(licensing) 및 기술판매 사례를 조사하여 기술하시오.

05 기술금융은 자금공급방식에 따라 보증(기술보증), 융자(기술신용대출), 투자방식(벤처투자)으로 구분할 수 있다. 각각에 대한 개념을 기술하시오.

06 기술기반 투자를 위한 엔젤투자와 벤처캐피탈의 차이점에 대해서 기술하시오.

기술경영, Management of Technology

CHAPTER 6

사업타당성분석

6 CHAPTER 사업타당성분석

6.1 사업타당성분석 개요

사업타당성분석(feasibility study)은 사업 아이디어의 시장 요구를 감지하고 제품 또는 서비스의 공급이 기술적으로 가능한지를 검토하거나, 이미 개발된 기술을 응용하여 제품 또는 서비스를 개발할 경우에 시장성이 존재하는지를 사전에 검토하는 방법이다. 결과적으로 특정 사업의 성공가능성을 판단하는 총체적인 과정을 말한다.

사업타당성분석의 정확한 답은 없으나, 일반적으로 민간사업부분에서는 기술분석, 시장분석, 수익분석을 기초로 하위로 손익분기점분석, 경제성분석, 원가분석, 위험성분석, 성장성분석으로 구성된다. 공공부분은 사업기초자료분석, 경제적 분석, 정책적 분석, 지역균형발전분석, 전문가평가분석으로 나누어진다.

사업타당성분석을 필요로 하는 대상은 다양하지만, 크게 두 유형으로 나누어 볼 수 있다. 하나는 직접 사업의 주체가 되는 창업자 또는 새로운 사업을 계획하고 있는 기존 사업자이며, 다른 하나는 사업의 주체는 아니지만 사업에 필요한 자본을 투·융자하거나 정부의 예산을 배분해야 할 입장에 있는 금융기관과 정부기관 등이다.

전자를 내적 사업성분석, 후자를 외적 사업성분석이라 할 수 있는데, 이들 평가주체들은 모두 특정 사업의 성공가능성에 대한 정보를 필요로 하기 때문에 사업성 검토에 관한 강한 필요성을 갖게 된다.

내적 사업성분석은 창업자 또는 기존 사업자의 입장에서 계획하고 있는 사업을 추진하는 데 있어서 제기되는 제반의 문제와 위험요소를 사전에 점검해 보고, 계획 중인 사업이 수익성 있는 해볼 만한 사업인지를 확인하려는 데 기본관심이 있다.

| 그림 6-1 | 사업타당성분석 기본절차

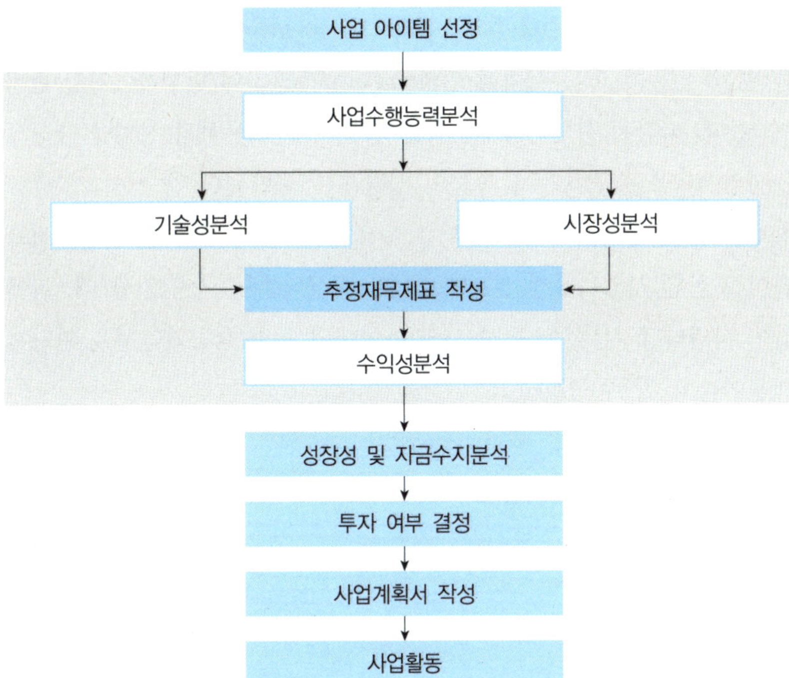

반면에 외적 사업성분석은 계획사업에 투·융자된 원금과 이자가 차질 없이 회수될 수 있을 만큼 충분히 경제적인 사업인지 또는 국가자원의 효율적인 배분에 기여할 수 있는 사업내용인지를 확인하려는 데 기본관심을 두게 된다.

창업이나 신규투자에는 대부분 거대한 자본의 희생이 따르게 마련이다. 이러한 희생은 반드시 상응하는 보상이 전제될 때 정당화되는 것이다. 만약 잘못된 사업성분석이나 주먹구구식 투자로 인해 거대한 자본이 회수 불가능하게 된다면 개인이나 사회 전체적으로 볼 때 큰 손실이 아닐 수 없다. 따라서 창업이나 신규투자에 앞서서 반드시 그 성공가능성에 대한 다각적인 검토와 분석이 필요하다.

분석된 정보에 의해 가능성이 낮은 투자를 회피함으로써 성공할 수 있는 확률을 높일 수 있기 때문이다. 사업성검토에서 얻은 정보는 사업을 추진하는 주체가 지니고 있는 약점을 보완하고 미래의 위험상황에 대비할 수 있도록 해준다. 예를 들어, 그런 대로 수익성은 있으나 기술, 경쟁, 자금 등이 경쟁기업에 비해 취약하다는 분석정보를 입수했다면 향후 무엇을 집중적으로 보완해야 할 것인지가 보다 분명해진다.

[출처 : 중소기업정보은행(http://www.digitalsme.com)]

사업타당성분석은 사업계획수준의 상세한 자원 배분은 하지 않지만, 해당 사업을 추진하기 위해 수립된 전략을 수행할 경우, 필요한 총비용과 총수익을 산정하여 해당 사업이 돈을 벌 수 있는가 또는 사회적 이익(social benefits)이 발생하는가를 판별하는 일이라 할 수 있다. 따라서 사업타당성분석을 수행하는 것은 해당 사업을 대상으로 산업전략이나 사업계획을 수립하는 활동들이 상당부분 포함된다.

일반적으로 사업타당성분석에 포함되는 주요 항목은 아래와 같다. 일반적으로 제시된 요소들이 포함된 사업타당성 분석보고서가 작성되는 점을 감안할 때, 위에서 언급한바와 같이 사업타당성분석은 특정 사업 아이템의 사업 성공가능성을 판단하는 총체적인 결과물이라고 할 수 있다.

그림 6-2 시장성-기술성-수익성 분석 메커니즘

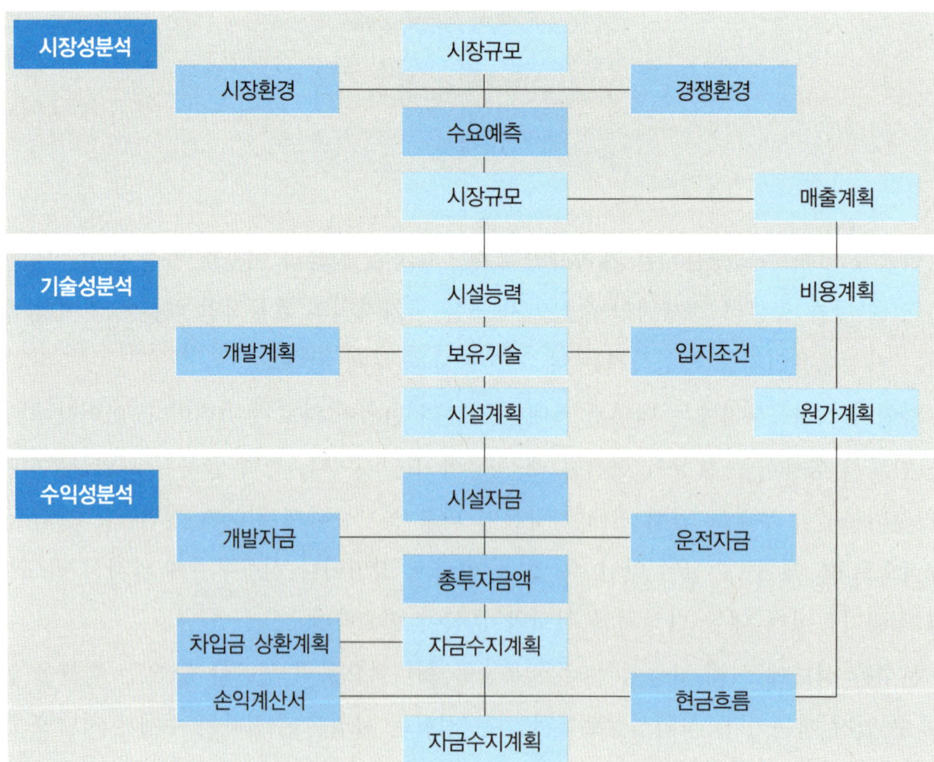

| 표 6-1 | 사업타당성분석의 주요 내용

평가요소	세부사항
창업자의 사업수행능력	• 기업가로서의 적성과 자질 • 창업자의 계획사업 경험과 지식 • 업종선택의 적합성 • 기타 창업자의 업무수행능력
시장성분석	• 시장조사, 소비자조사, 시장세분화 • 제품수급, 제품 포지셔닝, 매출추정, 시장점유율 조사 • 거시환경분석, 산업환경분석 • 판매처, 판매조직, 유통경로, 동종업계 조사 • 해외시장분석에 의한 수출량 • 기타 시장성 요소
기술성분석	• 원가추정 • 기술분석 • 규모입지분석 • 원재료 조달사항 • 기술 및 생산 관련 타당성
경제성분석 (수익성분석)	• 현금흐름분석 • 투자수익 및 손익분기점분석 • 계획사업의 경제성평가 • 기타 경제적·재무적 타당성분석
자금수지 및 성장성	• 소요자금의 규모 및 조달가능성 • 자금 운용계획 • 차입금 상환능력 검토 • 계획사업의 위험요소 검토 • 성장가능성 및 공익성 검토

6.2 사업수행능력분석

사업의 성패는 조직 또는 기관이 클 경우, 해당 사업부의 핵심인력의 자질과 창업자의 사업수행능력 및 해당 업종에 대한 경영자로서의 적합도에 달려 있다. 개인이든 기업이든 계획된 일의 성공과 실패는 그 일을 추진하는 주체 내지는 참여인력의 인적요인에 의해 좌우된다고 해도 과언이 아니기 때문이다. 특히 신규사업의 경우에는 핵심인력의 새로운 계획사업 수행능력과 관련 분야에 대한 전문지식을 바탕으로 앞으로 운영하고자 하는 업종에 대한 경험·지식 및 관련성이 필요불가결한 요소가 아닐 수 없다.

그러나 문제는 계획한 사업의 수행능력과 해당 사업의 경영자 또는 프로젝트 팀이 과연 적합한가의 판정을 누가 할 것이냐 하는 것이다. 일반적으로 기업이 큰 경우에는 해당 기업의 미션 및 전략과 부합하여 내부적인 핵심역량 활용이 가능하고, 프로젝트 팀을 가동할 수 있기 때문에 사업수행능력 분석에는 어려움이 없다. 하지만 창업기업 또는 조직이 작은 기업일 경우에는 경영자를 통해 사업수행능력을 분석할 수밖에 없는 것이 현실이다. 일반적으로 경영자기준의 사업수행능력 분석대상은 중소기업에 해당된다.

창업기업 또는 신규사업(창업) 경영자는 자신을 가장 잘 아는 사람이 바로 본인인 동시에 자기 자신을 객관적으로 평가할 수 없는 것이 바로 자기 자신이다. 사업이란 혼자서 하는 것이 아니고, 거래처와 관계처 상호 간의 이해관계가 얽혀 있기 때문에 경영자 혼자만의 생각으로 사업 참여를 결정해서는 안 된다. 따라서 경영자 자신은 물론 현재 자기를 가장 잘 알고 있는 지인들 또는 관련 업종전문가 등의 의견도 중요하며 전문 컨설턴트 등과 충분한 검토를 거쳐 평가하는 것이 가장 합리적인 자기평가방법이다. 왜냐하면 경영자로서 적성과 자질, 사업수행능력 및 해당 업종에 대한 적합도를 평가하여 사업의 수행능력 여부를 파악하면 사업의 성패를 예측할 수 있기 때문이다.

[표 6-2]는 창업자의 사업수행능력 평가요소를 제시한 것이다. 평가요소에 대해 점수로 환산하든, 등급으로 환산하든 일정점수 이하가 나오면 해당 사업은 실패확률이 매우 높아지게 된다.

표 6-2 창업자의 사업수행능력 평가요소

평가요소	세부 평가 항목
적성 및 자질	• 모험심, 가능성에 대한 열정과 집념, 스케일, 리더십, 의지력, 기타 경영자의 성격·체질 등 • 기업가적인 소질
경험 및 지식	• 신사업 관련 분야에서의 경험, 학문과 지식, 자격, 교제 인물의 폭과 깊이, 사회적 지위 및 신용, 사업환경을 둘러싸고 있는 인간관계
업종 적합성	• 적성과의 적합 정도
업무수행능력(경영능력)	• 가정 유지능력, 창업멤버의 구성 및 통제능력, 서비스 및 기술혁신능력, 경영분석 및 판단능력 등

6.3 시장성분석

시장에 뛰어들어 경쟁상품과 겨루어 소비자로부터 인정을 받을 때 비로소 매출이 늘어나고 시장범위도 확대되어 간다. 그러나 처음 생산하여 시장에 내놓았을 때 대부분의 제품은 비교적 소비자에게 생소한 것이 보통이며 품질이 확인되기 전까지는 판매가 결코 쉽지 않다. 따라서 사업 성공의 관건이 바로 시장성과 판로 확보이기 때문에 시장성분석이 무엇보다 중요하다.

1) 시장성분석요소

시장성분석요소는 ① 국내외 수급동향 및 중장기 수급전망, ② 시장특성 및 구조(시장의 위치, 수송방법, 유통경로 및 조직, 거래조건 등), ③ 동업자 또는 유사제품과의 경쟁상태 및 향후 경쟁제품의 출현가능성, ④ 국내외 가격구조 및 가격동향, ⑤ 목표시장 선정 및 판매전략, ⑥ 수출인 경우 해외시장분석에 의한 수출가능량 산정 등이다. 특히 판매량을 추정하기 위하여 기본적으로 다음과 같은 자료를 수집・분석한다.

- **수요분석** : 주요 고객, 예상소비량, 소비총액 등
- **공급분석** : 기존 기업의 공급능력, 기존 제품의 가격, 품질, 판매전략 등
- **거래수요의 분석** : 생산품에 대한 미래 수요를 추정
- **시장점유율 추정** : 수요・공급・경쟁지의 위치와 구상하고 있는 사업의 판매계획 등을 고려하여 계획한 상품의 시장점유율을 추정

2) 매출액 추정방법

해당 기업의 매출액 추정은 미래 재무실적의 분석과 연장선상에서 이루어지며, 이를 외부환경요인이나 기업내부요인에 접목시켜야 한다. 예를 들어, 매출액의 증가가 시장규모 자체의 확대에 따른 것인지, 경쟁업체를 제치고 시장점유율을 확대한 결과인지, 아니면 신기술개발에 따른 새로운 시장개척에 따른 것인지 등을 파악해야 한다. 이러한 과정에서 과거 실적에 대한 인과관계를 설명할 수 있는 주요 동인(driver)을 추출해 낼 수 있어야 한다. 거시경제지표, 산업환경 및 산업구조, 시장전망, 경제환경, 사회환

경, 등을 고려하면서 정보를 활용하고, 수정·보완해 가야 한다. 기술 및 가격경쟁력, 생산능력, 시장진입 가능성, 사업자 영업능력, 판매처 확보 여부, 제품의 수명주기, 관련 업계 경기동향 등을 종합적으로 고려하여 추정하는 것이 매출추정 오차를 줄이는 합리적인 방법이다.

매출액 추정기법은 수요예측기법에서 사용하는 기법과 매우 유사하며, 일반적으로 정량적 분석방법과 정성적 분석방법이 있다. 정량적 분석방법은 시계열분석으로 이동평균법, 지수평활법, 추세예측법이 있으며, 인과형 회귀분석모형으로 단순회귀분석, 다중회귀분석모형이 있다.

❙ 표 6-3 ❙ 매출액 추정방법 분류

<table>
<tr><th>구분</th><th colspan="2">수요예측기법</th><th>필요자료</th><th>적용상황</th></tr>
<tr><td rowspan="3">정성적 기법</td><td colspan="2">경영자판단법</td><td>전체적인 분석자료</td><td>기존 제품이나 신제품의 전체 매출액에 대한 단기적, 개략적 매출 추정</td></tr>
<tr><td colspan="2">판매원 의견통합법</td><td>설문조사</td><td>기존 제품의 지역별 또는 제품별 단기예측</td></tr>
<tr><td colspan="2">델파이법</td><td>전문가 설문조사</td><td>신제품이나 신기술에 대한 장기적 수요예측</td></tr>
<tr><td rowspan="9">정량적 기법</td><td rowspan="4">시계열 분석</td><td>단순예측법</td><td>과거 매출자료</td><td>성숙기 산업의 단기예측</td></tr>
<tr><td>이동평균법</td><td>과거 매출자료</td><td rowspan="3">정태적 산업의 단기예측</td></tr>
<tr><td>지수평활법</td><td>과거 매출자료</td></tr>
<tr><td>최소자승법</td><td>과거 매출자료</td></tr>
<tr><td rowspan="2">인과적 모형</td><td>회귀분석</td><td>매출 관련 변수자료</td><td>동태적 산업의 단기예측</td></tr>
<tr><td>구매의도분석법</td><td>설문조사</td><td>동태적 산업의 장단기예측</td></tr>
<tr><td colspan="2">시장점유율에 의한 추정</td><td colspan="2">산업에 관한 지식과 기업에 관한 지식을 결부하여 과거의 영업실적을 분석한 후, 앞으로의 시장점유율을 예측하여 판매량을 추정하고, 여기에 판매단가를 곱하여 추정매출액을 산출하는 방법이다.</td></tr>
<tr><td colspan="2">GNP 탄성치에 의한 추정</td><td colspan="2">정부에서 예측하는 GNP 성장률이나 GNP 계수가 신뢰성이 있고, 회사의 매출정책도 이에 탄력적이고 안정적으로 반영된다는 가정하에 예측연도의 GNP 예측치를 이용하여 매출액을 추정하는 방법이다.</td></tr>
<tr><td colspan="2">실무편법에 의한 추정</td><td colspan="2">평균성장률이나 예상증가율 혹은 최근 월말 매출실적을 이용하여 간편하게 매출액을 추정하는 방법이다.</td></tr>
</table>

시장분석을 통해 미래의 매출액을 정확히 추정하는 것은 매우 어렵다. 따라서 낙관적, 중립적, 비관적 상황을 가정하여 사업활동 시나리오를 만들고, 기업의 내재가치 수준을 가늠한 투자기준을 설정하는 것이 중요하다.

(1) 주관적 판단에 의한 추정

경제, 산업, 기업에 대한 일반화된 과거 경험에 근거하여 주관적으로 예측하는 방법이다. 여기에는 과거 유사한 시장분석자료, 시장조사, 델파이(delphi), 개인적인 추측 등이 있다. 특징은 인위적이고 비과학적이며 제품과 시장에 대한 통찰력과 전문적인 지식에 좌우되는 면이 많다.

(2) 평균성장률을 이용한 추정

시장분석에 따른 과거 매출액의 평균증가율을 계산하여 금년의 매출액에 평균증가율을 곱하여 내년의 추정매출액을 계산하는 방법이다.

추정매출액＝금년매출액×(1＋평균증가율)

(3) 시장점유율에 의한 추정

당해 기업의 시장 판매 점유율이 안정적이고 상당히 높은 기업일 경우에는 해당 제품의 업계 전체 연간 매상액을 추정하고, 추정된 업계 전체 매상액에 당해 기업의 점유율을 곱하여 매출액을 추정하는 방법이다.

추정판매량＝업계 전체 예상판매량×당해 기업의 점유율
추정매출액＝추정판매량×예상판매단가

(4) 회귀분석에 의한 추정

회귀분석이란 둘 또는 그 이상의 변수들 간의 인관관계를 파악하고, 어떤 특정 변수의 값을 다른 한 개 또는 그 이상의 변수들로부터 설명하고 예측하는 분석방법이다. 예를 들면, 당해 기업의 매출과 경제변수와의 관련성을 중심으로 하는 회귀식을 이용하여 미래의 매출액을 추정하는 방법이다.

여기서 특정 변수를 설명하려는 변수를 간략히 설명변수(X_i)라 하고 이에 따라 설명되는 특정 변수를 종속변수(Y)라 한다. 종속(dependent)변수란 설명변수에 따라 좌우되기 때문에 붙여진 것이고, 이와 달리 설명변수는 독립(independent)변수라 한다. 설명변수가 한 개일 경우를 단순회귀분석이라고 하며, 설명면수가 두 개 이상일 경우를 다중회귀분석이라고 한다. 일반적으로 독립변수는 영향을 주는 변수고 종속변수는 영향을 받는 결과변수이다.

$$Y = \alpha + \alpha_1 X_1 + \varepsilon \qquad \text{(단순회귀분석)}$$

$$Y_i = \alpha_1 X_1 + a_2 X_2 + \cdots\cdots\ a_i X_i + \varepsilon \qquad \text{(다중회귀분석)}$$

$$Y_i = \alpha_1 X_1 + a_2 X_2^2 + \cdots\cdots\ a_i X_i^3 + \varepsilon \qquad \text{(다중회귀분석)}$$

예를 들어, 매출액에 영향을 주는 변수가 광고비(독립변수) 한 가지라면 단순회귀분석을 통해 추정이 가능하지만, 광고비(독립변수 1) 외에 가격(독립변수 2), 품질(독립변수 3), 기능(독립변수 4) 등이 매출액에 영향을 준다면 다중회귀분석으로 추정해야 한다. 단, 위에서 제시된 독립변수들은 통계적으로 상관분석을 통해 매출액(종속변수 또는 결과변수)과 상관관계가 있어야 한다.

회귀분석(regression analysis)은 특정 변수(독립변수 또는 설명변수)의 변화가 다른 변수(종속변수 또는 피설명변수)의 변화와 어떤 관련성이 있는지, 관련이 있다면 어느 변수의 변화가 원인이 되고 어느 변수의 변화가 결과(반응 또는 현상)인지 분석하고 이를 바탕으로 특정 변수의 변화로써 다른 변수의 변화를 추정하거나 예측하는 것이다. 회귀분석은 가설의 타당성 여부를 실증적으로 검토하는 데 매우 유용한 도구이다. 특히 시간에 따라 변화하는 데이터를 통계적 예측에 사용하는 기법이다. 그러나 대개 가정이 적합한지 아닌지 밝히지 않은 채 추정하다 보면 분석결과가 오용되는 일도 잦다. 즉 인과관계가 없는 설명변수로 현상을 설명하려는 것이다. 이는 회귀모형의 적합도 그리고 개별 설명변수의 유의성 검증 등으로 주의해야 할 사항이다.

6.4 기술성분석

기술분석은 기술의 흐름 및 동향, 국내외 기술수준, 기술의 파급효과 및 응용성 등을 체계적으로 파악하는 일련의 과정을 말하며, 기술성분석이란 제품을 생산, 판매하기 위한 비용을 분석하는 과정으로 기술의 적합성, 경쟁성, 유용성 등의 기술적인 요소와 입지 및 시설계획을 통해 투자금액과 원가계획으로 제품별 원가를 검토하는 활동이다. 제품에 대한 특성, 화학적 반응, 기계적 기능, 생산시스템, 공정 등 생산제품에 대한 철저한 조사·분석과 더불어 공장입지, 시설계획 및 생산시설 규모, 생산능력 및 조업도, 원재료 조달 및 제품 1단위에 대한 원재료 소요량 산정, 기술 및 기능인력 확보, 예상 불량률 및 개선가능성 등을 종합적으로 분석하여야 한다.

흔히 특허나 실용신안 등 공업소유권에 의한 창업의 경우에는 이론과 실제와의 격차가 어느 정도인지, 또 예상되는 불량률 및 하자 발생의 가능성은 없는지를 세밀하게 검토하여야 한다. 특히 실험실 내에서의 검증만으로는 불충분하며 실제 산업현장에 적용해 보지 않으면 예상외로 사업실패 확률이 높은 분야가 특허나 실용신안 등 공업소유권에 의한 창업이다. 왜냐하면 공업소유권은 기술 자체의 평가이지 사업 성공가능성의 확인이 아니기 때문이다. 아무리 훌륭한 제품이라도 소비자를 위해 상품화되지 않으면 그 사업은 성공할 수 없다.

기술성분석의 핵심활동은 사업계획의 기술적 타당성과 원가추정을 위한 기초자료를 제공하고, 사업에 영향을 미치는 여러 가지 요인을 고려하여 생산운영시스템의 기술적 대안을 비교·검토하는 것이다. 기술성분석에서는 이용할 기술과 공정을 검토하여 다음과 같은 내용을 포함시켜야 한다. 그 외에 상황에 따라서 추가되거나 축소될 수 있다.

- 제품의 물리적·기계적·화학적 특성에 관련된 사항
- 제조공정에 대한 사항
- 수요량을 생산할 수 있는 생산일정 및 공장규모의 결정
- 구입할 기계의 규격 및 공급가격, 구매일정, 대금지불방식, 설비의 성능, 예비부속품의 조달가능성 등을 고려하여 기계를 선정
- 기계의 장·단점을 충분히 비교·검토한 자료 및 기계의 배치(layout)
- 이용되는 기술로부터 예상되는 폐기품의 종류, 양, 처리방식 및 처리비용

신기술 및 기술집약형 사업의 성공 여부는 기술의 신규성, 독창성의 정확한 파악은 물론 기술의 유용성, 기술의 위험요소 및 기술적 성공가능성 정도를 평가하는 것이 핵심이다. 만약에 도입한 기술이 외국에서 상품화되었고, 시장에서의 경쟁력도 확인할 수 있다면 선호하는 경향이나 도입기술의 개발능력에 대한 검토가 필요하고, 시험생산 또는 검증을 거친 기술이라고 하더라도 부품공급문제, 복잡한 작업공정 등 본격적인 생산과정에서 일어날 수 있는 문제점들에 대해 충분한 사전준비가 필요하다.

6.5 수익성분석

1) 수익성분석의 이해

수익성분석은 이익을 검토하고 현금흐름의 경제성을 분석하는 과정으로 시장성분석과 기술성분석자료를 종합하여 매출계획, 비용추정, 자금수지계획 등을 통해 이익과 현금흐름을 검토하는 것을 말한다.

사업타당성분석 시 시장성분석을 통해 판매계획을 통한 매출을 추정하고, 기술성분석을 통해 원가분석을 한 다음 추정재무제표를 통해 수익성 및 경제성분석을 수행해야 하는데, 일반적으로 조직이 클 경우 회계 팀의 지원을 받을 수 있다. 하지만 규모가 영세하거나 창업기업일 경우에는 추정재무제표를 작성하거나 창업자의 회계전공지식이 부족하다면 컨설턴트나 정부창업지원사업을 통해 작성하는 것이 효과적이다.

대부분 비즈니스는 아무리 제품이 성공적으로 생산되어 적정량이 판매되더라도 소요자금이 적기에 조달되지 못한다든가 적정수익을 제대로 실현하지 못한다면 그 사업은 성공가능성이 없을 것이다.

수익성 검토요소는 대부분이 향후 전망을 현재적 관점에서 분석하는 것이기 때문에 이의 근거자료가 되는 추정손익계산서, 추정대차대조표, 자금수지예상표 등 추정재무제표 작성이 핵심과제가 된다.

또한 계획사업의 위험도도 분석해야 하는데 예측가능한 기업환경 변수를 적용하여 계획사업에 결정적인 영향을 미치는 변수가 어떤 것이며, 어느 정도 계획사업에 영향을 미치는지를 분석하고 이에 대한 대응책을 모색하여야 한다.

가장 중요한 자금조달 및 운용분석 시에는 먼저 사업에 필요한 총소요자금의 적정한 규모 산정과 더불어 조달가능성을 자금조달상의 위험분석과 함께 추정하고, 이들 자료를 중심으로 자금조달 및 운용계획서를 작성하여야 한다. 자금조달 및 운용계획서는 단기적 측면과 장기적 측면, 그리고 특정 시설에 소요되는 자금으로 구분하여 누락되는 항목이 없도록 주의해야 한다. 검토되어야 할 내용은 다음과 같다.

- 총사업비의 명세, 초기 자본소요액 및 사업에 관련된 현금수지분석
- 손익계산서, 대차대조표, 현금수지분석표에 기초를 둔 재무예측
- 재무예측을 뒷받침하는 보조자료로서 판매대금의 회수기간, 재고수준, 구매제품 및 제경비 지불기간, 생산원가의 항목 및 비용, 판매비와 관리비 등
- 수익에 관한 재무분석을 하기 위해 투자수익률, 손익분기점, 적정생산량 및 가격분석 등
- 차입계획뿐만 아니라 차입금 상환 재원 및 차입금 상환능력

일반적으로 미래 재무분석의 일환으로 포함되는 것은 크게 수익전망과 손익분기점 분석 그리고 투자수익 및 경제성분석으로 분류할 수 있다.

- **수익전망** : 사업개시 후 3년 내지 5년간의 추정손익계산서, 추정대차대조표 및 자금수지 예상표를 작성한 후 이를 근거로 기준시점 이후 3년 내지 5년간의 수익전망 및 흑자실현 가능시점 등 수익성을 검토한다.
- **손익분기점분석** : 손익분기점 매출액, 즉 기업이 영업활동에서 발생하는 수익과 비용이 일치하는 매출액과 비용은 어느 정도이며, 어느 시점에 실현가능한지를 분석한다.
- **투자수익 및 경제성분석** : 각종 투자수익률을 산출함과 동시에 계획사업을 통해 최소한 목표수익률 이상의 수익실현이 가능하며, 나아가서 계획사업의 경제성은 있는지를 분석한다.
  - 경제성분석은 투자사업의 비용(cost)과 편익(benefit)을 측정하고, 이에 따라 경제적 수익률(economic rate of return)을 계산함으로써 투자사업에 대한 타당성 여부를 결정하는 분석방법이다.
  - 경제성분석에 대한 방법으로는 비용편익비율(benefit-cost ratio)과 순현재가치(Net Present Value : NPV) 그리고 내부수익률(Internal Rate of Return : IRR) 등

세 가지 방법이 사용된다.

– 경제성분석은 공공사업의 비용과 편익을 사회적 입장에서 측정하고 이에 따라 경제적 수익률(economic rate of return)을 계산함으로써 그 타당성 여부를 결정하는 분석방식을 말한다. 사회 전체의 입장이 아닌 개별 사업의 입장에서 실제의 비용과 편익을 추정하고 이에 따른 재무적 수익률을 계산하여 그 타당성을 평가하는 재무분석과는 대비된다. 그리고 공공부문 투자사업의 경제성분석은 비용편익비율 분석방법이 가장 널리 활용되고 있다.

[출처 : [네이버 지식백과] 경제성분석(economic analysis)(이철수, 사회복지학사전)]

2) 추정재무제표 작성

(1) 개념

추정재무제표란 추정된 수치로 작성된 재무제표이다. 기업들은 차년도의 예상되는 수익과 비용을 미리 추정하여 예상손익계산서를 작성하기도 하고 예상되는 주식매매의 효과를 파악하기 위하여 가상의 재무제표를 작성하기도 한다. 과거 성과에 대한 재무제표가 아닌, 이러한 추정된 재무제표는 예측치이므로 정확한 손익을 보장하지 못한다. 우리나라 기업회계기준은 채택하고 있지 않으나 미국 회계기준에서는 회계변경으로 인한 영향이 재무제표에 미치는 효과가 중대할 경우 새로운 회계변경이 과거부터 적용되어졌다는 가정하에 정규의 재무제표 외에 추가로 추정재무제표를 작성해 공시하도록 요구하고 있다.

추정재무제표에는 ① 추정대차대조표, ② 추정손익계산서, ③ 추정현금흐름표 등이 있으며, 각각 매출액과 순이익, 영업투하자본, 순배당 등을 예측하여 작성한다.

[출처 : [네이버 지식백과] 추정재무제표(pro financial statement, 推定財務諸表)]

추정재무제표의 작성순서는 사실은 원가관리회계상의 '목표원가' 콘셉트이다! 경영계획상 우선 달성해야 할 목표매출액 또는 목표이익을 기준으로 이를 통해 "얼마의 원가와 비용이 소요 예상되는가? 얼마를 지금보다 더 절감해야 하는가?" 하는 이익 및 비용계획의 형태로 볼 수 있다.

그림 6-3 추정재무제표 작성순서

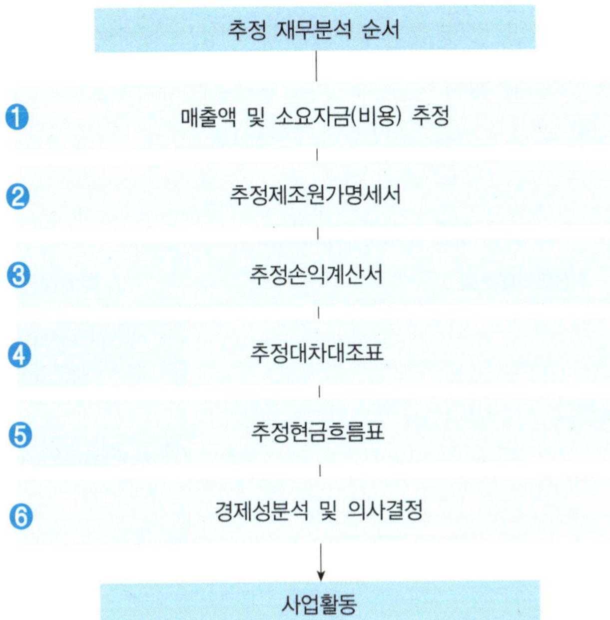

(2) 목적

추정재무제표 작성 목적은 장래에 이루어질 기업의 재무상태와 경영성과를 미리 예견하고 계획하여 기업의 목표이익을 달성할 수 있도록 경영활동을 통제·조정·관리하는 것이다.

① 기업체의 입장

- 각 부문 예산의 목표이익 달성을 위한 타당성 여부 검토가 가능하다.
- 자금조달계획의 타당성을 검토하고 구체적인 수치를 제공한다.
- 장래에 대한 재무상태 추이를 알 수 있다.

② 금융기관의 입장

- 장래의 지급능력이 좋은지 나쁜지를 예측할 수 있다.
- 기업의 수익성과 원리금 상환능력을 검토할 수 있다.
- 대출금의 회수정책을 세울 수 있다.
- 융자대상 기업체의 적정 소요자금을 책정할 수 있다.

③ 정부의 입장

- 사업별·기업규모별 종합 추정재무제표의 작성을 통하여 산업정책 및 금융정책의 기본자료를 얻을 수 있다.
- 차관 신청업체의 소요자금 조달능력과 원리금 상환능력을 판단할 수 있다.

| 그림 6-4 | 투자예산의 추정재무제표 작성방법

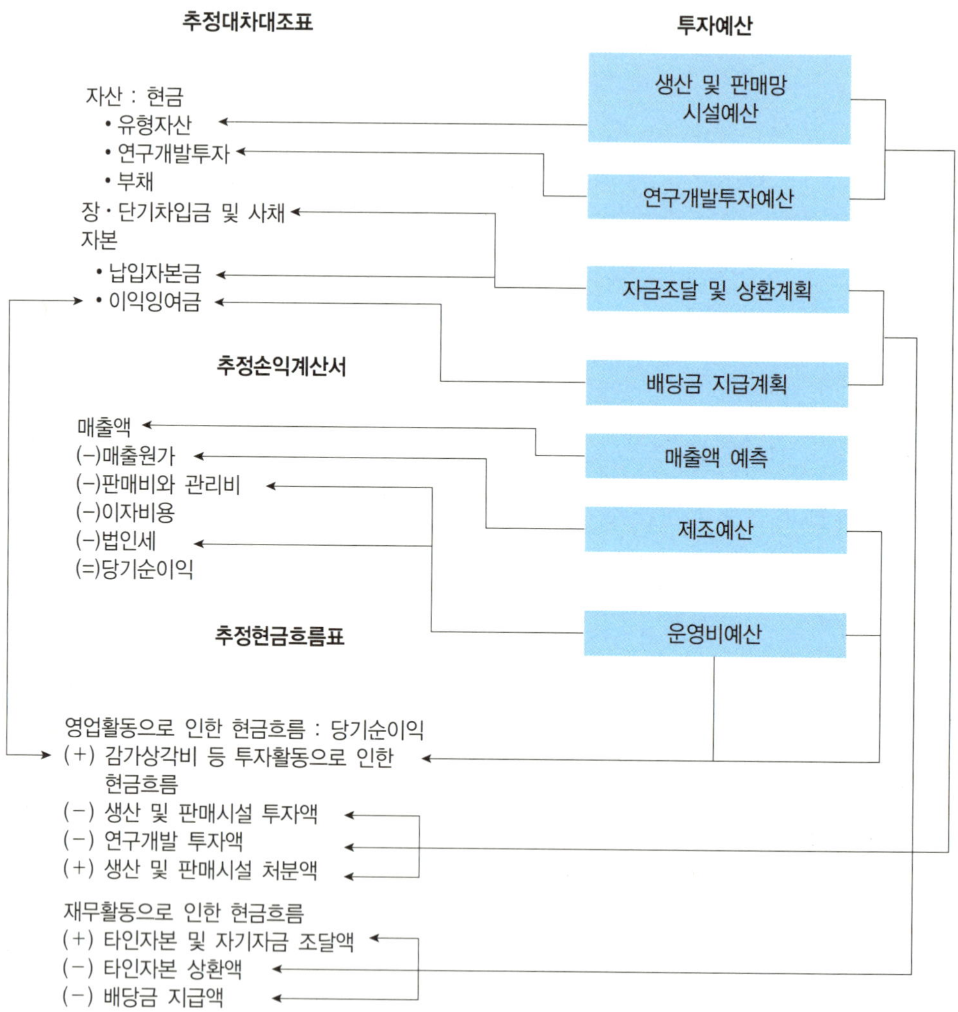

6.6 성장성분석

성장성분석은 기업의 성장성, 즉 미래지향성 분석은 근본적으로 장기 경영계획을 전제로 분석하는 것이다. 즉 장기 경영계획을 체계적으로 작성하고 있는 경우에 이 장기계획이 순조롭게 이행될 수 있는지의 여부와 각종 계획 수행에 필요한 자금 및 예산이 원활히 조달되고 집행될 수 있는지의 여부를 분석한다.

또한 기업의 미래지향성 분석은 연도별 생산, 판매계획의 적정성, 인력 증원의 합리성, 시설투자의 적정성, 수익전망의 합리성, 자금조달 운용계획의 실현가능성 등 경영전반에 걸친 장기 예측의 정확성을 검증함으로써 이루어진다.

그러나 창업기업에 있어서는 창업 초기부터 장기 경영계획 수립이 불가능하기 때문에 이들 제요소를 분석대상으로 할 수는 없으나, 최소한 다음 상황에 대해서는 장기분석을 반드시 해보아야 한다.

첫째, 제품의 수명 및 신제품의 개발 전망 분석이다. 제품의 수명분석은 제품의 수명주기에 의해 시장상태를 알아보는 이외에 해당 제품시장이 5년 후 또는 10년 후 어떤 상황, 어떤 상태에 있을 것인지를 예측해 보는 것이다. 제품 수명분석을 한 후에는 신제품의 개발시점, 품목 등도 어느 정도 예측해 보아야 한다.

둘째, 추정재무제표에 의한 매출액, 당기순이익 등의 적정성 및 성장전략의 달성가능성을 분석해야 한다. 특히 추정손익계산서를 근거로 한 매출액은 흔히 외형이라 하여 기업규모의 측정기준이 되므로 정확한 예측과 더불어 미래지향성 측면에서 5년 후, 10년 후의 증권거래소 상장 요건 대비 및 상장가능성 등의 예측도 필요하다.

셋째, 조직 및 인력의 성장도 분석대상이 된다. 설립 후 5년 또는 10년 후의 조직규모, 총인원 등에 대해서도 미래지향성을 분석해 볼 필요가 있다. 목표가 있는 경영이 기업 성장의 원동력이 될 수 있기 때문이며, 종업원에 대해 미래 희망을 심어주는 것도 조직 및 구성원의 활성화에 도움이 되기 때문이다.

성장성분석은 일정기간 중 기업의 자산규모 또는 매출규모 등이 얼마나 증가 또는 감소하였는가를 나타내는 비율로 기업의 경쟁력이나 미래의 수익창출능력을 간접적으로 나타내는 지표로서, 성장의 내용과 원인을 기술성분석, 시장성분석, 수익성분석 확인을 전제로 향후 지속가능한 수익창출능력을 분석하는 것이다.

일반적으로 가장 많이 사용하는 성장성분석 지표로는 총자산 증가율, 매출액 증가율, 당기순이익률, 자기자본 증가율, 당기순이익 증가율 등을 분석하는 방법이 있다.

1) 총자산 증가율

총자산 증가율은 기업의 총자산이 전년 대비 얼마나 증가했는가를 측정하는 지표로서 기업의 전체적인 성장추세를 측정하는 지표이다. 또한 매출액 증가율과 비교하여 기업의 과대투자 여부도 간접적으로 평가할 수 있다.

2) 매출액 증가율

전기 매출액에 대한 당기 매출액의 증가 정도를 나타내는 비율로 기업의 외형적 신장세를 판단하는 대표적인 지표이다. 이 비율은 명목증가율로 제품가격 상승과 판매수량의 증가 두 요인에 영향을 받는다. 전기 매출액보다 당기 매출액이 많으면 당연히 기업은 외형적이지만 신장세를 나타내므로 비율이 높을수록 좋다. 그리고 만약 당해 기업이 경쟁기업보다 빠른 증가율을 나타내게 되면 결국 시장점유율의 증가를 의미하므로 경쟁력 변화를 알아보는 지표이기도 하다.

3) 당기순이익 증가율

당기순이익이 전기순이익에 비해 얼마나 증가하였는가를 알아보는 비율로 성장성분석의 주요 비율이 된다. 기업이 당기순이익을 증가시켜 나가지 않으면 결코 기업이 성장할 수 없기 때문이다. 전기순이익보다 당기순이익이 높은 것은 기업의 성장을 위해서 좋기 때문에 당연히 이 증가율은 높을수록 좋다. 그러나 당기순이익 증가는 영업이익, 경상이익, 세전이익 등 어느 부분의 이익으로 증가되는지를 분석, 파악하여야 실제 당기순이익의 증가내용을 알 수 있다.

4) 자기자본 증가율

자기자본은 유상증자나 내부 유보액의 증가이므로 이 비율이 높아지면 재무적 안정성이 높아진다. 전기말보다 당기말의 자기자본이 증가되면 그만큼 기업의 위험에 대한 대비가 충실해지고 재무구조의 안전성에도 기여하게 되므로 자기자본 증가율이 높으면 높을수록 좋다고 할 수 있다.

❙ 표 6-4 ❙ 성장성분석의 주요 비율

지표	항목	산출방법	평가기준
성장성	총자산 증가율	(당기말 총자산/전기말 자산-1)×100	높을수록 양호
	매출액 증가율	(당기매출액/전기매출액-1)×100	높을수록 양호
	당기순이익 증가율	(당기순이익/전기순이익-1)×100	높을수록 양호
	자기자본 증가율	(당기말 자기자본/전기말 자기자본-1)×100	높을수록 양호

예를 들어보자. [표 6-5]는 미래기술기업(주)의 성장성비율을 측정하기 위한 2018년도와 2019년도의 성장성과 관련된 회계자료이다.

❙ 표 6-5 ❙ 성장성분석 사례

(단위 : 억 원)

회계연도	자기자본	매출액	당기순이익	총자산	매출채권	재고자산	매입채무
2018	14	194	18	92	17.8	9.8	12.5
2019	15	215	19	105	19.9	10.2	12.9

[표 6-6]과 같이 성장성분석을 산식에 의해 계산할 수 있다. 해당 기업은 경영목표치 대비 달성률을 알 수 없으나 성장성을 유지하고 있다고 판단할 수 있다. 기업 개선 차원에서 해당 기업은 매출액 증가율 대비 당기순이익률이 낮으므로 이 부분에 대해 원가절감 개선이 필요하다고 자체적으로 판단할 수 있다.

❙ 표 6-6 ❙ 성장성분석 결과

성장성지표	계산	증감률	판단
자기자본 증가율	(15/14-1)×100	6.7%	양호
매출액 증가율	(215/194-1)×100	9.8%	양호
총자산 증가율	(105/92-1)×100	12.4%	양호
당기순이익 증가율	(19/18-1)×100	5.3%	양호

6.7 손익분기점분석과 목표판매량

1) 손익분기점분석

손익분기점(Break-Even Point : BEP)은 일정기간 동안 기업의 생산 및 판매활동에서 매출액(총수익)과 총비용이 같아지는 점, 즉 순이익이 0이 되는 조업도(매출액)를 말한다. 다시 말하면 매출액이 손익분기점을 초과할 때에는 영업이익이 발생하고 손익분기점에 미달할 경우에는 영업손실이 발생한다. 이는 기업활동에 존재하는 고정비 때문이다. 손익분기점분석은 다른 말로 원가-조업도-이익 분석(Cost-Volume-Profit 분석 : CVP분석)이라고도 한다.

(1) 손익분기점의 중요성

실무적 관점에서 가장 절실하게 쓰임새가 있는 것 중 하나가 손익분기점분석이다. 특히 초창기 벤처기업들에 있어서 언제쯤, 그리고 얼마만큼의 제품을 팔았을 때 비로소 이익이 발생하는가 하는 것은 대단히 중요하다. 경영에 있어서 자체적으로 이익을 내는 시점 이전과 이후는 경영의 핵심포인트가 달라질 수밖에 없다. 사업에 있어서의 우선순위도 달라지고, 경영자의 관심과 활동방향 및 초기 사업자금을 자체적으로 조달 가능 여부를 판단할 수 있다. 그리고 회사가 도약할 수 있는 갈림길이 된다는 점에서 손익분기점이 주는 의미는 크다.

기업의 투자규모가 커지고, 투자규모의 증대로 고정비가 커졌으며, 그럼에도 대량생산으로 인한 생산과잉으로 제품의 판매가 부진하게 되면, 경영자는 목표이익의 책정, 비용의 제한, 제품의 가격정책 결정 등에 관해 계획, 분석, 통제의 필요성이 대두될 수밖에 없기 때문에 손익분기점분석은 반드시 필요한 과정이라 할 수 있다.

(2) 손익분기점분석의 기본가정

BEP분석에서는 다음과 같이 기본가정을 하고 있다.

- 원가와 수익의 행태는 선형이다.
- 모든 원가는 고정비와 변동비로 분해된다.
- 고정비는 일정하다.

- 변동비는 조업도에 비례한다.
- 제품의 판매가격은 일정하다.
- 원가요소의 가격은 일정하다.
- 단일제품을 생산한다. 생산과 능률은 일정하다.
- 수익과 원가는 조업도(예 매출수량, 생산량)기준에 따라 비교된다.

| 그림 6-5 | 손익분기점 그래프

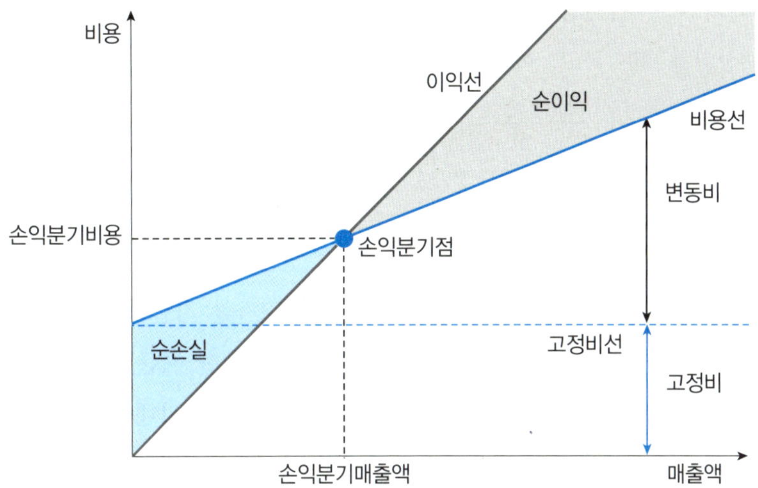

(3) 손익분기점분석의 기본개념

BEP분석은 모든 비용을 고정비용과 변동비용으로 나누어야 한다. 그리고 BEP분석에 대한 이해를 돕기 위해 고정비, 변동비, 공헌이익, 공헌이익률 등에 관한 개념을 우선적으로 설명하면 다음과 같다.

① 고정비(Fixed Cost: FC)

매출 및 생산조업도(생산량)에 따라 변동하지 않는 비용을 말한다.

- **판매관리비** : 정규직 인건비, 정규직 복리후생비, 임차료, 감가상각비, 이자, 재산세, 보험료, 수도광열비, 연구개발비, 통신비, 보관비, 재고감모손실, 전력비, 잡비 등

② 변동비(Variable Cost: VC)

매출발생 및 생산조업도(생산량)에 비례해서 발생하는 비용을 말한다.

- **매출원가** : 재료비(원재료비, 부분품비, 보조재료비), 직접임금 등
- **판매관리비** : 아르바이트비, 수도광열비, 소모품비, 수선비, 통신비, 광고선전비, 신용카드수수료, 포장비 등

③ 공헌이익(contribution margin)

판매수량의 변화에 따라 변동되는 총수익과 총변동비의 차이를 말한다. 즉 (매출액－변동비)로 고정비를 회수하고, 이익을 획득하는데 공헌하는 이익을 말한다.

$$\text{공헌이익} = \text{판매가격} - \text{변동원가} = \frac{[P(\text{단가}) - V(\text{변동단가})]}{Q(\text{판매량})}$$

단위당 공헌이익은 단위당 판매가격에서 단위당 변동원가를 차감한 금액을 말하는 것으로서, 제조업에 있어서 단위당 공헌이익은 생산하여 판매한 제품 한 단위가 고정원가를 회수하고 이익을 창출하는 데 얼마만큼 공헌하는지를 나타내는 금액이다.

$$\text{단위당 공헌이익} = \text{단위당 판매가격} - \text{단위당 변동원가}$$

④ 공헌이익률(contribution margin ratio)

매출액에 대한 공헌이익의 비율로 매출액 중에서 고정비를 회수하고 영업이익의 획득에 공헌하는 비율(%)을 말한다.

이는 총공헌이익을 총매출액으로 나누어서 계산할 수도 있고, 단위당 공헌이익을 단위당 판매가격으로 나누어서 계산할 수도 있다.

$$\text{공헌이익률} = \frac{\text{총공헌이익}}{\text{총매출액}} = \frac{\text{단위당 공헌이익}}{\text{단위당 판매가격}}$$

⑤ 변동비율(variable cost ratio)

매출액에 대한 변동비의 비율로서 매출액 중에서 몇 %가 변동비인가를 나타낸다.

$$변동비율=\frac{변동비}{매출액}=\frac{단위당\ 변동비}{단위당\ 판매가격}$$

$$공헌이익률+변동비율=1$$

⑥ 손익분기점(BEP)의 계산

$$손익분기점\ 매출액=\frac{고정비}{1-\frac{변동비}{매출액}}=\frac{고정비}{1-변동비율}=한계이익률$$

$$손익분기점\ 판매량=\frac{총고정비}{단위당\ 공헌이익}$$

$$공헌이익률=1-\frac{변동비}{매출액}=1-변동비율$$

공헌이익은 추가되는 1단위 판매 시마다 발생되는 이익으로 매출액－변동비를 공제한 금액을 말한다. 공헌이익률은 매출액에 대한 한계이익의 비율로서 (1－변동비율)을 말한다.

(4) 손익분기점분석 예제

① 손익분기점분석 사례 1

사례

- 상품판매가 : 10,000원/개
- 상품구입가 : 5,000원/개(변동원가)
- 판매원 인건비 : 월 200,000원×2명＝400,000원(고정원가)
- 점포임대료 : 월 600,000원(고정원가)

[풀이]

1. 이익=수익−원가
   =(판매가격×판매량)−(단위당 변동원가×판매량+고정원가)
   =(판매가격−단위당 변동원가)×판매량−고정원가
   =(10,000원−5,000원)×판매량−1,000,000원
   =5,000원×판매량−1,000,000원
2. 손익분기점판매량
   =고정원가/(판매가격−단위당 변동원가)
   =고정원가/단위당 공헌이익
   =1,000,000원/5,000원
   =200개
3. 공헌이익률
   =(판매가격−단위당 변동원가)/판매가격=공헌이익/판매가격
   =(10,000원−5,000원)/10,000원
   =0.5
4. 손익분기점매출액
   =고정원가/공헌이익률
   =1,000,000원/0.5
   =2,000,000원

② 손익분기점분석 사례 2(목표이익분석)

목표이익분석은 기업이 목표로 설정한 목표치의 매출액 또는 판매수량을 분석하는 것으로 손익분기점분석의 방법을 약간 변형한 형태의 산식을 이용하여 분석한다.

$$\text{목표이익판매량} = \frac{\text{총고정원가} + \text{목표이익}}{\text{단위당 공헌이익}}$$

$$\text{목표이익매출액} = \frac{\text{총고정원가} + \text{목표이익}}{1 - \frac{\text{변동비}}{\text{매출액}}}$$

사례

- 상품판매가 : 10,000원/개
- 상품구입가 : 5,000원/개(변동원가)
- 판매원 인건비 : 월 200,000원×2명=400,000원(고정원가)
- 점포임대료 : 월 600,000원(고정원가)

월 목표이익이 500,000원이라면, 경영목표를 달성하기 위해서 어느 정도 매출을 해야 하는가?

[풀이]

1. 목표판매량=(고정원가+목표이익)/(판매가격－단위당 변동원가)
   =(고정원가+목표이익)/단위당 공헌이익
   =(1,000,000원+500,000원)/5,000원
   =300개/월
2. 목표매출=목표판매량×상품판매가
   =300개/월×10,000원=3,000,000원

③ 손익분기점분석 사례 2(법인세를 고려한 분석)

손익분기점에는 이익이 0이 되므로 이익이 없어 세금이 없지만, 목표판매량을 구할 경우에는 반드시 세금을 고려해야 한다.

$$\text{매출액} = \text{변동비} + \text{고정비} + \frac{\text{세후 목표이익}}{1 - \text{세율}}$$

$$\text{세후이익} = \text{세전이익} \times (1 - \text{세율})$$

$$\text{목표판매량} = \frac{\dfrac{(\text{고정비} + \text{세후 목표이익})}{1 - \text{세율}}}{\text{단위당 공헌이익}}$$

$$\text{목표매출액} = \frac{\dfrac{(\text{고정비} + \text{세후 목표이익})}{1 - \text{세율}}}{\text{공헌이익률}}$$

사례

- 상품판매가 : 10,000원/개
- 상품구입가 : 5,000원/개(변동원가)
- 판매원 인건비 : 월 200,000원×2명=400,000원(고정원가)
- 점포임대료 : 월 600,000원(고정원가)

세후(세금을 낸 후) 목표이익 900,000원, 세율 10%를 반영한 세후 목표판매량을 구해보라.

[풀이]

1. 세전 목표이익
   =세후 목표이익/(1−세율)
   =900,000원/(1−0.1)
   =1,000,000원
2. 세전을 반영한 목표판매량
   =(고정원가+세전 목표이익)/(판매가격−단위당 변동원가)
   =((고정원가+세후 목표이익)/(1−0.1))/단위당 공헌이익
   =((1,000,000원+900,000원)/(1−0.1))/5,000원
   =400개/월

위 자료를 근거로 간단하게 손익계산서를 작성하면 아래와 같다.

1. 매출액(400개×10,000원)	4,000,000원
2. 변동원가(400개×5,000원)	2,000,000원
3. 공헌이익(1−2)	2,000,000원
4. 고정원가	1,000,000원
5. 세전이익	1,000,000원
6. 납부세액(10%)	100,000원
7. 세후이익	900,000원

(5) 손익분기점분석의 한계

- 비용을 고정비와 변동비로 구분해야 하나 순고정비, 체증비, 체감비 등이 있고, 변동비도 각각 그 변동비율이 다르다.

- 고정비가 변동할 수도 있고, 변동비가 고정화할 수도 있다(실제상).
- 일정한 조업도 또는 최대조업도 내에서만 유효하며, 일정한 조업 한도를 벗어나면 손익분기점은 전혀 달라진다.
- 물가 또는 비용의 단가가 항상 유동적이며 매출단가도 변동한다.
- 다품종제품 생산기업에서는 제품별 매출구성비율이 항상 변동한다.

2) 안전한계율

안전이익은 실제 또는 예산 매출액이 손익분기점의 매출액을 초과하는 금액을 말하며, 안전한계는 손실을 발생시키지 않으면서 허용할 수 있는 매출액의 최대 감소액을 의미한다. 안전이익 또는 안전한계는 기업의 안전성을 측정하는 지표로 많이 사용한다.

기업의 경영자는 안전이익에 대한 정보를 알기를 원하는데, 그 이유는 안전이익이 현재상황에서 손실을 보지 않으면서 허용가능한 최대 매출액 감소를 나타내 주기 때문이다. 예를 들어, 안전이익이 낮은 기업은 판매량이 조금만 감소하여도 곧 손실이 발생하여 재무적 기초가 위태로워지며, 안전이익이 높은 기업은 어느 정도 불황에도 적절히 대처할 수 있기 때문이다. 따라서 안전한계율은 높을수록 좋고, 손익분기점률은 낮을수록 좋다. 만약에 안전한계가 낮다면 미래의 불황에 대비하여 손익분기점 매출액을 낮추거나 매출액을 높이기 위한 조치를 취해야 한다. 그리고 항상 손익분기점률+안전한계율=1이 된다.

$$\text{손익분기점률} = \frac{\text{손익분기점}}{\text{현재 매출액}} \times 100(\%)$$

$$\text{안전한계율} = \frac{(\text{현재 매출액} - \text{손익분기점})}{\text{현재 매출액}} \times 100(\%)$$

사례

- 상품판매가 : 10,000원/개
- 상품구입가 : 5,000원/개(변동원가)
- 판매원 인건비 : 월 200,000원×2명=400,000원(고정원가)
- 점포임대료 : 월 600,000원(고정원가)

손익분기점 판매량이 200개인데 현재 300개를 판매하고 있을 때, 손익분기점률과 안전한계율은?

[풀이]

1. 손익분기점률
   =(손익분기점/현재매출액)×100(%)
   =(200개/300개)×100
   =66.7%
2. 안전한계율
   =((현재매출액－손익분기점)/현재매출액)×100(%)
   =((200개－200개)/300개)×100
   =33.3%

3) 이익구조 개선

기업은 경기가 좋지 않을 때 매출향상이 어려울 수 있다. 이때 손실을 최소화하고, 수익구조를 유지하기 위해서 기업은 고정원가와 변동원가를 줄이는 것이 가장 좋은 방법일 것이다. 그중 변동원가 절감이 효과가 크다. 고정원가는 줄인 금액만큼 이익 증대가 작지만, 변동원가의 절감은 단위당 공헌이익을 높이는 효과를 통해 조금만 줄여도 이익개선 효과가 크다.

사례

- 상품판매가 : 10,000원/개
- 상품구입가 : 5,000원/개(변동원가)
- 판매원 인건비 : 월 200,000원×2명=400,000원(고정원가)
- 점포임대료 : 월 600,000원(고정원가)

상품구입가격을 5,000원에서 4,000원으로 1,000원 절감하고, 고정원가를 1,000,000원에서 900,000원으로 100,000원 절감했을 때 변동원가를 절감시키는 경우, 고정원가를 절감시키는 경우, 고정원가와 변동원가 둘 다 절감시키는 경우의 손익분기점은?

[풀이]

1. 현재
   손익분기점=1,000,000원/(10,000원−5,000원)=200개
2. 변동원가를 절감시키는 경우
   손익분기점=1,000,000원/(10,000원−4,000원)=167개
3. 고정원가를 절감시키는 경우
   손익분기점=900,000원/(10,000원−5,000원)=180개
4. 변동원가와 고정원가 둘 다 절감시키는 경우
   손익분기점=900,000원/(10,000원−4,000원)=150개

위 계산결과에서 보는 바와 같이 변동원가를 줄이는 것이 고정원가를 줄이는 것보다 손익분기점이 낮아져 효과가 더 높다는 것을 알 수 있으며, 변동원가와 고정원가 두 가지 모두를 개선했을 경우에는 더 좋은 손익분기점 결과를 나타낸 것을 알 수 있다.

경기에 상관없이 기업은 원가절감 노력을 통해 기업조직의 핵심역량 수준이 높아지게 되고, 원가가 줄어들면 그전 생산시스템보다 짧은 시간 내에 수익성이 높아지게 된다. 결국은 기업경쟁력은 올라간다는 것을 알 수 있다.

/연/습/문/제/

01 사업타당성분석의 개념과 필요성에 대해서 기술하시오.

02 창업자의 사업수행능력 평가요인에 대해서 토론하시오.

03 사업타당성분석의 시장성분석의 시장규모분석 사례를 기술하시오.

04 4차산업 관련 특정 산업의 사업 아이템을 선정하여 매출액을 추정해 보고, 이에 대한 추정결과에 대해서 토론하시오.

05 특정 사업 아이템을 설정하여 이에 대한 매출액을 추정하고, 추정재무제표를 작성하시오.

06 법인세를 고려한 손익분기점분석 사례문제를 기술하고, 손익분기점분석의 장단점을 기술하시오.

CHAPTER 7

기술평가

7 CHAPTER 기술평가

7.1 기술평가의 이해

'기술평가'란 사업화를 통하여 발생할 수 있는 기술의 경제적 가치를 가액·등급 또는 점수로 표현하는 것(「기술의 이전 및 사업화 촉진에 관한 법률」 제2조)이며, 기술과 관련된 정책결정에 활용할 객관적인 대안과 근거를 제공하기 위해 신기술 적용 시 예상되는 결과와 영향을 체계적으로 분석 및 평가하는 방법으로서 일반적으로 ① 기술력평가, ② 기술사업성평가, ③ 기술가치평가로 구분한다.

1) 기술력평가

기술력평가는 기술개발능력, 기술의 경영활용능력, 혁신기술의 보유 정도 등 기술을 활용하는 주체의 인력·조직·지원서비스 등을 종합적으로 평가함으로써 그 주체의 기술개발, 흡수 및 혁신능력을 평가하는 것을 말하며, 등급·점수 등 다양한 형태로 표시될 수 있다. 일반적으로 평점모형을 자주 사용한다. 기술력평가의 목적은 기술사업화 주체가 기술을 사용하여 수익을 창출할 수 있는 능력을 평가하기 위함에 있다. 기술력을 평가하기 위해서는 다양한 관점에서 대상기술의 수익창출능력에 대한 평가가 이루어져야 한다.

2) 기술사업성평가

기업이 특정 기술 또는 아이디어를 신규로 사업화하거나 현재 추진 중인 기술사업의 투자를 확대하고자 하는 때에 당해 사업의 기술성 및 시장성을 평가하는 것이며, 등급 또는 점수로 표시한다. 일반적으로 기술사업성평가를 위한 평가요인에는 기술성분석, 권리성분석, 시장성분석, 사업성분석, 사업역량분석, 기타 평가요인분석으로 나눌 수 있다.

3) 기술가치평가

사업화하려는 기술이나 사업화된 기술이 그 사업을 통하여 창출하는 경제적 가치를 평가하여 당해 기술에 의하여 현재 시현되고 있거나 장래에 실현될 기술의 가치를 평가하여 평가결과를 금액으로 표시하며, 기술시장에서 일반적으로 인정된 가치평가 원칙과 방법론에 따라 평가하는 것을 말한다. 기술가치평가는 기술투자, 기술거래, M&A, 손해배상 등의 경우에 적용되는 기준이 되기도 한다.

| 표 7-1 | 기술평가의 요인별 특징

평가분야		평가항목
1. 기술성분석	기술적 유용성 및 경쟁력평가	기술개요, 국내외 기술동향, 기술수준, 완성도, 모방난이도 등
2. 권리성분석	기술의 권리강도평가	특허의 권리범위, 특허동향, 선행기술특허, 안정성, 사업연관성분석 등
3. 시장성분석	기술이 속한 시장의 특성 및 환경분석	산업시장동향, 제품동향, 시장전망분석 등
4. 사업성분석	기술사업화 주체의 기술사업화 역량분석	시장예측 및 매출추정, 재무변수 및 수익구조분석, 미래사업 손익분석 등
5. 기술가치 산출	평가기법을 통한 가치산출	소득접근법, 시장접근법, 원가접근법, 로열티공제법 등 평가기법을 활용한 시장가치 산출

| 표 7-2 | 기술평가의 유형별 특징

평가구성	기술력평가	기술사업성평가	기술가치평가
평가대상	기술보유 주체(사업 인프라)	특정 기술(기술평가)	특정 기술(보유주체 존재)
평가내용	기술수준, 개발능력, 기술경영능력	기술성, 시장성, 사업성	기술성, 시장성, 사업성
평가요소	기술자산, 조직 및 인력, R&D 규모, 기술축적 정도 등	우위성, 권리성, 활용성, 시장경쟁력, 수익성 등	할인율, 미래 현금흐름, 기술기여도, 기술경제적 수명 등

평가결과	등급 또는 점수	등급, 점수, 의견	기술가액(금액)
평가용도	정부 R&D 과제 선정, 벤처기업 인증, 이노비즈 인증 등	융자, 보증 등	기술출자, 기술거래, M&A, 특허침해, 손해배상액 산정 등

7.2 기술가치평가

1) 기술가치평가의 이해

(1) 가치의 개념적 정의와 원칙

가치'는 '가격'과 동의어가 아니다. 가치란 제품을 구입한 소비자가 그것을 사용함으로써 얻게 되는 효용(utility)을 의미하고, 제품 가격(price)이란 그러한 효용을 얻기 위하여 지불한 화폐금액을 의미한다. 가치는 아래와 같은 여러 가지 개념으로 정의되고 있다.

- 공정시장가치(fair market value) : 자발적인 수요자와 공급자 모두가 해당 거래 대상물에 대한 모든 정보를 이해하고, 거래에 대한 강요가 없는 상황에서 쌍방이 거래할 수 있는 가액을 의미한다.
- 내재가치(intrinsic value) : 평가대상에 내재된 본질적인 가치로 일정한 조건하에서 접근할 수 있는 사실자료를 바탕으로 대상의 분석적 판단을 통해 산출된다. 즉 자산의 내재가치는 자산의 사업화를 통해 일정기간 발생할 수 있는 미래의 현금흐름을 예측하고 그 위험을 반영한 현재가치로 측정된다.
- 투자가치(investment value) : 특정 투자용도에 이용될 때 장래 기대되는 편익을 현재가치로 환원한 값이다.
- 청산가치(liquidating value) : 현재시점에서 기업의 영업활동을 중단하고 청산할 경우 회수가능한 금액을 의미한다. 청산가치는 처분가치 혹은 매각가치라는 용어로도 사용된다.

기술가치평가를 수행할 때 적용하는 가장 공통적인 평가기준은 '공정시장가치'기준을 의미한다. 기술시장은 활성화된 시장은 아니지만, 공정시장가치기준을 적용하기 위해서 분석적 접근과 노력이 요구된다. 즉 대상기술의 기술성, 권리성, 시장성, 사업성 등 기술사업타당성 분석결과를 기술가치평가모형에 적용하여 '공정한 가치'를 산출하여야 한다.

또한 기술가치평가는 특정한 목적과 용도에 따라 가치의 정의를 달리 적용할 수 있으며, 이에 따라 다른 가액이 산정될 수 있음을 유의해야 한다.

(2) 기술가치평가 전제 및 가정

- **사업화 전제** : 기술가치평가는 기술사업화를 전제로 한다. 기술사업화의 목적은 대상기술을 적용하여 판매량 증대, 가격인상, 생산비용 절감 등의 활동을 통해 경제적 수익을 창출하는 데 있다.
- **평가시점 전제** : 기술가치평가는 기술적 실현가능성을 판단하는 단계에서 수행하는 것이 적절하다. 즉 사업화단계 중 개발단계(생산이나 사용 전의 시제품과 모형을 설계, 제작, 시험하는 단계) 이상의 완성도에 이른 기술을 대상으로 하는 것이 적절하고, 연구단계에 있는 기술의 가치평가는 불확실성이 매우 높기 때문에 적절하지 않다.
- **사업타당성 전제** : 기술가치평가는 기술의 사용에 따라 충분한 사업적 타당성이 있음을 입증하여야 한다. 타당성수준은 대상기술에 대한 기술성분석, 권리성분석, 시장성분석, 사업성분석 등 평가요인분석을 통하여 수행된다. 사업적 타당성을 검증하지 못한 상황에서 단순히 기술가치를 정량화하는 것은 의미가 없고 평가 신뢰성을 확보할 수 없다.

2) 기술가치평가 목적 및 용도

기술의 가치는 객관적이거나 절대적이지 않기 때문에 평가의 목적이나 상황에 따라 적절한 평가방법을 적용하여 추정하여야 한다. 기술가치평가는 기술거래, 현물출자, 투자·융자, 전략수립, 세무, 소송 및 청산 등 다양한 목적에 의하여 이루어지고 있다.

기술가치평가의 목적에 따라 평가방법, 평가절차 등을 결정할 수 있다. 기술이전 및 거래가 목적이라면 현금흐름할인법(Discount Cash Flow : DCF)을 활용하거나 세금문제 등을 감안하여 시장에서 유사 사례를 찾는 것도 좋은 방법이다. 평가대상기업의 경영전략 차원이라면 대상기업이 자체 보유하고 있는 평가방법과 자료를 활용하는 것도 무난하다. 세금문제와 같이 법적으로 평가를 요구하는 경우에는 신뢰성 있는 평가방법 및 투명한 평가절차가 요구되며, 특허침해에 의한 손해액 산정일 경우, 침해자의 일실이익이나 합리적 로열티 추정이 필요하다.

현재 기술가치를 평가하는 방법에는 평가방법, 계산과정, 자료출처, 신뢰성, 중요성 등에 있어 서로 다른 다양한 방법들이 다수 존재한다. 이러한 개별 가치평가방법을 적용하는 것은 전적으로 맞다(correct), 틀리다(wrong)라고 할 수 없고, 적절하다(appropriate) 또는 적절하지 않다(inappropriate)의 차이이다.

올바른 가치평가방법의 선택이 평가결과의 수준(quality)을 결정하는 핵심사항이다. 따라서 가치평가를 수행하기 이전에 적절한 평가방법을 선택하는 데 상당한 주의를 기울이는 것이 무엇보다도 중요하다. 기술가치평가방법 선택 시 주요 고려사항은 다음과 같다.

- 왜 이러한 자산을 평가하는가?
- 어떤 가치가 사용되는가?
- 평가방법에 영향을 미치는 법, 세금, 금융, 비즈니스가 있는가?
- 언제 평가가 이루어지는가?

[출처 : 산업통상자원부, 기술평가기준 운영지침(산업통상자원부 고시 제2014-97호, 제16조, 2014. 6. 18.]

▌표 7-3▐ 기술평가 목적 및 용도

목적	용도
이전·거래	기술의 매매, 라이선스 가격 결정
기술금융	기술의 담보권 설정 또는 투자 유치
현물 출자	기술 또는 지식재산권의 현물 출자
전략	기업의 가치증진, 기술상품화, 분사(spin-off), 장기 전략적 경영계획 수립
청산	기업의 파산 또는 구조조정에 따른 자산평가, 채무상환계획 수립
소송	지식재산권 침해, 채무불이행, 기타 재산분쟁 관련 소송
세무	기술의 기증, 처분, 상각을 위한 세무계획 수립 및 세금 납부
기타	특례 상장 등

3) 기술가치평가방법

현재 기술가치평가 기법은 크게 세 가지 방법, 즉 시장접근법(market approach), 수익접근법(income approach), 비용접근법(cost approach)이 주로 사용되고 있으며, 이 중 미래의 수익을 추정하여 기술의 가치를 평가하는 수익접근법이 가장 일반적으로 사용된다. 일반적으로 기술가치평가의 오류를 줄이기 위해 복수의 평가접근법을 사용할 것을 권고하고 있다(산업통상자원부, 기술평가기준 운영지침 제48조 1항).

(1) 시장접근법(Market Approach)

시장접근법이란 충분한 거래정보를 가지고 자발적 거래의사를 지닌 거래당사자 간에 정상적으로 형성되는 매매가격(사장가치)을 기술의 가치로 인정하는 평가방법이다. 시장접근법을 적용하기 위해서는 다음의 전제조건이 충족되어야 한다.

- 비교가능한 기술자산이 활발하게 거래되는 시장이 존재해야 한다.
- 비교가능한 기술자산이 과거에 거래된 실적이 다수 존재해야 한다.
- 비교가능한 기술자산의 거래가격에 관한 정보에 접근이 가능해야 한다.
- 거래 당사자가 자유의사에 의해 거래하는 시장의 특성을 가져야 한다.
- 기술을 비교할 수 있으려면 우선 기술 또는 제품이 동일하거나 유사해야 한다.
- 수익성, 시장점유율, 신기술의 영향, 시장 신규 참여에 대한 장벽, 법의 보호범위, 경제적 수명기간 등에서도 조건이 유사해야 한다.

따라서 이 방법은 주로 부동산, 일반적인 기계류 및 설비, 차량, 범용컴퓨터 소프트웨어, 하드웨어, 주류허가권, 프랜차이즈의 평가에 적합한 방법이다.

기술에 대하여 이 방법을 적용할 때에는 시장에서 그 기술에 대해 어떻게 평가하는가 하는 의견일치에 의하여 기술로 인한 미래 경제적 수익의 현재가치를 측정하는 절차에 의한다. 이를 위하여 활발하고 공개적인 시장과 비교할 만한 기술들의 교환사례가 필요하다. 하지만 현실적으로는 이에 대한 정보나 충분한 시장자료를 얻기가 용이하지 않다. 따라서 시장접근법에 의하여 기술을 평가하는 경우에는 비용접근법을 병행하여 사용하는 것이 일반적이다. 다만 매매사례가 없거나 비교가능성이 없는 경우에는 이를 적용할 수 없으므로 다른 방법으로 평가할 수밖에 없다.

▌그림 7-1▐ 시장접근법에 의한 기술가치평가절차

동일기술 또는 유사기술 등 비교가능한 기술거래 사례조사
(기술 유형, 기술 활용, 산업 적용분야, 기술거래시점 등 조사)

↓

공정한 거래에 의한 실제 기술거래 여부 확인 및 신뢰성 검증

↓

비교대상분석 항목, 비교분석방법 적용
(비교·분석항목 등을 활용한 평점평가법 등 적용)

↓

비교대상기술의 매매 또는 라이선스 거래와 대상기술의 거래조건 비교

↓

라이선스 가격 조정, 미래의 매매 또는 라이선스 거래가격 추정
(단일 추정치 또는 범위 추정치 제시)

(2) 수익접근법(Income Approach)

수익접근법은 대상기술의 경제적 수명기간 동안 기술사업화로 인하여 발생될 경제적 이익을 추정한 후 할인율을 적용하여 기술로부터 발생되는 미래현금흐름의 현재가치 합계로 환산하는 방법이다(산업통상자원부, 기술평가기준 운영지침 제38조).

수익접근법을 적용하기 위해서는 다음과 같은 자료가 추정되어야 한다.

- 현금흐름 추정기간
- 예상매출액
- 예상(세후)영업이익
- 유무형 자산에 대한 투자규모, 감가상각비, 운전자본 등
- 할인율
- 기술기여도

수익접근법 중 현금흐름할인법(DCF)을 사용한 기술가치평가 산식은 다음과 같다.

$$V_T = \left(\sum_{t=1}^{n} \frac{CF_t}{(1+r)^t} \right) \times \text{기술기여도}$$

- n : 대상기술의 경제적 수명을 고려한 현금흐름 추정기간
- t : t년도
- CF_t : t년도 현금흐름
- r : 할인율
- 기술기여도 : 사업가치 중 대상기술이 기여하는 비율
  산업기술 요소×기술의 비중×개별 기술강도
- 기술의 비중 : 대상기술 제품(서비스)을 구성하는 전체 기술 중에서 대상기술이 차지하는 비중

수익접근법의 기술가치를 산정하기 위해서는 기술의 경제적 수명, 현금흐름, 할인율, 기술기여도 등의 합리적 추정이 필요하다.

① 기술의 경제적 수명

기술의 경제적 수명이란 기술의 수명에 부정적 영향을 미치는 요인들이 발생하여 기술이 경쟁우위를 잃게 되는 미래의 평균시점까지를 의미하는 것으로, 특정 기술로 인하여 경쟁우위를 지니는 기간으로 정의한다.

- 기술의 경제적 수명은 기술자산의 법적 보호기간이나 내용연수와는 다른 개념이며, 기술 자체의 수명뿐만 아니라 기술이 사용되는 환경적 요인을 종합적으로 고려하여 결정되는 것이다.
- 기술의 경제적 수명을 통해 현금흐름 추정기간을 결정할 수 있다.
- 기술의 경제적 수명은 여러 가지 방식을 이용하여 추정할 수 있고, 어느 방식이든지 최종적으로는 전문가 합의방식으로 결정하는 것을 원칙으로 한다.

기술의 경제적 수명을 계산하는 가장 대표적인 방법으로 산업재산권 법적 보호기간을 들 수 있다. 일반적으로 특허의 법적 보호기간은 20년, 실용신안의 법적 보호기간은 10년으로 정해져 있기 때문에, 평가시점에서의 등록경과연수를 제하면 산업재산권 법적 보호기간을 쉽게 계산할 수 있다.

② 여유현금흐름

여유현금흐름(Free Cash Flow : FCF)이란 기업이 영업활동을 통해 일정기간 유입되는 총현금흐름에서 유출되는 총현금흐름을 차감한 금액을 말한다. 따라서 해당연도의 여유 현금흐름을 추정하기 위해서는 해당연도의 예상매출액을 통해 예상재무제표를 산출해야 하며 이것을 통해 추정 세후 영업이익과 감가상각비에서 추정 자본적 지출액과 추정 운전자본 증감액을 차감하여 계산한다.

③ 할인율

할인율은 평가대상기술을 이용한 사업의 위험을 산정하는 것으로, 통상 할인율은 자기자본비용과 타인자본비용을 가중평균한 가중평균자본비용(Weighted Average Cost of Capital : WACC)이 가장 널리 사용된다. 타인자본비용과 자기자본비용에 가산되는 가중치는 부채비율에 의해 결정되는 것으로 중소벤처기업과 같이 규모가 작은 기업이나 신생기업의 경우 위험프리미엄을 할인율에 가산하여 산출한다. 할인율은 산업특성과 기업 고유의 특성을 반영하기 위하여 업종별, 기업 형태 및 규모별로 각각 구분 산출하여 현재 적용되고 있다.

④ 기술기여도

기술기여도는 대상기술이 수익창출 또는 비용절감에 공헌한 정도를 말하며, 기술요소법에서는 미래현금흐름의 순현재가치에 기여한 유·무형자산 중 기술자산(또는 기술요소)이 공헌한 상대적인 비중이라 할 수 있다. 다시 말해서 기술기여도란 원칙적으로 사업가치와 같이 영업주체가 창출한 수익에서 기술원천이 기여한 바를 나타낸다. 즉 기술가치의 배분이나 기여율을 나타내는 기술기여도는 기술가치 산출식 $\left(\sum_{t=1}^{n} \frac{FCF_t}{(1+r)^t}\right)$으로부터 기술기여부분을 'factoring-out'하는 요소로서, 무형자산 중에서 기술자산이 경제적 이익에 기여한 부분을 의미한다. 본 모형은 산업기술요소지수와 개별 기술강도지수의 곱으로 정의하는 기술요소법을 근간으로 하여 산출한다.

⑤ 특허인용수명

특허인용수명(Technology Cycle Time : TCT)은 해당 특허의 출원년도와 인용한 특허들의 출원년도 차이의 중앙값을 의미한다.

⑥ 공정시장가치

공정시장가치(Fair Market Value : FMV)'는 공개된 시장에서 거래과정에 수요자와 공급자가 서로 매매하고자 하는 자산에 대해 합리적 정보와 지식이 있고, 본인의 이익을 위해 행동하며, 거래과정에 외부 압력이 없고, 충분한 거래기간을 가질 때, 수요자와 공급자간 거래가액을 의미한다.

그림 7-2 수익접근법에 의한 기술가치평가절차

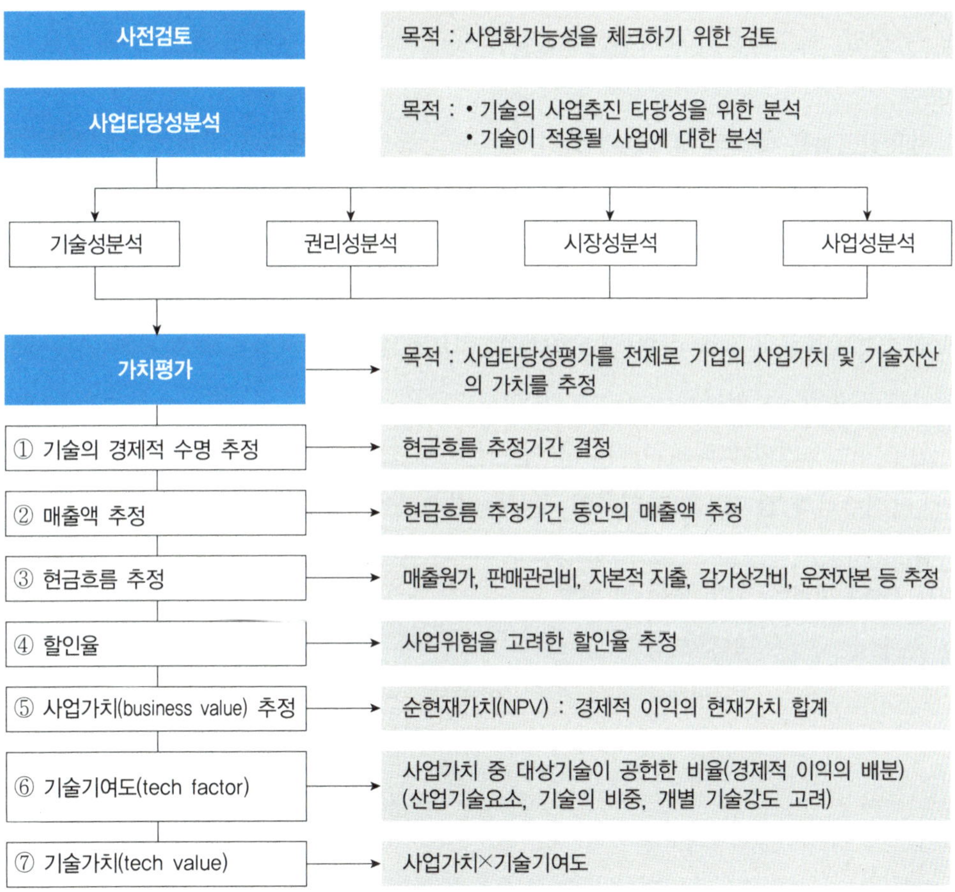

(3) 비용접근법(원가접근법, Cost Approach)

비용접근법이란 원가접근법이라고도 하며 기술의 형성에 사용되는 각종 제반 소요비용을 기초로 하여 기술을 평가하는 방법이다. 비용접근법은 평가시점에 그 기술자산을 재제조·재획득하는 데 소요되는 모든 비용을 합하고 감가수정을 하여 평가대상 자산이 가지는 현재가치를 산정하는 방법이다. 즉 새 자산을 구입·개발하는 비용과 그 자산의 내용연수기간 중에 얻어지는 경제적 수익의 가치가 일치한다는 가정하에서 기술이 실현하는 장래의 모든 경제적 수익의 재조달을 위하여 필요한 금액을 산정하는 것이다.

구체적으로는 기술개발에 투여된 총비용에서 시간의 흐름에 따라 야기될 수 있는 가치하락의 정도를 가감하는 방식으로, 시장가치(개발에 투여된 총비용－가치하락요소)가 기술의 가치가 되는 것이다. 따라서 비용접근법은 주로 조직화된 인적자원, 경영정보, 유통망, 특수목적의 부동산, 기업의 관행과 매뉴얼의 평가에 활용될 수 있을 것이다.

비용접근법은 대체의 경제원리에 기초를 두고 동일한 경제적 효익을 가지고 있는 기술을 개발하거나 구입하는 원가를 추정하여 가치를 산정하는 방법으로 비용접근법을 적용할 경우 기술개발비용, 재생산원가, 대체원가 등 상세한 원가정보가 필요하다. 비용접근법의 평가방법은 역사적 원가법, 재생산원가법, 대체원가법 등에 의해 산출된 원가(최종적으로 합산된 비용)에 기회비용, 진부화 요인, 시장수요 변동 등을 가감하여 가치를 산출할 수 있다.

연구개발 초기단계 혹은 아직 시장이 형성되지 않은 기술평가에 한정적으로 사용되며, 미래수익의 잠재력을 반영하지 못하는 한계점이 있다.

표 7-4 비용접근법의 종류 및 방법

구분	고려사항	내용
역사적 원가법	과거 투입비용 항목	항목 구분내역은 그대로 인정
	과거 투입비용	• 과거에 기술개발을 위해 투입된 비용을 산출할 수 있는 경우에 사용 • 대상기술을 개발하기 위해 투입되었던 비용을 가능하면 항목별로 확인 • R&D사업 등에서 대상기술이 일부 포함되는 경우에는 전체 R&D 투입비용에서 대상기술의 비중을 이용하여 재산정
	가치의 감소분	기능적 진부화 및 경제적 진부화로 인한 가치의 감소분을 차감
	기회비용	개발비용을 대상기술 개발에 투자함으로 인해 여타 기회에 투자하지 못함으로써 상실하는 이익의 크기

<table>
<tr><td rowspan="4">재상산
원가법</td><td>과거 투입비용 항목</td><td>항목 구분내역은 그대로 인정</td></tr>
<tr><td>평가시점에 재생산할 경우 예상 투입비용</td><td>• 대상기술을 재생산하기 위해 평가시점에 제반 비용항목을 재투입한다고 가정할 경우 예상되는 소요금액
• 단, 특정 비용항목이 과거에는 투입되었으나 평가시점의 연구개발단계에서는 투입되지 않는 것으로 변경되었을 경우는 평가시점에 대체 투입되는 항목을 기준으로 비용금액 산정</td></tr>
<tr><td>가치의 감소분</td><td>기능적 진부화 및 경제적 진부화로 인한 가치의 감소분을 차감</td></tr>
<tr><td>기회비용</td><td>개발비용을 대상기술 개발에 투자함으로 인해 여타 기회에 투자하지 못함으로써 상실하는 이익의 크기</td></tr>
<tr><td rowspan="4">대체
원기법</td><td>투입비용 항목</td><td>대상기술을 재생산하기 위한 투입비용 항목 선정</td></tr>
<tr><td>대체원가 산정</td><td>• 평가시점에서 대상기술과 동일한 효용(유용성)을 가지는 대체기술을 개발하여 완성하는 데 소요되는 총원가 산정
• 현재 입수가능한 원재료, 생산방법, 디자인 등의 적용가능</td></tr>
<tr><td>가치의 감소분</td><td>기능적 진부화 및 경제적 진부화로 인한 가치의 감소분을 차감</td></tr>
<tr><td>기회비용</td><td>개발비용을 대상기술 개발에 투자함으로 인해 여타 기회에 투자하지 못함으로써 상실하는 이익의 크기</td></tr>
<tr><td rowspan="2">가치의
감소분</td><td>기능적 진부화</td><td>대체기술의 등장에 따른 수요 감소로 환산</td></tr>
<tr><td>경제적 진부화</td><td>기술자산의 내용연수기간 동안의 진부화율을 통해 환산 가능</td></tr>
</table>

(4) 로열티공제법(Royalty Relief Method)

로열티공제법 기반의 수익접근법(이하 '로열티공제법')은 기업이 대상기술을 보유하지 못하여 제3자로부터 라이선스하는 경우를 가정하고, 대상기술의 경제적 수명기간에 라이선스비용으로 지급해야 하는 로열티의 현재가치를 기술의 가치로 추정하는 방법이다. 대상기술을 보유함으로써 동 기간에 로열티를 지급하지 않아도 되기 때문이다.

로열티공제법은 기술의 경제적 수명기간에 추정된 로열티 수입을 현재가치로 환원하여 가치금액으로 산출하기 때문에 수익접근법으로 분류되기도 하며, 기술시장에서 거래된 거래사례의 로열티율을 참조하기 때문에 시장접근법으로 분류되기도 한다.

- 로열티공제법은 라이선스를 받을 경우 지불해야 할 로열티 지급액을 기술소유자는 부담하지 않음으로써 절감되는 로열티 지급액을 추정하여 현재가치로 환산하는 방

법이다.

• 로열티공제법을 사용하기 위해서는 기술거래시장에서 비교가능한 기술거래 로열티 자료가 다수 존재해야 한다.

그림 7-3 로열티공제법에 의한 기술가치평가절차

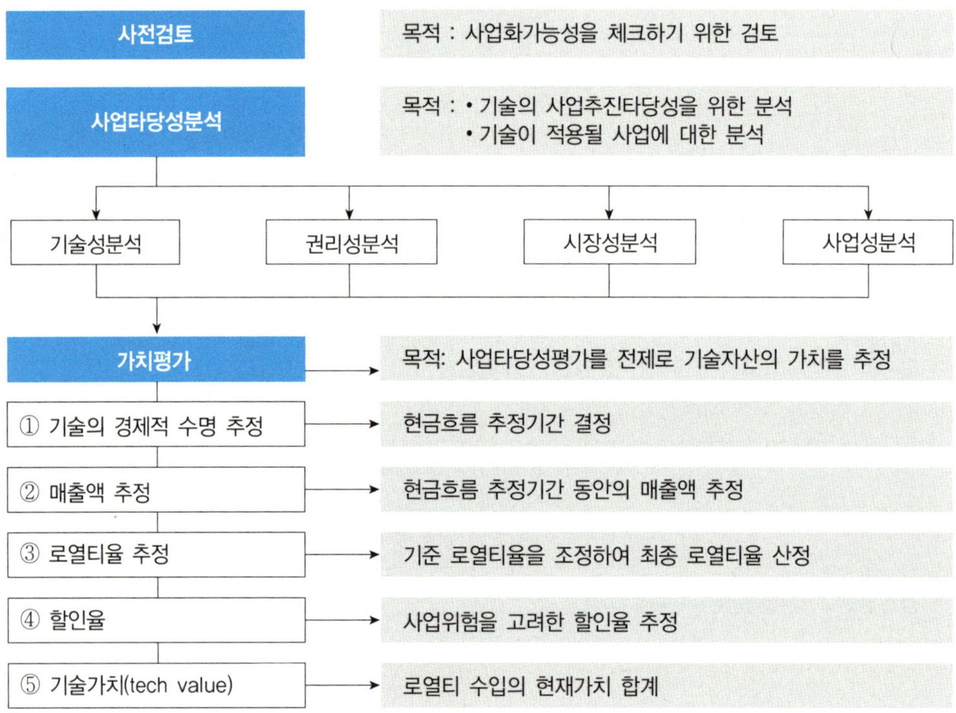

(5) 기술가치평가 적용

기술가치평가는 평가접근법이 적용되는 상황에서 요구되는 가치평가 투입변수의 견고성을 고려하여 가장 적절한 평가접근법이나 방법을 적용하여야 한다. 또한 기술가치평가는 개별 평가접근법이 평가구조가 서로 상이하고 연관된 평가요소 추정결과에 따라 결과가 달라질 수 있으므로, 평가결과의 합리성과 객관성을 담보하기 위해서는 단일 평가접근법보다는 복수의 평가접근법을 사용할 것을 기업회계기준 등에서 권고하고 있다.

기본적인 평가접근법은 서로 다른 경제적 관점에 기반을 두고(economic basis) 가치평가에 접근하는 것이기 때문에, 경제적 기반이 서로 달라 때로는 상이한 가치결과를 초래할 수 있으므로 가치평가의 제반 상황을 감안하여 신중한 결정이 필요하다.

❙ 표 7-5 ❙ 기술가치평가방법의 주요 특징

항목	시장접근법	비용접근법(원가접근법)	수익접근법(DCF)
개념	유사 사례의 시장 거래금액을 가치로 산정	해당 기술창출에 소요된 비용을 가치로 산정	해당 기술이 미래에 얻을 수 있는 가치를 산정
주요 변수	유사 기술의 시장가치	개발비용, 감가상각방법	기술수명, 현금흐름, 할인율, 기술기여도
장점	• 시장기능을 이용한 적정 가격(비교가격)을 도출 • 거래에 의한 실제 유동이 가능한 가격 산출	• 개별 기술 산출을 위한 투입비용 산출 • 측정이 비교적 용이함	미래에 예상되는 기대수익의 예측 및 이의 현가화를 통해 가치를 산정
단점	• 기술거래 유통시장의 미발달로 시장접근 곤란 • 유사 사례의 발굴 곤란	투입비용과 향후 기대수익과의 관련성이 적어 신뢰도가 낮음	변수 추정의 주관성 개입, 자의성 및 오차가능성 높음
관련 기법	• 거래사례비교법 • 로열티공제법 • 경매(auctions)	• 역사적 원가법 • 재생산원가법 • 대체원가법	• 기술요소법 • 로열티공제법 • 다기간 초과수익법 • 잔여가치법

(6) 기술완성도에 따른 가치평가방법

기술의 완성도(개발단계)에 따라 선택할 수 있는데 기술의 완성도가 높을수록 기술가치의 정확도가 높아지며, 기술가치평가 금액도 증가하게 된다. 개발완료단계는 초기단계나 개발 중의 기술에 비해 위험도가 감소하게 되고 신뢰성이 증가하게 된다. 이에 따른 적절한 방법은 수익접근법을 이용하거나 시장에서 유사한 기술을 확인할 수 있으

❙ 표 7-6 ❙ 기술의 완성도에 따른 가치평가방법

가치	단계	가치평가방법	정확도
고	상용화	시장접근법/수익접근법	고
↑	개발완료	수익접근법/시장접근법	↑
	개발 중	대체원가법/로열티공제법	
저	초기단계	재생산원가법	저

출처 : Weston Anson and Donna Suchy, *Fundamentals of Intellectual Property Valuation : A Primer for Identifying and Determining Value*, 2005, *The ABA Section of Intellectual Property Law*, 2005를 토대로 재작성

면 시장접근법을 이용한다. 그러나 신뢰성을 증가시키기 위해서는 여러 가치평가방법을 적용하여 합리적인 가치금액을 얻어야 한다.

4) 기술가치평가의 절차

기술가치평가는 기술의 이전 · 거래, 기술의 현물출자, 지식재산권 소송, 기술의 담보 등을 전제로 기술의 가치를 화폐적 가치로 산정하는 것으로, 기술전문가(기술성분석), 특허전문가(권리성분석), 시장전문가(시장성분석), 회계전문가(사업성분석) 및 필요시에 기술이전 전문가 등으로 평가 팀(다기능 팀)을 구성하여 공동으로 수행하며, 일반적으로 다음과 같은 단계에 따라 이루어진다. 본 내용의 기술가치평가절차는 기술보증기금의 기술가치평가 체계를 제시하였다.

(1) 기술가치평가절차

① 예비평가

예비평가는 특정 기술의 R&D 상용화 여부를 판단하기 위한 간략한 약식평가로서, 예비평가의 기준은 기술의 완성단계, 기술의 신규성, 폭과 깊이, 상용화에 필요한 시간 등 최소한의 분석결과에 근거하여 사업화가능성을 확인하는 절차이다.

② 사업타당성평가

기술에 대한 사업추진타당성을 평가하기 위한 것으로 예비평가수준보다 깊이 있는 기술평가를 수행하는 과정이며, 대상기술의 사업적 활용에 대한 전략적인 관점에서 기술평가가 이루어지는 것으로 기술이 적용될 신규사업에 대한 분석과정이라고 할 수 있다.

사업타당성평가는 기술의 유용성과 시장성, 사업성에 대해 평가하는 단계로서, 기술의 경쟁력과 시장성, 사업화 주체의 역량 등 사업화 후 수익성에 영향을 미치는 다양한 요인들에 대해 평가 · 분석하는 단계이다.

이 단계에서 도출된 기술수준과 시장경쟁력, 사업화역량 등은 다음 단계인 가치산정에서 필요한 기술수명, 현금흐름, 할인율, 기술기여도 산출의 근거자료로서 활용된다.

③ 가치평가

사업타당성평가를 전제로 하여, 기술의 활용에 따라 증가된 사업가치(business value)를 결정하고, 사업가치 중 기술이 공헌한 기여율을 결정하여 기술가치금액을 산정하는 것을 의미하며, 이때 무형의 기술이 다른 사업자산(business asset)과 결합되어 사업가치(수익)를 창출하는 것으로 가정한다. 따라서 기술가치금액은 기술과 다른 자산이 결합되어 창출한 사업가치 중 기술이 공헌한 가치만을 분할함으로써 결정된다.

그림 7-4 기술보증기금 기술가치평가절차

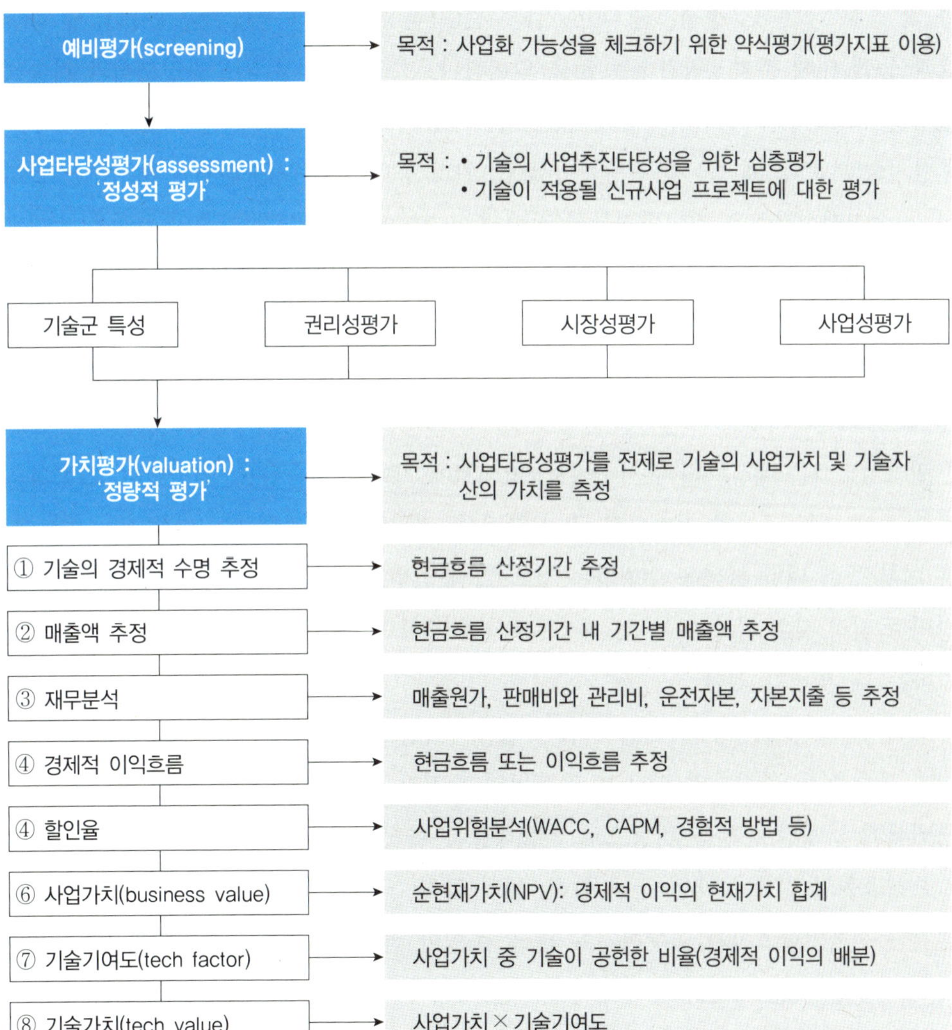

[그림 7-4]에서 보는 바와 같이 기술가치평가는 일반적으로 ① 예비평가 → ② 사업타당성평가(정성적 평가) → ③ 기술가치평가(정량적 평가) 순으로 진행한다. [그림 7-4]는 수익접근법을 적용했을 경우에 상세 프로세스를 보여주고 있다.

(2) 사업타당성평가 항목

① 기술성분석

기술성분석은 기술의 적용제품에 대한 기술개요(기술의 정의 및 개요), 기술개발동향 및 경쟁기술현황, 경쟁기술 대비 기술수준(차별성, 혁신성 등), 기술 활용성 및 파급효과 등에 대해 분석·평가하는 것을 의미한다. 기술성분석은 기술환경분석과 기술경쟁성분석으로 나누어지며, 기술환경분석은 대상기술을 중심으로 경쟁기술, 대체기술, 후방기술(부품, 소재 등) 및 전방기술(조립, 완성 등) 등 주변기술환경을 조사하는 것이며, 기술경쟁성분석은 기술환경분석 결과에 근거하여 파악된 각 기술의 특징을 토대로 대상기술의 장단점을 비교분석하여 기술적 차별성, 혁신성, 파급성 등을 판단하는 과정이다.

② 권리성분석

권리성분석은 대상특허의 서지정보, 명세서에 기재된 기술정보, 권리범위, 선행기술정보 등에 대한 조사를 기반으로 권리 안정성, 권리범위의 광협(넓거나 좁음), 제품 적용 여부 등에 대한 분석을 수행하는 것으로, 대상기술을 기술사업화를 하는 데 있어 시장의 독점적 지위 확보 여부 및 경쟁으로부터 사업의 보호 강도가 어느 정도인지를 파악하는 데 의의가 있다.

권리성분석에서는 우선 대상특허의 기본 서지정보(권리자, 법적 상태, 존속기간, 패밀리 특허출원, 권리자의 관련 IP 포트폴리오 정보 등)를 파악하고, 특허 청구범위 및 명세서에 기재된 문언을 바탕으로 기술내용을 확정하여야 한다.

특허출원일 전에 공개된 국내 특허, 해외 특허, 국내외 논문, 기타 문헌을 대상으로 철저한 선행기술조사가 이루어져야 하고, 충실한 선행기술조사를 수반하지 않은 전문가의 권리성 의견 제시는 평가의 신뢰성을 저해하는 심각한 문제를 야기할 수 있으며, 이러한 선행기술조사 결과를 바탕으로 특허권의 무효가능성과 권리범위 광협 등을 판단하여야 한다.

③ 시장성분석

시장성분석은 대상기술 적용제품이 속한 시장의 환경분석, 경쟁분석 결과에 근거하여 적용제품의 시장경쟁력을 평가하는 것으로서, 대상기술이 속해 있는 산업의 특성 및 환경을 살펴보고, 시장구조, 제품현황, 시장진입장벽, 관련 정책 및 분석을 검토하며, 국내외 시장동향과 업체동향을 조사한 결과에 근거하여 시장경쟁력을 평가하는 것이다. 또한 시장경쟁력분석 결과에 근거하여 적용제품의 시장규모와 매출(혹은 시장점유) 예측에 사용할 정보를 제공하며, 분석내용은 시장환경분석과 시장경쟁분석으로 구성된다. 시장환경분석은 시장규모 예측 및 시장진입 가능성 등을 분석한 후 전문가 의견을 제시하고, 전체 혹은 해당 공법(제품)의 목표시장 규모를 최근 자료와 미래동향에 근거하여 그 추세를 예측하는 것이 바람직하다.

④ 사업성분석

사업성분석은 대상기술을 이용하여 사업화를 추진하는 주체(사업주체)의 사업화 기반 역량, 생산 및 영업능력 등 경영요인을 고려하여 대상기술을 활용하는 경우 가격 및 품질경쟁력, 매출전망, 현금흐름 등 사업 전반에 관하여 평가하는 절차이다.

사업성분석은 대상기술에 대한 기술성분석과 권리성분석, 그리고 시장성분석 결과에 기반하여 실제로 기술을 적용한 사업의 수익창출 가능성을 종합적으로 판단하기 위한 것으로서 동일한 기술에 대한 평가일지라도 사업주체 또는 사업모델에 따라 결과가 달라질 수 있다.

사업성분석은 매출추정 및 수익분석을 통해 현재 시장에서 확보가능한 시장점유율 및 미래시장에서의 매출 확보가능성을 기반으로 현금흐름을 산출한다.

/연/습/문/제/

01 기술평가에 있어서 기술력평가, 기술사업성평가, 기술가치평가에 대한 개념을 기술하시오.

02 기술평가에 있어서 기술력평가에 대한 국내외 사례를 살펴보고, 어떠한 점이 다른지 토론하시오.

03 기술가치평가를 위한 공정시장가치에 대해서 기술하시오.

04 기술가치평가를 통한 기술이전 또는 기술금융 사례를 제시하시오.

05 기술가치평가방법 중 시장접근법(market approach)의 개념과 장단점에 대해서 기술하시오.

06 기술가치평가 사례를 제시하시오.

07 기술가치평가를 하기 위한 능력에는 어떠한 것들이 필요하며, KISTI(한국과학기술정보연구원) STAR-Value 시스템에 대해서 토론하시오.

CHAPTER 8

기술조직관리

8 CHAPTER

기술조직관리

8.1 조직의 이해

1) 조직의 개념

둘 이상의 사람들이 모여서 어떤 공통된 목적을 달성하기 위해 협동적으로 일을 수행하는 단체를 말한다. 조직은 경영목적을 달성하기 위하여 필요한 여러 활동을 많은 경영구성원에게 분담시키고 그 관계들을 규정하며, 여러 활동이 전체적으로 유효하게 이루어지도록 통합한 협동 활동시스템이다.

조직화(organizing)

조직의 목표를 효과적으로 달성하기 위해서 최적의 조직을 구성하고 유지하는 것을 말한다.

2) 조직의 특성

- 조직은 달성하고자 하는 특정한 목표 내지 목적을 지닌다.
- 조직은 목표를 달성하기 위한 개인들의 집합체이다.
- 조직은 여러 부분 요소들로 구성되며 이 요소들은 상호의존하면서 상호작용을 하는 분업체제이다.
- 조직은 사회적 환경 속에 존재하며 사회적 환경과 상호의존된 일종의 사회체제이다.
- 조직은 사회체제 속의 한 부분체제 또는 하위체제이다.

• 사회체제로서의 조직은 파슨스(T. Parsons)의 체제의 기능(AGIL), 즉 적응(Adaptation)기능, 목표달성(Goal attainment)기능, 통합(Integration)기능, 체제유지(Latency)기능을 수행한다.

3) 조직의 구성요소

전략의 수립과 실행은 조직을 통해서 이루어진다. 또 조직의 특성은 수립되는 전략의 성격에도 영향을 미친다. 이러한 역할을 하는 조직의 구성요소는 크게 조직구조, 경영프로세스, 조직문화, 조직원으로 나누어진다.

(1) 조직구조

조직구조란 기업의 보고체계를 의미한다. 즉 조직구성원들의 상호관계, 조직 내에서의 권력관계, 지위・계층관계, 조직구성원들의 역할 배분・조정의 양태, 조직구성원들의 활동에 관한 관리체계 등을 통틀어 일컫는 말이다.

(2) 경영 프로세스

경영 프로세스란 실질적으로 기업의 경영을 가능하게 해주는 모든 시스템을 의미한다. 즉 전략계획 수립, 예산 수립, 경영정보시스템, 기획 조정, 보상체계 및 업적평가제도 등을 포함한 기업의 모든 경영시스템을 의미한다. 잘 정립된 경영 프로세스는 공식적인 조직구조를 대체할 수 있을 정도로 중요한 것이다.

(3) 조직문화

조직문화란 기업내부 구성원들이 공유하며 이들의 행동양식을 이끄는 가치체계 혹은 기본전제를 의미한다. 조직문화는 구성원에 의해 학습되며 또 전수된다. 이러한 기업문화는 구성원들을 하나로 묶어주는 심리적 접착제로서의 역할을 하며 기업의 정체성을 형성하여 조직에 대한 몰입도를 높여줌으로써 경영구조의 변화와 관계없이 일관되게 기업을 유지시켜 준다. 또한 기업문화는 기업의 각종 경영 프로세스와 조직구조에 반영됨으로써 기업의 전략실행을 촉진하고 경영관리의 지침을 제공한다.

조직몰입

조직몰입(organizational commitment)이란 조직구성원이 자신이 속한 조직에 대하여 단순한 애정이나 소속감을 넘어서서 강하게 책임을 느끼는 강도의 심리적 상태를 의미한다. 즉 조직구성원이 심리적 관점에서 조직의 목표와 가치에 대하여 신뢰하고 적극적으로 수용하며, 조직을 위하여 열심히 노력하고자 하는 의지 및 조직의 구성원으로 남고자 하는 욕구 등으로 표출된다.

조직몰입의 세 가지 유형은 정서적 몰입, 유지적 몰입, 규범적 몰입으로 분류해 볼 수 있다. 조직몰입에 영향을 미치는 요인으로는 개인적인 특성, 직무특성(직무 다양성, 직무 중요성, 역할 모호성, 역할 갈등 등), 조직특성(집권도, 통제, 복잡성 등)이 있다. 조직몰입의 결과로 나타날 수 있는 효과로는 생산성과 직무만족, 성과의 향상이 있으며 이직과 결근율을 낮추는 것으로 알려져 있다.

출처 : [네이버 지식백과] 조직몰입(organizational commitment)(심리학용어사전, 2014. 4.)

(4) 조직원

조직원이란 조직을 구성하고 있는 모든 인적자원을 의미한다. 조직원들은 조직문화를 공유하면서 기업의 전략을 수립하고 실행하는 가장 세부적인 조직구성 단위이다.

4) 관료제 조직과 탈관료제 조직

(1) 관료제 조직(Bureaucracy Organization)

관료제(bureaucracy)란 어떤 공공목표를 수행하도록 임명된 관료들의 계층조직이다(김창수, 2008). 관료제는 합법성과 효율성의 가치를 중시한다. 관료제 조직은 집단 내지 조직 속에서 직무를 계층적으로 나누어 대규모 조직을 효율적으로 운영하기 위한 위계조직이다

특정 목표를 달성하기 위해 구성원의 역할을 명확하게 구분하고, 공식적인 규칙과 규정에 따라 운영하며, 대부분 국가 공무원 또는 정부 관련 조직에 해당되는 개념이다.

- **특징** : 과업의 전문화, 위계서열화, 규약과 절차에 의한 업무 수행, 연공서열주의 등이 특징이다.
- **장점** : 효율성, 권한과 책임의 명확화, 객관성과 정확성, 지속성과 안정성 등이 장점이다.
- **단점** : 창의성 발휘가 어렵고, 인간소외현상, 비민주적인 일처리, 경직성, 무사안일

주의가 만연한다.

- **형태** : 기능식 조직, 라인 조직, 라인스태프 조직 등이 있다.

그림 8-1 관료제 조직의 예

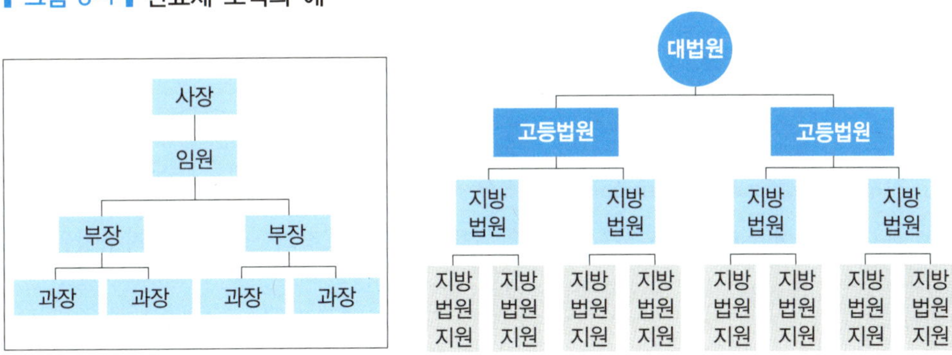

(2) 탈관료제 조직

정보화, 세계화로 사회변화의 속도가 빨라지면서 탈산업사회로의 변화에 대응하기 위한 다양한 조직 형태들이 새롭게 등장하고 있다. 이는 기존의 관료제 조직이 대규모 조직에는 적합하지만 빠른 변화에 창의적이고 신속하게 대응하는 데 한계가 있기 때문이다. 이처럼 관료제의 전형적인 문제점을 극복하기 위해 대안으로 나타난 새로운 조직 형태를 탈관료제 조직이라고 한다.

탈관료제 조직은 조직 전체에 적용되기도 하지만, 조직의 일부분을 변화시키는 방식으로 적용되기도 한다. 이러한 조직에서는 유연성이 강화되어 새로운 상황이나 목적에 따라 한시적인 팀 조직이나 네트워크형 조직 등을 만들어 운영한다. 또한 자유롭고 평등한 의사소통이 가능한 수평적인 관계를 추구한다. 승진과 임금 또한 목표달성을 중심으로 조직구성원의 능력과 성과에 따라 결정한다.

- **특징** : 조직의 유연성이 강화되고, 수평적 관계, 능력과 성과에 따른 평가 등이 특징이다.
- **장점** : 변화에 빠르게 적응하며 조직의 구성과 해체가 자유롭고, 수평적 관계로 자유롭고 효율적인 의사소통 및 빠른 업무처리가 가능하다.
- **단점** : 소속 부서가 자주 바뀌어 심리적 불안감이 가중되고, 공동 작업으로 인해 책임의 경계가 불분명하다. 이에 따라 팀원 간 잡음이 많으며, 구성원이 충성심을 발휘하도록 유도하거나 조직의 안정성을 유지하는 데에는 한계가 있다.

- **형태** : 네트워크형 조직, 팀제 조직, 아메바형 조직, 오케스트라형 조직, 프로젝트 조직, 매트릭스 조직, 학습조직 등이 있다.

8.2 조직구조

조직구조(organizational structure)란 조직구성원들의 상호관계, 즉 조직 내에서의 권력관계, 지위·계층관계, 조직구성원들의 역할 배분·조정의 양태와 조직구성원들의 활동에 관한 관리체계 등을 통틀어 일컫는 말이다.

1) 기계적 구조

고전적이고 전형적인 관료제 조직(M. Weber)으로서 기계적 조직(mechanistic structure)은 집권화된 조직구조를 가지고 있다. 지식과 통제활동이 상층부에 집중되어 있어 구성원들은 위에서 시키는 대로 움직이게 된다. 과업 측면에서 기계적 조직은 과업을 잘게 분화시키고 직무기술서에 따라 전문화된 업무를 수행한다. 공식화 측면에서 보면 기계적 조직은 많은 규칙과 규제, 표준화된 절차 등이 작동한다. 정보나 의사소통, 성과상의 문제 등을 찾아낼 때에는 반드시 공식시스템이 관여한다. 기계적 조직은 수직적인 의사소통을 하는데, 최고경영자는 구성원들에게 조직목표와 전략, 업무지시와 절차 등에 대한 정보를 내려 보내고 구성원들에게는 발생되는 문제와 성과보고, 재무정보, 제안과 각종 아이디어 등을 올려 보내라는 요구를 한다. 따라서 기계적 조직은 수직적 계층에 따른 통제와 공식적 명령체계가 중요하고 주요 작업들은 기능적 계열을 따라 수직적으로 이루어지며 부서 간의 협력은 크게 강조되지 않는다.

2) 유기적 구조

유기적 조직(organic structure)은 분권화된 조직구조를 가지고 있다. 지식과 통제행위가 상층부가 아닌 구성원 수준에서 일어난다. 과업 측면에서 유기적 조직은 역할이 강조되는데 이는 목표달성을 위한 사회 역동성이 강조되는 개념이다. 구성원들은 부서나 팀에 소속되어 일을 하면서 역할은 상황에 맞추어 변화하게 된다. 공식화 측면에서 보면 유기적 조직에서는 규칙이나 공식적인 통제시스템이 많지 않아 의사소통과 정보 공유가 비공식적으로 이루어지는 경우가 많다. 유기적 조직에서의 의사소통은 수평적으로 이루어지며 학습능력을 높이기 위해 고객, 공급자 때로는 경쟁자들과도 의사소통을 한다. 또한 환경변화에 빠르게 대응하기 위해 정보는 계층적으로 그리고 전 부서에 걸쳐 모든 방향으로 흐를 수 있도록 한다. 유기적 조직은 다양한 부서의 사람들과 조직 변경에 있는 주체들이 주어진 문제를 협력적으로 해결하기 위해 협력적 팀워크가 강조되며 내부 기업가정신을 장려하여 구성원들이 고객의 새로운 니즈에 대응할 수 있는 창의적인 생각을 할 수 있도록 유도하고 있다. 유기적 조직에서는 자기통제적 팀들이 조직의 기본단위를 이루고 있다.

표 8-1 기계적 구조와 유기적 구조의 차이

구분	기계적 구조	유기적 구조
장단점	• 예측가능성 • 엄격한 규제와 절차에 따른 제한 • 정태적이고 불확실성 낮음	• 적응성 • 활발한 의사소통과 상호 이해 • 동태적이고 불확실성 높음
조직특성	• 좁은 직무범위(좁은 통솔범위) • 표준 운영절차 • 분명한 책임관계 • 계층제 • 공식적 · 비인간적 대면관계	• 넓은 직무범위(넓은 통솔범위) • 적은 규칙과 절차 : 표준화 부재 • 모호한 책임관계 • 분화된 채널 : 의사소통의 다양화 • 비공식적 · 인간적 대면관계
상황조건	• 명확한 조직목표와 과제 • 분업적 과제 • 단순한 과제 • 성과 측정이 가능 • 금전적 동기부여 • 권위의 정당성 확보	• 모호한 조직목표와 과제 • 분업이 어려운 과제 • 복합적 과제 • 성과 측정이 어려움 • 복합적 동기부여 • 도전받는 권위
상호작용	• 폐쇄적이고 제한됨 • 하위자는 부서 목적, 수단, 활동들에 거의 영향을 주지 못함	• 개방적이고 확장됨 • 감독자와 하위자 모두 부서 목적, 수단, 활동들에 영향을 줄 수 있음

8.3 조직의 유형

조직유형은 크게 정태적 조직과 동태적 조직 두 가지 형태로 나누며, 조직의 권한 위임 정도에 따라서 집권적 조직과 분권적 조직으로 나눌 수 있다.

| 표 8-2 | 조직의 유형

정태적 조직	동태적 조직
• 라인 조직 • 라인스태프 조직 • 직능조직(기능조직) • 관료제 조직	• 프로젝트 조직 • 매트릭스 조직 • 네트워크 조직 • 위원회 조직 • 사업부 조직 • 아메바 조직 • 가상조직 • 무경계조직

1) 정태적 조직

피라미드형의 구조를 하고 있으며 상사의 명령, 지시에 따라 하급자가 움직이고 중요한 의사결정이 주로 조직의 상층에서 이루어진다. 표준화된 공식적 구조, 복잡하고 계층적인 구조와 권한의 집중화현상이 있으며, 정치, 경제, 사회적인 변화에 빠르게 대응하지 못한다는 단점이 있다. 관료제 조직이 주로 해당된다.

(1) 라인 조직(Line Organization)

라인 조직은 명령일원화의 원칙을 중심으로, 모든 직위가 명령권한의 라인으로 연결된 조직 형태를 말한다. 즉 상위자의 권한과 명령이 직선적 또는 계층적으로 하위자 또는 일선작업자에 이르기까지 직접 전달되는 조직구조로서 지휘시스템의 일원화가 가능한 조직이다. 여기에서 하위자는 상위자의 권한위양이나 명령 없이는 활동을 할 수 없는 단순하고 편성되기 쉬운 조직 형태이다. 이러한 조직은 중소기업이나 서비스 기업 형태에서 많이 이용되며, 군대에서 기본적인 구조로 채택되기 때문에 군대식 조직, 직선식 조직 또는 수직적 조직이라고도 한다.

(2) 직능식 조직(기능식 조직 : Functional Organization)

기능식 조직은 라인 조직의 단점을 보완하기 위하여 테일러(F.W. Tayer)의 직능식 직장제도에서 유래한 조직 형태이다. 이는 수직적 분화에 중점을 두고 관리자의 업무를 기능화의 원칙 또는 기능별 전문화의 원칙에 따라 부문별로 전문적인 관리자를 두고 지휘·감독하는 조직 형태이다. 이 기능식 조직은 조직구성원이 수행하는 기능을 중심으로 형성되는데, 총무부, 경리부, 생산부, 마케팅부와 같은 부서로 된 조직이다. 이것은 대개 지시-보고의 상하관계가 뚜렷하게 설정되어 흔히 기능별 수직제도라고 부른다. 기능별 조직을 효과적으로 운영할 때 분업화와 조직구성원의 전문화를 제고할 수 있을 뿐만 아니라 리더의 명령에 따라 조직이 일사분란하게 움직일 수 있는 장점이 있다. 이러한 조직 형태는 경영환경이 단순하고, 변화가 완만하며, 기업이 소규모 조직이고, 경영활동의 내용이 단순한 경우에 적합하다.

| 그림 8-2 | 직능식 조직

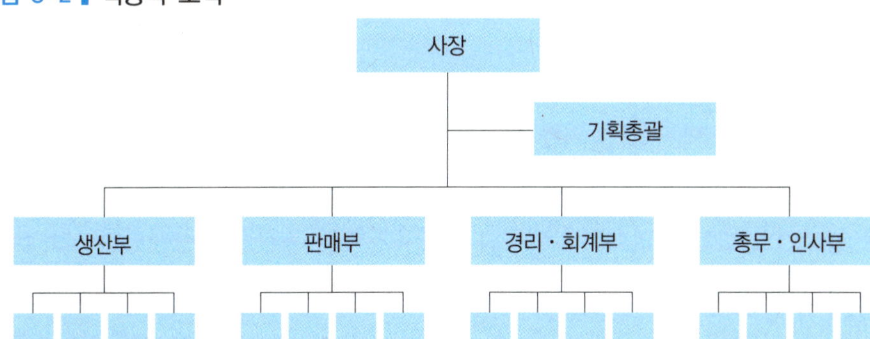

(3) 라인스태프 조직(Line and Staff Organization)

라인과 스태프 조직 두 조직의 활동성을 필요로 하는 조직, 즉 ① 조직을 일사분란하게 움직일 수 있는 지휘시스템의 유지와 ② 전문화의 원칙에 따른 의사결정과 집행을 가능하게 하는 요건을 충족시킬 수 있도록 창안된 조직구조의 형태이다. 즉 전문화의 원칙과 명령일원화의 원칙을 조화시켜 스태프의 권한을 조언과 조력에 한정시킨 상태에서 제안된 조직 형태로, 이 조직의 특징은 전문적 지식이나 기술을 가진 사람들이 참모가 되어 보다 더 효과적인 경영활동을 하도록 협력하는 것이다. 이 조직에서 라인은 기업의 기본적 기능에 해당하는 라인 업무를 말하고, 스태프는 라인을 원조해 주기 위한 보조적 기능으로서의 스태프 업무를 말한다. 이 경우 라인활동의 수행에 있어서는 독자적 결정과 명령권이 부여된 반면, 스태프 활동의 수행에 있어서는 다른 부서에 대한 조언과 조력을 할 수 있는 권한만이 부여되어 있다. 이 조직에 있어서 스태프는 전문화된 원조와 서비스를 제공하고 적절한 견제와 균형을 유지하기 위해 존재한다.

- 라인(line) : 조직의 목표달성에 직접적인 책임을 지고 있는 기능을 담당한다.
- 스태프(staff) : 기획, 회계, 직무, 인사와 같이 전문적 지식이나 기술을 사용하여 라인활동을 도와주는 역할을 담당하는 구성원을 말하며, 서비스스태프와 관리스태프로 나눌 수 있다.

2) 동태적 조직

유동적 구조로서 복잡하지 않고 형식이나 공식에 얽매이지 않으며, 의사결정권이 분권화되어 있는 것을 특징으로 한다. 탈관료제 조직이 주로 해당된다.

(1) 네트워크 조직

네트워크 조직은 독립된 사업부서들이 각자의 전문분야를 추구하면서도 제품을 생산하거나 프로젝트의 수행을 위한 영구적인 관계를 형성하여 상호 협력하는 조직을 말한다. 네트워크 조직은 업무적인 상호의존성이 큼에도 불구하고 내부화하거나 자본적으로 강하게 연결됨이 없이, 서로 독립성을 유지하는 조직들이 상대방이 보유하고 있는 자원을 마치 자신의 자원인 것처럼 활용하기 위하여 수직적, 수평적, 공간적 신뢰관계로 연결된 조직 간의 상태로 볼 수 있다.

네트워크 조직은 협동이란 효과적인 수단으로서 장기적으로 유지될 수 있으며 학습과 정보 확산의 인센티브를 제공하여 아이디어가 빠르게 실행에 옮겨지도록 한다. 네트워크 조직의 개방적 특성은 자원이 변동적이고 환경이 불확실할 때 가장 유용하다. 또한 네트워크는 암묵적 지식과 기술적 혁신과 같은 유형의 자산을 이용하고 제고시키는 실행가능한 수단이라는 장점을 가지고 있다.

네트워크 조직의 사례로는 보잉사를 들 수 있다. 보잉사는 주력 비행기인 777기종의 개발단계에서 엔지니어와 디자이너들을 기존의 위계적인 구조가 아니라 유연하고 수평적인 네트워크로 연결시켰으며, 고객인 항공사들의 제안도 수용함으로써 큰 효과를 보았다. 보잉사는 모든 것을 통합하고 조화시키겠다는 장벽 제거 철학을 가지고 관리

계층의 축소, 사업구조의 소규모화, 다기능 팀과 프로세스 팀의 적극적인 활용, 라인 관리자들에게의 권한 위임이라는 대대적인 조직 개편을 수행하였다. 그 결과 전체적으로 수직적·수평적 의사소통이 활성화되면서 경제적 효율성과 신뢰에 기반한 협력의 시스템을 구축할 수 있었다. 보잉사 이외에도 시스코 시스템즈, 다우코닝 등은 기업구조를 네트워크화하여 비즈니스에서 확장성, 상호작용, 유연성, 브랜딩, 고객화를 가능하게 하였다. 정보화 시대의 기업들은 변화에 따라 권한분산과 책임 위양이라는 수평적 네트워크 구조를 도입하면서 변화하고 있다. 성과 측면에서도 수평적이고 공식적인 네트워크의 경우 제품의 질과 생산성이 동시에 상승하는 것으로 알려지고 있다.

(2) 매트릭스 조직

기존의 기능부서상태를 유지하면서 특정한 프로젝트를 위해 서로 다른 부서의 인력이 함께 일하는 현대적인 조직설계방식으로서 매트릭스 구조라고도 한다. 매트릭스 조직에서는 서로 다른 기능부서에 속해 있는 전문인력들이 프로젝트 관리자가 이끄는 프로젝트에서 함께 일한다. 매트릭스 조직에 속한 개인은 두 명의 상급자(기능부서 관리자, 프로젝트 관리자)로부터 지시를 받으며 보고를 하게 된다. 이것은 기존의 전통적 조직 구조에 적용되는 명령통일의 원칙이 깨진 것으로서 매트릭스 조직의 가장 큰 특징이다.

매트릭스 조직은 기존의 전통적인 기능조직이 지녔던 의사결정 지연이나 수비적 경영 등의 단점을 보완한다. 다시 말해, 서로 다른 기능부서에 속해 있는 전문인력들이 함께 일하게 되면서 신속한 의사소통, 창조성 개발, 효율적 자원 사용 등이 이루어지게 된다. 하지만 명령통일의 원칙이 깨지면서 조직질서 혼란, 권력 다툼 등의 문제가 생길 수 있으며 장기적 문제에 대해서는 오히려 미봉책을 산출할 수 있다는 단점도 있다.

매트릭스 조직은 본래 경쟁이 심하고 새로운 아이디어에 대한 수명주기가 짧은 고성장산업에서 시작되었으나 현재는 은행, 학교, 일반기업 등 다양한 조직에서 널리 사용되고 있다.

이와 유사한 조직으로 프로젝트 조직(project organization)이 있다. 매트릭스 조직이 기존의 기능부서상태를 유지하는 가운데 프로젝트 단위의 조직을 함께 운영하는 데 반해, 프로젝트 조직은 특정한 프로젝트를 수행하기 위하여 조직 내의 인적, 물적, 재무적 자원을 결합하여 한시적으로 운영한다. '태스크 포스(task force)'라고도 불린다.

[출처: [네이버 지식백과] 매트릭스 조직(Matrix Organization, — 組織)(두산백과)]

| 그림 8-3 | 매트릭스 조직

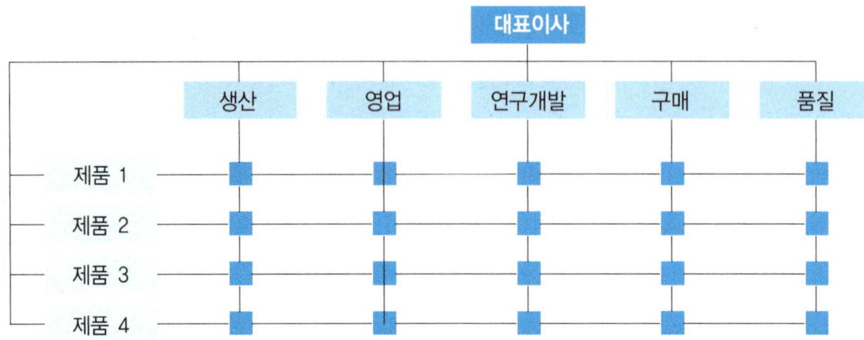

(3) 사업부제 조직(Divisional Organization)

조직의 분권화과정에서 나타난 조직으로서 연방적 분권조직의 특성을 갖고 있다. 직능구조를 환경변화에 효율적으로 하기 위해 분할된 조직단위를 중심으로 책임경영을 할 수 있도록 조직을 구조화한 것이 사업부제 조직이다. 사업부의 운영방침에 따라 판매, 생산, 인사, 재무 등의 업무수행이 각 사업부에서 독자적으로 이루어지고 본사는 사업부의 전반적, 장기적인 사항에 대하여 관리하게 된다. 최고경영자는 각 사업부로 하여금 해당 사업부의 경영성과에 대한 책임을 지도록 하고, 일상적인 의사결정을 사업부문의 장에게 위임함으로써 전략적 의사결정에 전념할 수 있다.

사업부구조는 고객, 시장욕구에 대한 관심을 제고하고 사업부 간의 경쟁에 따른 단기적 성과 및 목표달성에 초점을 둔 책임경영체제를 실현할 수 있다 그렇기 때문에 변화가 심하지 않은 조직에 적합하다. 사업부구조는 불확실한 환경 속에서 비일상적인 조직기술을 활용할 때, 기능 내 부서 간의 상호의존성이 높거나 외부 지향적 목표를 가진 조직 또는 성과 중심의 업무를 분담해야 하는 경우에 주로 사용된다.

따라서 각 사업부서는 자기 완결적 기능단위로서 부서 간의 협력 및 조정이 용이하고, 위임된 권한을 사용하여 각 부서마다의 성과를 직접 측정할 수 있다는 장점이 있다. 또한 비교적 간단한 절차를 이용하여 조직 내에 사업부서를 추가하거나 제거하는 등의 사업규모를 변화시킬 수 있고, 다른 구조들에 비해 전문적인 조직부서를 가지게 된다. 하지만 이런 조직 유형은 각각의 부서에 더 자격을 갖춘 관리자를 요구함으로써 비용을 증가시킬 수 있고, 일반적으로 직원 서비스, 시설 및 직원과 같은 자원과 노력이 중복되는 조직의 목표보다는 부서별 목표가 더 강조된다. 또한 사업부 간의 갈등이 유발되어 조정이 어려울 수 있고, 이기주의를 초래하는 등의 단점이 있다.

그림 8-4 사업부제 조직

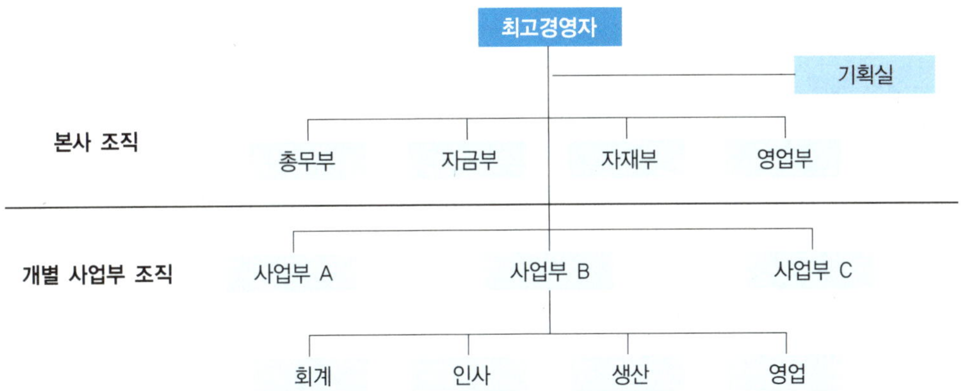

① 사업부제 조직의 보급 배경

사업부제 조직이 널리 보급하게 된 배경은 아래와 같다.

- 소비자의 욕구가 다양화되고, 이로 인한 다양한 제품의 특색이 필요하다.
- 생산 중심에서 마케팅 중심의 시장 확대로 이전된다.
- 경쟁격화로 인한 이익채산성이 중시된다.
- 유능한 경영자 육성의 필요성이 증대된다.
- 기업이 대규모화됨에 따라 관리의 분권화가 필수적이다.
- 모티베이션의 개선을 확보하여야 한다.

② 사업부제 조직의 세 가지 측면

- 이익책임단위 : 사업부제 시행에 있어서 각 부문의 이익관리를 분권화하는 것으로, 사업부는 독립채산제로서 독립적인 경영활동을 통해 실현한 이익으로 자체적으로 처리하고 책임을 지는 단위로 보장해 주어야 한다는 측면이다.
- 시장책임단위 : 각 사업부에 할당된 시장을 책임지고 관리하여 더 나아가 시장세분화, 신제품 개발, 제품의 다각화전략 등 시장전략을 중심으로 자립적인 시장을 개척하는 단위로서 보장해 주어야 한다는 측면이다.
- 분권관리단위 : 최고경영층과 본부의 스태프는 전사적 목표의 설정, 사업부 간 자

원배분, 사업부의 업적평가, 전사적 지원기능을 담당하도록 권한이 각 사업부에 대폭 이양되도록 보장해 주어야 한다는 측면이다.

(4) 프로젝트 조직(Project Organization)

1950년대에 등장한 프로젝트 조직은 태스크 포스(task force), 태스크 팀(task team) 조직이라고 불린다. 이 조직은 경영관리상 비반복적으로 일어나는 특정 사업계획(공장건설, 신제품개발, 신시장 개척 등)을 동태적으로 수행하기 위해 일정기간 일시적으로 실행하기 위해 형성되었다가, 그 사업이 끝나면 해체되는 일시적인 작업집단으로 구성되는 조직의 형태이다. 오늘날처럼 기술변화의 속도가 빠르게 진행되고 있는 경영환경 속에서 기업활동을 효과적으로 수행하기 위해서 동태적인 개방시스템에 맞추어야 하는 기업에 있어서 그 중요성이 부각되고 있다.

프로젝트 조직은 업무의 할당과 업적평가가 모두 프로젝트 관리자에 의해 수행된다. 프로젝트 관리자는 기존의 기능조직과 수평적인 관계에 있는 기능조직을 지휘하게 되며 매트릭스 조직의 프로젝트 관리자에 비해 의사결정 권한이 더 많이 주어지게 된다. 뿐만 아니라 조직구성원들과의 의사소통이 보다 원활하며 공식적인 권한의 폭도 넓다.

프로젝트 조직의 분위기나 성과에 영향을 끼치는 변수로는 내재적 보상, 커뮤니케이션, 피드백 등이 있다. 프로젝트 조직의 구성원은 비교적 학력이 높고 유능한 인원이기 때문에 그들이 가장 중요시하는 것은 직무를 통한 성취감, 안정감, 도전감, 자기성장의 기회 등이다. 따라서 이 조직에서는 내재적 보상이 충분히 제공되어야만 한다. 또한 프로젝트 조직의 구성원은 이질적이고, 프로젝트 역시 일상적이거나 반복적인 것이 아니기 때문에 커뮤니케이션, 보상의 제공, 피드백이 원활하게 이루어지지 않으면 프로젝트 조직은 효율성을 발휘할 수 없게 된다. 프로젝트 조직과 내재적 보상, 커뮤니케이션, 피드백 등 프로젝트 조직에 영향을 미치는 변수와의 관계는 단일관계가 아니라 목적, 규모, 조직 형태, 조직구성원의 근무기간 등에 따라 상이한 관계가 존재한다. 따라서 프로젝트 담당자는 이에 대한 정확한 분석과 지식을 가지고 프로젝트 조직을 관리해야 한다.

프로젝트 구조는 긴급한 문제를 해결할 때, 통상의 조직으로는 처리가 곤란할 때, 다른 문제와 분리하여 명확하게 목표화할 수 있을 때 주로 사용되기 때문에 규정과 규칙보다는 자율적인 계획 중심으로 이루어진다. 하지만 신속한 의사결정과 융통성을 위

▌그림 8-5▐ 프로젝트 조직

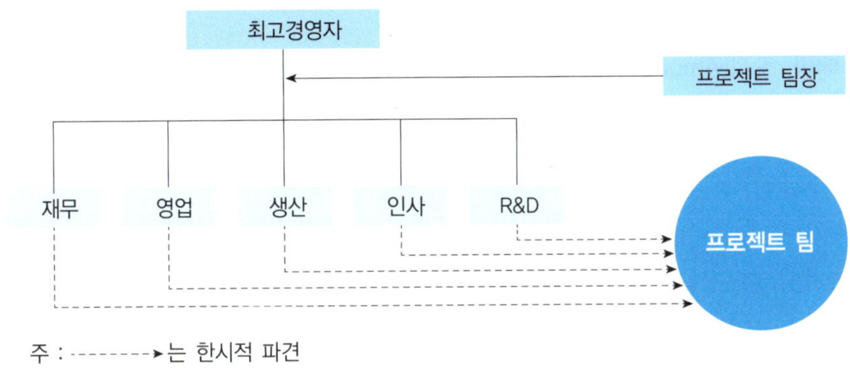

해 분권화가 필요하며, 분권에 의해 프로젝트 담당자는 모든 의사결정에 필요한 전문적 지식, 자격, 기술을 가지고 민주적인 의사결정을 해야 한다. 또한 프로젝트 구성원들은 충분한 자율성이 주어져야 하고, 업무에 대한 목표나 직무, 책임을 충분히 지각하고 있어야 하기 때문에 프로젝트 담당자는 프로젝트의 목표가 달성될 수 있도록 조직 구성원들에게 동기부여와 도전정신을 부여해 줄 수 있어야 한다.

프로젝트 구조는 의사소통과 보고체계가 명확하여 간단하고 신속한 의사결정 및 진행이 가능하다. 또한 프로젝트 관리자의 권한이 높아 프로젝트에 지식을 갖춘 인력을 배치하고 프로젝트 수행에 집중시킴으로써 프로젝트 추진력을 높일 수 있다는 장점이 있다. 하지만 개개인의 노하우가 기술의 개인 의존으로 기술 전문성에 제약을 받을 수 있고 기존의 부서에서 우수한 인력을 프로젝트 팀으로 완전히 보내야 하기 때문에 기존 기능부서의 업무수행에 차질을 줄 수 있다. 조직이 여러 개의 프로젝트를 동시에 수행하게 될 때에는 단순히 그 기능부서뿐만 아니라 조직 전체에 부담을 줄 수 있으며 프로젝트를 완료한 이후 팀원들의 소속 팀으로의 복귀가 불안정하다는 단점이 있다.

(5) 위원회 조직(Committee Organization)

위원회 조직은 결정이 다수인의 참여로 이루어지는 협의체조직을 말하는 것으로, 계층제의 경직성을 완화할 수 있고, 의사결정의 민주성이 제고된다는 점에서 중요한 의미를 지닌다. 그리고, 다양한 의견을 조정하고 의사결정의 결과에 대해 책임을 분산시킬 필요가 있을 때 흔히 사용되는 조직이다.

- 부서 간 의견불일치와 갈등의 해소 또는 조정의 기능을 하는 조직

• 직능식 조직의 각 부문 간의 갈등을 해결할 수 있는 기능의 조직

(6) 아메바 조직(Amoeba form of Organization)

미국의 미래학자인 윌리엄 노크(William Knoke)가 만들어낸 말로, 일정 크기 이상으로 성장하면 쪼개져서 각자 방식대로 성장하는 아메바처럼 다양하게 분열 증식하는 조직을 말한다. 이는 자율성과 유연성을 기본으로 하여 조직의 편성이나 변경, 분할과 증식이 자유롭게 수시로 일어난다는 특징이 있다.

아메바형 조직은 잘 다듬어진 규정, 계획, 그리고 구조에 따라 질서 있게 움직이는 전통적 조직과 거의 정반대가 되는 조직으로서 환경변화에 따라 그때그때 과업이나 임무를 위해 임시변통으로 움직이는 조직이다. 아메바형 조직이 필요한 이유는 특히 경영환경이 급속하고 끊임없이 변화함에 따라 조직은 더 이상 조직도표 안에만 고정되어 있는 것이 아니라 유기적인 조직이 될 것을 요구하고 있기 때문이다. 아메바형 조직에서 조직구성원들이 하는 일은 직무기술서에 고정되어 있는 일이 아니라 고객의 욕구에 따라 수시로 바뀐다. 즉 환경변화에 따라 직면하게 되는 문제에 대처할 수 있는 업무를 창조하고 유연하게 대응하는 조직이다.

아메바형 조직은 다양한 아메바들이 생겨나 분열 증식하는 모습을 보인다. 이러한 아메바형 조직은 "큰 기업은 작은 조직의 집합체처럼 운영한다"는 기본발상을 가지고 조직구성원 개개인을 존중하여, 전 조직원이 각자의 능력·개성·가능성을 최대한 발휘하고 개발하도록 한다.

이와 비슷한 형태의 기업을 서유럽에서는 '미니 프로핏 센터(mini profit center)'라고 한다. 이익을 낼 수 있는 가장 작은 단위로 기업조직을 나누어 스스로 운영해 나가도록 함으로써 구성원의 창의력을 최대한 살릴 수 있도록 하는 시스템이다.

[출처 : [네이버 지식백과] 아메바형 조직(시사상식사전, pmg 지식엔진연구소)]

(7) 가상조직(Virtual Organization)

특정한 조직이 그 구성요소 중 물리적 요소는 존재하지 않고 다만 지각(知覺)에 의해 추상적으로 인지(認知)할 수 있는 조직, 즉 컴퓨터 네트워크상에 존재하는 가상공간(cyber-space)이라는 매체를 통해 형성된 조직을 가상조직이라 한다.

가상조직이라는 개념은 네트워킹을 포함한 정보통신기술의 비약적인 발달로 최근에 등장한 것으로서 기존의 조직개념과는 그 차원을 달리한다. 즉 가상조직은 컴퓨터 네

트워크상에나 존재하는 가상(假像)의 장(場)인 가상공간이나 전자적 네트워크의 매체를 통해서만 그 모습을 드러내며, 기존 조직이 갖추고 있는 일정한 구성원이나 사무실·생산물 등과 같은 외견상 감지할 수 있는 물리적 실체가 있는 것은 아니다. 또 조직 내 구성원의 역할도 기존의 조직처럼 대면접촉에 의하는 것이 아니라 컴퓨터 통신망을 통한 전자우편·전자회의 등의 간접적 방법에 의한 커뮤니케이션에 의해 수행한다.

이와 같은 개념의 가상조직은 미래사회에서나 볼 수 있는 존재가 아니라 오늘날 이 시점에서도 우리 주변에 존재하며 활발히 운영되고 있다. 예컨대, 각종 사설정보 서비스망 내에 존재하는 여러 동호회나 최근 관심을 모으고 있는 인터넷의 웹(World Wide Web)을 통한 이른바 가상정부·가상정당·가상기업 등이 그것이다. 그중 가상기업은 현재 실제로 운영되고 있는 가상조직의 형태이다. 즉 국제적인 가상기업들은 전 세계적인 네트워크를 통해 각국 기업들 간에 전략적 제휴를 하며 비교우위를 최대한 활용함으로써 크게 성공을 거두고 있다.

(8) 무경계 조직(Boundless Organization)

GE의 잭 웰치 회장이 제안한 개념이다. 모든 형태의 수평적–수직적 경계를 완전히 철폐하고 심지어 회사와 외부 사이의 경계마저 허문다는 것이다. ‘Cross–hierarchical team’을 만들어서 조직 내 수직구조를 부수고 ‘Cross–functional team’을 만들어서 조직내 수평구조도 넘어선다는 것이다. 다시 말해서, 명령체계를 없애고 통제범위를 무한정으로 늘리며 권한을 가진 팀들로 부서를 대체하는 조직이다. 기존 조직위계를 배제하고 팀원에게 권한을 부여함으로써 참여를 통해 의사결정을 유도하고, 기존 조직에서 만들어진 공식적인 통로보다는 팀워크, 의사소통을 더욱 강조한다. 무경계 조직을 가능하게 한 가장 큰 원동력은 엄청난 속도로 발전하고 있는 네트워크와 정보통신 기술이다.

8.4 조직설계

조직설계란 기업의 목적을 효과적으로 달성하기 위하여 가장 적합한 조직을 만드는 것이다. 다시 말하면, 조직의 형태는 여러 가지가 있는데 기존의 조직이 환경변화에 적응할 수 있도록 그 구조를 변화시키는 것을 말한다.

조직설계에는 구성원들의 직무설계, 부문설계의 문제가 포함된다. 그리고 조직의 각 개인과 각 지위에 어느 정도의 권한과 책임을 부여할 것인가, 여기에 의사결정과정, 커뮤니케이션 네트워크 등의 문제를 고려하여 경영성과를 최대한 나타낼 수 있는 조직을 만드는 것을 말한다.

조직구조는 조직설계의 결과로 어떤 모양과 특색을 갖춘 짜임새 있는 조직이 탄생하게 되는데 이러한 조직의 틀을 나타내는 것을 의미한다. 정리하면 조직화는 조직의 형성과 유지를 위한 동태적이고 관리과정적인 기능이며, 조직은 경영자가 조직화기능을 수행한 결과로 형성되는 것으로 정태적인 형태나 구조의 의미를 갖고 있다.

1) 조직설계 요인

조직설계의 구조적 차원과 상황적 요인은 서로 상호작용하며, 조직의 목표달성에 영향을 미치게 된다.

그림 8-6 | 조직설계의 구조적 차원과 상황적 요인

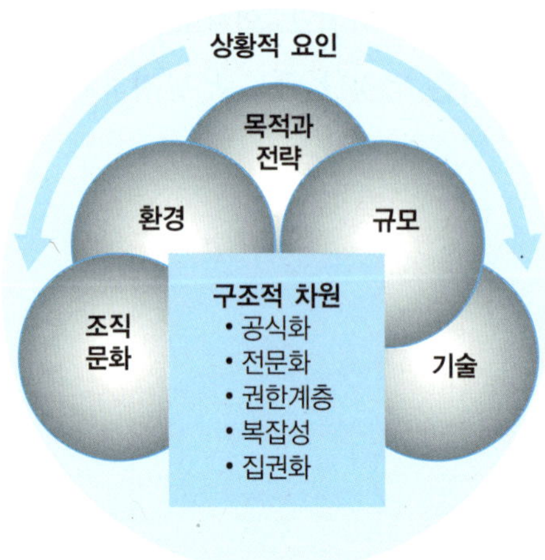

(1) 구조적 차원(Structural Dimension)

조직 내부 특성을 설명하는 속성변수를 말하며, 이는 다음과 같다.

- **공식화(formalization)** : 조직 내 문서화 정도
- **전문화(specialization)** : 조직의 직무가 개별 업무로 세분화된 정도(분업화 수준)
- **권한계층(hierarchy of authority)** : 보고체계와 관리의 통제범위
- **복잡성(complexity)** : 조직 내 부서나 활동의 개수(수직적, 수평적, 공간적 복잡성)
- **집권화(centralization)** : 의사결정이 어느 계층에 있는지를 나타냄

(2) 상황적 요인(Contingency Factors)

조직구조에 영향을 주는 요소를 말하며 이는 다음과 같다.

- **조직규모** : 조직의 크기(종업원 수, 총매출 혹은 총자산)
- **조직기술** : 제품과 서비스를 생산하는 방법(예 익일 배송시스템 등)
- **조직환경** : 조직 경계 외부에 존재하는 모든 요소
- **조직의 목적과 전략** : 회사가 의도적으로 가고자 하는 지향점(목적)과 그 지향점에 도달하기 위하여 계획된 일련의 행동(전략)
- **조직문화** : 종업원들이 공유하는 핵심가치, 신념, 이해, 규범 등

2) 조직구조의 설계과정

조직설계과정에 필요한 의사결정단계를 말하는 것으로 다음 단계를 따른다.

- **전체 업무의 명확화** : 전체 업무를 명확히 파악한다.
- **업무의 분할** : 업무를 논리적으로 분할하여 전문성에 따라 분업화한다.
- **업무의 부문화** : 논리적인 기준에 따라 집단화하는 것으로 조직구성원을 업무의 성격에 따라 유사하거나 관계가 깊은 역할끼리 하나로 묶어 몇 개의 부서로 나누어 관리한다.
- **조정** : 조직 내의 독립적인 부문들의 활동이 조직 전체의 목표를 효과적으로 달성하는 데 기여할 수 있도록 통합하는 과정으로 분업에 의한 전문화는 조직 내의 마찰과 갈등을 조장할 수 있으므로 분업 간 조정이 필수적이다.
- **통제** : 조직의 효율을 감시하고 유지하거나 증진시키기 위해 피드백 과정인 수정단

계가 필요하고, 조직구조의 설계는 지속적인 과정이기 때문에 정기적인 평가와 통제가 필요하다.

3) 조직설계의 관점

(1) 고전적 관점

전통적 관점에서는 상황변수의 안정성을 바탕으로 조직문화를 등한시하고 기본변수를 중시하여 복잡성, 공식성, 집권성이 모두 높은 기계적 조직구조를 설계하였다.

(2) 현대적 관점

조직활동이 다양화되고 환경이 불확실해진 현대 조직에서는 전통적 조직구조에서 벗어나서 복잡성, 공식성, 집권성이 모두 낮은 유기적 조직구조의 설계를 강조한다.

즉 단순조직에서 복합조직으로, 집권적 조직에서 분권적 조직으로, 정태적 조직에서 동태적 조직으로, 개인 중심의 조직에서 팀 중심의 조직으로, 사람 중심의 조직에서 과업 중심의 조직으로 전환해야 한다는 것이다. 기업의 외부 환경은 새로운 경쟁자, 경제적 동향, 정부의 규제, 기술혁신 등으로 끊임없이 변화한다. 이러한 환경의 변화는 기업의 새로운 전략과 조직의 변화를 요구한다. 이에 많은 기업들은 혁신이라는 용어를 사용해 미래에 다가올 변화에 대비해 새로운 전략과 조직을 준비하고 있다. 미래의 조직은 시대에 발맞추어 사람에 의한 조직, 과거의 관성에 의한 의사결정이 아닌 과업과 이해관계자들 간의 협업을 통해 혁신을 주도하는 조직을 필요로 한다.

/연/습/문/제/

01 제조업 관련 조직과 서비스업 관련 조직의 특징에 대해서 토론하시오.

02 조직몰입 개념과 조직몰입 측정방법에 대해서 기술하시오.

03 관료제 조직과 탈관료제 조직의 각각의 장단점에 대해서 기술하시오.

04 조직의 기계적 구조와 유기적 구조의 차이점에 대해서 기술하시오.

05 조직의 유형은 정태적 조직과 동태적 조직으로 구분할 수 있다. 각각의 특징에 대해서 기술하시오.

06 기술조직설계 사례를 조사하여 해당 조직의 특성에 대해서 기술하시오.

CHAPTER 9

기술마케팅

9 CHAPTER 기술마케팅

9.1 마케팅관리

1) 마케팅 개념

마케팅(marketing)은 시장경제 또는 수요를 관리하는 경영학의 한 분야로 단순하게 정의하자면 'Exchange Relationship'이라고 할 수 있다. 마케팅은 광고, 영업 등을 포함하며 창의성을 갖는 산업으로 기존의 마케팅은 소비자의 미래의 요구와 욕구를 예측하는 일로 한정되었으나 21세기 이후의 마케팅은 잠재적인 욕구를 자극하여 표면상으로 끌어내는 행위나 동기로까지 발전하였다. 마케팅이라는 용어의 범위는 시장에서 벗어나 일상의 행위에서도 등장하였다.

마케팅은 판매행위를 어떻게 구성하고 전달할 것인지에 대한 모든 일련의 행위를 포함한다. 또한 상대방의 잠재욕구를 자극하여 상품과 용역을 필요로 하게끔 만드는 행위와 상품과 용역을 생산자로부터 소비자에게 원활히 이전하기 위한 비즈니스 활동을 포함한다. 즉 생산자와 소비자의 니즈(needs)를 결합해서 효율적인 공급을 하는 것이 마케팅이다. 마케팅활동으로는 시장조사, 상품화계획, 판매촉진, 선전광고, 디지털 마케팅(digital marketing) 등이 있다.

2) 마케팅전략 수립

마케팅전략 수립과정은 마케팅 목표 수립 → 시장환경분석(거시환경분석, 산업시장환경분석) → 4C분석 → STP분석 → 4P분석 및 실행과정을 거쳐 제품을 판매하기 위한 행위를 어떻게 구성할 것인지 체계적인 분석을 하게 된다.

▌그림 9-1▐ 마케팅전략 프로세스

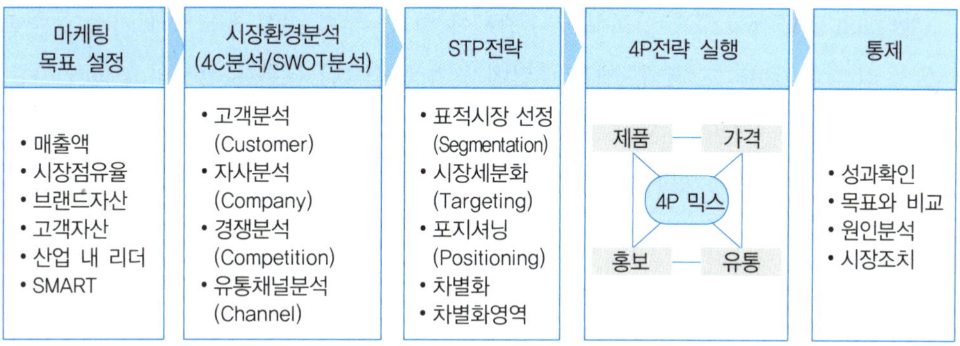

(1) 마케팅 목표 수립

목표 수립단계는 마케팅활동을 통해 달성하고자 하는 목표의 종류와 수준을 결정하는 단계이다.

무엇을 달성할 것인가 분명하게(Specific), 어느 정도 달성되었는지를 분명히 알 수 있게(Measurable), 목표 달성을 위해서 무엇을 해야 하는지를 명확하게(Achievable), 현실적으로 적절하고 실현가능하게(Realistic), 적절한 시간과 시기가 설정되어야(Timely) 한다는 것이 'SMART' 기법이다. 이 기법은 1981년 조지 도란(George T. Doran)의 글을 통해 널리 알려지게 된 목표 수립법이다. 각각의 스펠링에 의미를 부여, 목표 또는 계획 수립 시 고려해야 할 사항을 쉽게 기억할 수 있도록 정리했다는 장점이 있다. 특히 개인뿐만 아니라 기업에서도 널리 활용되고 있는 목표 수립 기법이기도 하다. SMART 목표관리의 각각의 내용은 다음과 같다.

- Specific : 목표는 구체적이어야 한다. 사실 목표가 얼마나 구체적인가 여부는 목표달성률과 밀접한 상관관계가 있다(6하 원칙 적용).
- Measurable : '측정가능하게' 목표를 세분화하라는 것이다. 아무리 어려운 목표라도 실현가능한 수준으로 정교하게 세분화한다면 달성하기 수월해진다. 그리고 수치확인을 통해 목표달성과정을 정확하게 파악할 수 있다.
- Achievable : '달성가능한' 목표를 세워야 한다. 자신에게 중요한 목표를 설정했다면 그것을 실현할 방법을 고민하고 생각해야 한다. 목표를 달성하기 위해서 목표 수준과 기간뿐만 아니라 본인의 기술, 능력, 태도상황, 비용까지도 고려해야 한다. 성공하고 싶다면 사고 중심의 목표가 아니라 행동 중심적인 목표를 설정해야

한다.

- Realistic : '현실적'으로 목표를 수립해야 한다. 계획 수립 초보자가 가장 실수하기 쉬운 부분이기도 하다. 계획 수립에서 가장 중요한 부분은 자신의 능력과 수준, 시기 등을 고려해야 한다는 점이다. 또한 과도하게 자신의 능력과 수준을 과소평가하는 것도 더 큰 성취를 방해할 수 있어 유의해야 한다. 큰 목표를 달성하려면 반드시 실현가능한 수준으로 단계를 낮추고 점진적으로 공략해야 한다.
- Timely : '적절한 시간 배분'을 해야 한다. 목표를 달성하지 못하는 사람의 특징 중 하나는 목표달성에 필요한 시간을 적절히 배분하지 못한다는 점이다. 성공적인 목표관리를 위해서라면, 먼저 데드라인을 정하고 시간을 충분히 반영해야 한다.

| 표 9-1 | SMART 기법

구분		설명	예시 사례	
			Bad Case	Good Case
S	Specific	성공·실패 여부를 판단할 수 있는 명확한 기준 수립	신규시장에 안착	가정용 가구시장 2년 내 시장점유율 15% 달성하여 업계 2위로 성장
M	Measurable	목표의 정량화	홍보활동 강화를 통한 브랜드 인지도 제고	기사 보도자료 월 50회 이상, 포털 메인 기사 월 15회 이상
A	Achievable	즉각적 행동을 유도할 수 있는 목표 수립		
R	Realistic	• 최대한의 성과 가정 • 상하위 부서 간 실현 가능성 납득	2년 내 업계 1위권 달성(top-down방식, 목표 일방적 부여)	시장상황, 내부 역량분석을 통한 합리적 목표 도출, 부서 간 합의
T	Timely	연·분기·월·주 단위 계획 수립	• 연 매출 목표 1,200억 달성 • 주간·월간 계획 없음	• 계절성, 산업 특이성을 고려한 월 단위 목표 수립 • 주간·월간 실행계획 수립(세부계획 수립)

(2) 3C전략

상황분석단계는 4C(Customer, Company, Competition, Channel)를 위시한 제반 환경 구성요인에 대한 분석을 통해 기회와 위협요인을 파악함으로써 마케팅전략 방향 설정을 위한 시사점을 구하는 과정이다. 이 과정에서 살펴야 하는 주요 환경 구성요인들은 고객, 경쟁자, 자사와 같은 3C는 물론 경제, 사회, 법률, 기술, 문화 등의 거시환경요인들을 포함한다.

과거에는 3C(Customer, Company, Competition)분석을 주로 사용해 왔으나, 현대에 이르러서는 시장경쟁구도의 불확실성과 시장 사이클이 짧아짐에 따라 유통 및 물류 채널(Channel)분석을 동시에 수행하는 경우가 많다.

| 그림 9-2 | 3C전략

Company(자사분석)

- 기업 내·외부의 환경과 강점, 약점을 파악 : SWOT분석의 활용
- 평가요소 : 기업목표, 자원, 시너지효과
  - 기업의 목표와 일치하는가?
  - 인적, 물적, 기술적 자원을 갖추고 있는가?
  - 기존 브랜드의 마케팅 믹스 요소를 연계하여 시너지효과를 가져올 수 있는가?

Customer(고객분석)

- STP분석을 통한 고객 세그먼트, 타깃, 제품 포지셔닝을 파악
- 평가요소 : 시장규모, 시장성장률
  - 해당 세분시장이 적절한 규모인가?
  - 성장가능성이 높은 시장인가?
  - 각 세분시장별 잠재수요는 어느 정도인가?

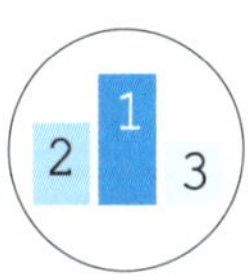

Competition(경쟁자분석)

- 자료수집범위에 따라 시장분석, 마켓체인분석, 포트폴리오, 재무분석 등을 활용
- 평가요소 : 현재의 경쟁자, 잠재적 경쟁자
  - 현재의 경쟁사들이 공격적이고 강력한가?
  - 새로운 경쟁자의 진입가능성이 높은가?

(3) SWOT분석

기업의 환경분석을 통해 강점(Strength)과 약점(Weakness), 기회(Opportunity)와 위협(Threat)요인을 규정하고 이를 토대로 마케팅전략을 수립하는 기법이다.

어떤 기업의 내부환경을 분석하여 강점과 약점을 발견하고, 외부환경을 분석하여 기회와 위협을 찾아낸다. 이를 토대로 강점은 살리고 약점은 제거하고, 기회는 활용하고 위협은 억제하는 마케팅전략을 수립하는 것을 말한다.

이때 사용되는 4요소를 강점·약점·기회·위협(SWOT)이라고 하는데, 강점은 경쟁기업과 비교하여 소비자로부터 강점으로 인식되는 것은 무엇인지, 약점은 경쟁기업과 비교하여 소비자로부터 약점으로 인식되는 것은 무엇인지, 기회는 외부환경에서 유리한 기회요인은 무엇인지, 위협은 외부환경에서 불리한 위협요인은 무엇인지를 찾아낸다. 기업내부의 강점과 약점을, 기업외부의 기회와 위협을 대응시켜 기업의 목표를 달성하려는 SWOT분석에 의한 마케팅전략의 특성은 다음과 같다.

- SO전략(강점-기회전략) : 시장의 기회를 활용하기 위해 강점을 사용하는 전략을 선택한다.
- ST전략(강점-위협전략) : 시장의 위협을 회피하기 위해 강점을 사용하는 전략을 선택한다.
- WO전략(약점-기회전략) : 약점을 극복함으로써 시장의 기회를 활용하는 전략을 선택한다.
- WT전략(약점-위협전략) : 시장의 위협을 회피하고 약점을 최소화하는 전략을 선택한다.

학자에 따라서는 기업 자체보다는 기업을 둘러싸고 있는 외부환경을 강조한다는 점에서 위협·기회·약점·강점(TOWS)으로 부르기도 한다.

| 그림 9-3 | SWOT분석

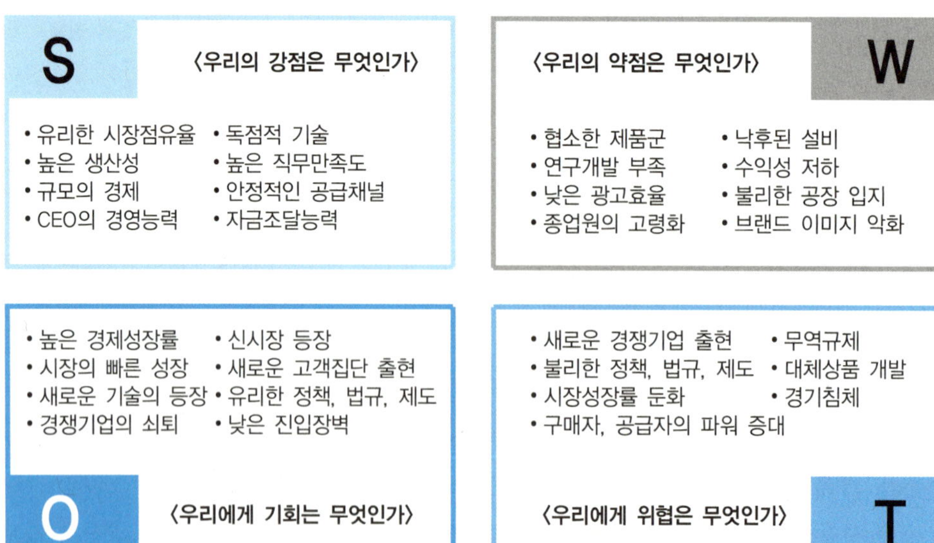

(4) STP전략

마케팅전략 수립 시 핵심단계는 STP전략 수립이다. STP란 시장세분화, 표적시장 선정, 포지셔닝(Segmentation, Targeting, Positioning)으로 구성되어 있다. 기업의 입장에서 한정된 자원으로 최대한의 마케팅 효과를 내기 위한 전략방안으로 STP분석을 사용한다. 즉 3C 또는 4C분석을 통해 기업의 마케팅환경을 분석하고, 이후 제품시장을 몇 개의 세분화된 시장(Segmentation)으로 나누고, 세분화된 시장을 평가하여 표적시장(Targeting)을 선정한 이후 각 제품에 대한 포지셔닝(Positioning)을 파악하여, 제품에 대한 경쟁우위를 가져가기 위한 프로세스를 의미한다.

① 시장세분화(Segmentation)

시장세분화과정은 전체 시장을 고객의 욕구나 특징 등을 바탕으로 작은 세분시장으로 분류하는 것을 말한다. 이 과정을 통해 기업은 시장에 대한 이해를 넓히고 새로운 성장기회를 발견할 수 있다.

표 9-2 시장세분화 변수

변수	주요 내용
지리적 변수	지역, 인구밀도, 도시의 크기, 기후
인구통계적 변수	나이, 성별, 연령, 가족규모, 가족수명주기, 직업, 교육수준, 종교, 국적 등
심리분석적 변수	사회계층, 브랜드충성도, 개성, 라이프스타일
행동적 변수	추구하는 편익, 사용량, 제품에 대한 태도, 인식, 상표충성도, 상품구매 또는 사용상황, 가격에 대한 민감도, 제품 사용 경험
추구 효익 변수	제품속성, 기능, 가격

효과적인 시장세분화의 요건은 다음과 같다.

- **측정가능성** : 세분시장의 특성들이 측정가능해야 한다.
- **접근가능성** : 유통경로나 매체를 통해 접근이 가능해야 한다.
- **충분한 시장규모** : 세분시장이 커서 충분한 이익을 얻을 수 있어야 한다.
- **실행가능성** : 각 세분시장을 공략하기 위한 효과적 마케팅 프로그램을 개발할 수 있어야 한다.

② 표적시장 선정(Targeting)

표적시장 선정과정은 시장세분화과정을 통해 도출된 복수의 세분시장들 중에서 세분시장들의 매력도, 경쟁강도, 자사와의 적합성 등을 기준으로 최적의 세분시장을 표적시장으로 선정하고 이 표적 세분시장에 자원을 집중하는 과정이다.

시장을 세분화하는 이유는 표적시장을 정하기 위해서이다. 세분된 모든 시장을 자사의 목표시장으로 선정할 수는 없다. 왜냐하면 세분시장별로 각기 다른 특성이 있기 때문에 자사의 기업여건이나 경쟁사의 시장관리능력을 파악하여 접근할 필요가 있다.

표적시장을 선정하기 위해서는 세분화된 시장을 구체적이고 세부적으로 분석하고 평가해야 한다. 시장규모나 성장성뿐만 아니라 기존 경쟁강도와 잠재적 진입자의 진입 정도, 공급자의 교섭력과 구매자의 교섭력, 대체기술이나 제품의 출현 정도, 유통경로와 물류의 여건까지 고려해야 한다. 또한 시장환경과 경쟁환경요인뿐만 아니라 경제적, 기술적인 요인, 문화사회적인 요인, 자사의 능력과 세분시장과의 상호작용까지도 면밀히 분석하여야 한다. 이러한 과정을 거쳐 표적시장으로 선정되면 표적시장의 시장구조와 구매자특성을 파악하여야 한다.

시장구조 면에서는 기술, 품질, 서비스수준과 고객의 성장성, 유동성과 안정성, 고객 업종의 영업이익률과 매출채권 회수기간 등 구조적 매력성을 면밀히 분석해야 하며 구매자 특성 면에서는 구매자의 정보수집방법과 구매자의 구매평가기준, 예를 들면 구매자가 구매할 때 평가하는 가격수준, 품질수준, 납기수준, 기술수준, 신용도나 신뢰도수준 등을 미리 분석하여 대처해야 한다.

그 밖에 표적시장의 구매 의사결정집단의 구조를 정확히 파악하여 사전에 전략과 접근방법을 고려해야 한다. 예를 들면, 표적시장의 구매의사결정과정에 참여하는 조직구조가 어느 부서(구매부서, 사용부서, 기술부서, 감사부서 등)가 구매영향력이 있고 그 중에 구매결정에 결정적 영향을 미치는 핵심적인 인물(key person)이 어느 부서에 있는지까지 면밀히 분석해야 한다.

참고로 표적시장을 선택하는 데 사용되는 전략으로는 대량시장 선택전략, 틈새시장 선택전략, 성장시장 선택전략, 글로벌시장 선택전략 등을 주로 사용하고 있다.

③ 포지셔닝(Positioning)

가. 포지셔닝 개념

포지셔닝의 정의는 학자마다 조금씩 다르지만 기본적으로는 다음과 같다. "하나의 제품이나 서비스 혹은 회사를 소비자들의 인식 속에 특정한 이미지로 자리 잡게 하는 일 또는 전략"이다.

포지셔닝과정은 선택된 표적시장 내에서 자사 또는 자사의 상품이 고객의 인식 속에서 차지하고 싶은 위치(position)를 확정하고 이를 구체화하는 과정이다. 포지셔닝이 중요한 이유는 치열한 경쟁으로 인해 소비자가 선택할 수 있는 상품 대안이 많고, 소비자들은 이 많은 상품 대안들을 일일이 비교 검토하고 싶어 하지 않기 때문이다. 이런 상황에서 어느 기업이나 상품이 고객의 인식 속에서 독보적인 위치를 선점하게 될 경우에는 장기적으로 지속할 수 있는 좋은 성과를 거둘 수 있다.

나. 포지셔닝의 유형

- **속성에 의한 포지셔닝** : 자사제품이 경쟁기업의 제품과 다른 기능적, 감각적 편익이나 속성 같은 차별점을 소비자에게 인식시키는 방법이다. 이 전략은 가장 흔히 사용되는 방법으로 기존 자사제품의 약점에 대한 개선을 인식시키거나 자사제품의 강점을 다시 한번 부각시키기도 하고, 경쟁제품에는 없는 속성이나 약점을 부각시켜 포지셔닝한다. 치약의 경우 그 기능에 따라 충치를 예방하는 치약으로 포지셔닝할 수도 있고 이를 하얗게 해주는 치약으로 포지셔닝할 수도 있다. 또한 자동차의 경우 소음이 심했던 차를 '조용한 차'로 포지셔닝하여 자사제품의 단점에 대한 개선을 강조하기도 하고 내의의 경우 감각적 차별성을 부여하여 따뜻함이나 편안함이 아닌 패션의 개념으로 포지셔닝할 수도 있다.
- **사용자에 의한 포지셔닝** : 자사제품이 특정 사용자계층에 적합하다고 소비자에게 인식시키는 방법이다. 이를 닦기 싫어하는 어린이를 위한 젤 타입의 달콤한 냄새가 나는 어린이 전용 치약, 접대가 많은 비즈니스맨을 위한 숙취해소 음료, 아침 출근준비에 바쁜 직장인을 위한 린스 겸용 샴푸 등이 특정 사용자를 위한 포지셔닝의 예이다.
- **사용상황에 의한 포지셔닝** : 제품이 사용될 수 있는 상황을 제시하여 소비자들에게 인식시키는 방법이다. 생일파티를 벌이는 상황을 설정하여 가족들의 모임에 적합

하다고 강조하는 패밀리 레스토랑 등이 여기에 속한다.

- **경쟁제품에 의한 포지셔닝** : 자사제품과 경쟁제품을 비교해서 자사제품의 우위를 소비자들에게 인식시키는 방법이다. 우리나라는 법적으로 비교광고가 금지되어 있기 때문에 직접적으로 표현해서는 안 되지만 충족되지 않는 소비자의 욕구를 간접적으로 파고드는 전략을 사용할 수 있다. 경쟁제품에 의한 포지셔닝은 주로 시장선도 기업을 대상으로 많이 이루어지는데, 소비자들에게 인식되어 있는 시장선도 기업의 이미지를 자사의 포지션과 연관시킴으로써 그 효과를 증대시키는 이점이 있다. 즉 경쟁자의 포지션을 바탕으로 소비자의 니즈와 경쟁자와의 차별화를 연결시키는 유용한 전략이다.
- **리포지셔닝(repositioning)** : 기업이 의도한 대로 제품 포지셔닝이 되었어도 시간이 흘러 고객의 니즈와 경쟁환경의 변화에 따라 처음의 포지셔닝이 효과를 거두지 못할 때가 있다. 이럴 경우에는 시장환경에 맞게 기존제품을 새로운 표적 세분시장에서 다시 포지셔닝해야 하는데 이것을 리포지셔닝(repositioning)이라고 한다. 리포지셔닝은 소비자들이 가지고 있던 인식이 깊이 뿌리박혀 있기 때문에 다소 어렵기는 하지만 기존의 제품으로 시장을 확대할 수 있다는 장점이 있다. 예를 들어, 유아계층을 목표로 포지셔닝이 되었던 존슨앤존슨 베이비 로션의 경우 처음과는 달리 순한 화장품이라는 제품 콘셉트로 연약한 피부를 가진 청소년과 여성을 목표고객으로 리포지셔닝했다.

다. 포지셔닝 맵

포지셔닝 맵(positioning map)이란 제품에 대한 고객의 지각을 2차원이나 3차원 그래프로 표시한 것으로, 소비자의 머릿속에 인식되어 있는 자사제품과 경쟁제품의 포지션을 나타낸다. 포지셔닝 맵은 소비자의 인지를 기준으로 만들어지기 때문에 인지도(perceptual map)라고 부르기도 한다. 이렇게 포지셔닝 맵을 그려보면 자사제품이 소비자에게 어떻게 인식되고 있는지, 경쟁제품은 무엇이고 얼마나 있는지, 경쟁제품이 어떻게 인식되고 있고 또 자사제품과 어떤 위치관계가 있는지, 소비자가 생각하는 이상적인 제품속성은 무엇인지, 자사제품이나 경쟁제품이 놓치고 있는 시장은 어디인지 등을 알 수 있다.

| 그림 9-4 | 포지셔닝 맵 사례

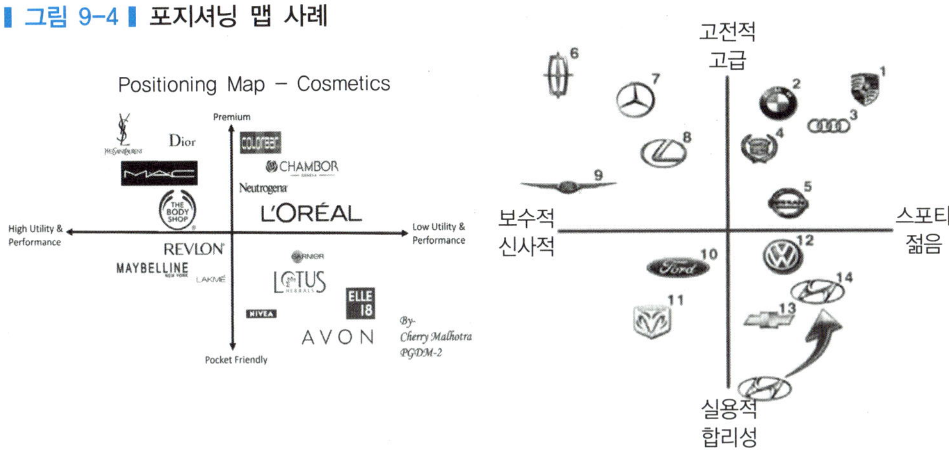

포지셔닝 맵을 작성할 때 가장 중요한 점은 지표를 선정하는 것이다. 포지셔닝 맵의 지표는 제품에 대해서 소비자들이 구매의사결정을 할 때 가장 중요하게 생각되는 것으로 선정해야 한다. 소비자들이 고가제품을 선호하는지 저가제품을 선호하는지, 보수적인지 혁신적인지, 강한 맛을 선호하는지 부드러운 맛을 선호하는지 등 소비자들이 해당 제품에 대해 가질 수 있는 구매결정요소를 정확하게 파악하여 지표로 삼고 포지셔닝 맵을 작성해야 한다. 소비자들이 중요치 않게 생각하는 지표를 선정하게 되면 결국 마케팅전략은 엉뚱한 방향으로 흐르게 된다. 소비자들이 중요하게 생각하는 속성도 경제적 변화, 사회문화적 변화 등 외부적인 요인으로 영향을 받고 시장상황에 따라 변할 수 있으므로 신중하게 선택해야 한다.

(5) 4P전략

마케팅 믹스(marketing mix)란 일정한 환경적 조건과 일정한 시점 내에서 여러 가지 형태의 마케팅수단들을 경영자가 적절하게 결합 내지 조화해서 사용하는 전략을 의미한다. 즉 어떠한 제품에 사용된 모든 마케팅전략의 집합체를 조정, 구성하는 일이다. 마케팅 믹스라는 용어는 미국 미시간 주립대학의 제롬 맥카시(E. J. McCarthy) 교수가 1960년 처음 소개하였다. 맥카시 교수는 회사가 그들의 타깃 고객층을 만족시키기 위해서 제품(Product), 가격(Pricing), 장소(Place), 촉진(Promotion)의 네 가지 마케팅전략을 적절하게 섞어서 사용한다고 주장하였다.

현대에 이르러서는 마케팅 믹스 전략에서 제시된 이 네 가지 변수를 흔히 4P라고 하며 기업의 목표를 달성하기 위해 통제가능한 변수로 사용된다. 이러한 통제변수를 적절히 배합하여 목적을 이루어내는 전략을 마케팅 믹스라고 부른다(4P : 전통적 분류(1960년~, Marketing 1.0)).

| 표 9-3 | 마케팅 믹스(4P) 전략

4P전략	주요 내용
제품전략 (Product strategy)	목표시장에서 경쟁사보다 더 나은 제품의 포지셔닝 구축 • 물리적 차별화 : 제품의 종류, 디자인, 기능, 성능, 품질, 내구성, 포장, 크기나 규격 등에서 차별화된 요소 • 서비스 차별화 : 품질보증 서비스, 고객상담, 고객관리, A/S, 주문의 용이성 등의 측면에서 차별화 시도
가격전략 (Pricing strategy)	제품의 적정가격을 설정, 할인 여부와 정도, 할부기간 등에 관한 의사결정 • 고려요소 : 기업의 재무적 목표, 수익성, 고객의 수용성, 경쟁자 진입, 제품·유통·촉진전략과 일관성
유통전략 (Placement strategy)	제품을 고객이 원하는 시간과 장소에 제공 • 직접유통방식 : 제품을 온라인 또는 오프라인에서 고객에게 판매하는 방식 예 직영점 매장, 온라인 • 간접유통방식 : 중간 유통업자가 개입하여 생산한 제품을 원하는 장소와 시간을 원하는 형태로 가공하여 제공 • 혼합(직접×간접)방식 : 기업고객에게는 직접 판매하는 경우가 많고, 기업고객보다 고객 수가 훨씬 더 많고 지리적으로 분산되어 있는 소비자에게는 중간 유통망을 통해 간접적으로 판매
촉진전략 (Promotion strategy)	소비자의 구매를 유도하도록 자사의 제품이나 서비스의 성능과 정보를 제공하고, 어필하는 것으로 대표적으로 광고, 판매촉진, PR, 인적판매 등이 있다. 이러한 수단으로 대중들의 원활한 의사소통을 기반으로 구매를 끌어내는 유인 기법

마케팅 믹스(4C)

4C : 구매자 측 시점(1993년~, Marketing 2.0)

로버트 로터본이 1993년에 구매자 측 시점에 의한 '4C' 분류방법을 소개했다. 이것은 4P가 판매자 측의 시점에서 파악되어 있어 소비자의 시점으로 다시 파악한 것이다. 4C이론은 소비자로부터 시작된 IMC가 놓인 프레임워크로써 만들어졌다. 코틀러식 관점에서 보면 이 시대의 마케팅을 '마케팅 2.0'이라고 정의하며, 4개의 C는 Consumer(소비자의 요구나 요구) 또는 Customer solution 또는 Customer value(고객 솔루션 또는 고객가치), Customer cost(소비자가격), Convenience(유통의 편리성), Communication(의사소통)이다.

4C는 다음과 같다.

- Consumer(소비자의 요구 또는 상품) 또는 Customer solution(고객 솔루션)
- Customer cost(소비자가격)
- Communication(커뮤니케이션)
- Convenience(유통의 편리성)

4C : 양측 공생의 시점(1973년~, Marketing 3.0)

스티브 잡스가 구매자의 수요를 선점하여 모두가 기대하고 필요로 하던 상품을 출시한 것처럼 오늘날 판매자와 구매자 양측이 함께 할 공생(공동가치창조)의 시점이 중요하다. 기업과 소비자, 국가와 국가, 인간과 자연이 함께하는 공생마케팅 또는 공동마케팅(Co-marketing : Commensal marketing, Symbiotic marketing) 믹스 요인이 또 하나의 4C이다(1972년도 와세다대학교 상학연구과 석사논문 발췌). 이는 코틀러의 관점, '마케팅 3.0'에 상당하는 결과이다. 4C는 다음과 같다.

- Commodity : 상품(라틴어의 원뜻은 commodus: 함께 편리한)
  그저 제작하여 판매하는 프로덕트 아웃(product out)이 아니라 기업과 소비자가 함께 만드는(Co・creation) 상품, 생활필수품을 만들면 최근 코모디티화(commodity)에 대한 걱정은 없다.
- Cost : 비용(원뜻은 constare : 함께 희생하다)
  제품가격만으로 경쟁을 하기에는 다소 무리가 있다. 생산・판매비용뿐 아니라 환경을 토대로 한 사회적 비용도 포함시켜야 한다. 기본적 비용만으로는 무리가 따른다.
- Communication : 커뮤니케이션(원뜻은 communico: 함께 의미를 갖는다)
  프로모션의 카테고리만으로는 충분치 않다. 동북아시아를 발전시키고 있는 것은 커뮤니케이션이다. 광고, 판촉, PR, 홍보, CI, 인적 판매, 기업 내 커뮤니케이션, SNS(소셜 미디어), MIS 등이 있다.
- Channel : 유통경로(원뜻은 canalis : 운하)
  판매처뿐만 아니라 상품의 유통이 중요하다. 판매처가 아닌 유통경로의 경우 실제 점포와 인터넷상의 쇼핑몰 등의 점포와의 융합도 포함된다.

이상의 마케팅 믹스(marketing mix)의 4C를 탑재한 공생마케팅(co-marketing) 프레임워크가 '7Cs COMPASS MODEL'이다.

출처 : 위키백과

(6) 통제

이상과 같은 과정을 통해 마케팅 목표 수립부터 전략 실행에 이르는 단계가 진행되고 나면 마케팅 목표와 실제 성과 간의 차이를 비교하고, 그 결과를 토대로 적절한 피드백 조치를 취함으로써 이후 마케팅 전략의 성과를 제고하기 위한 노력인 통제(control)과정을 밟아야 한다. 마케팅 목표 수립 단계에서 재무적 목표와 정성적 목표의 균형을 강조했던 것처럼 통제단계에서도 재무적인 분석은 물론 재무적인 분석결과에 대한 원인을 설명해 줄 수 있는 정성적 측면에 대한 분석(예컨대, 소비자의 소비행동 및 태도분석)도 똑같이 중요하게 다루어져야 한다. 상황분석을 위하여 진행하는 일 중에 중요한 것이 시장에 대한 조사인데 시장조사의 방법에는 정성적 방법과 정량적 방법이 있다.

표 9-4 마케팅 평가 데이터 유형

구분	정성적 조사	정량적 조사
정의	조사자의 주관적인 견해와 판단을 근거로 하는 조사방법	계량화된 과학적인 자료를 근거로 하는 현상을 분석하는 조사방법
방법	• 심층면접, 전문가평가 • 포커스 그룹 면접(표적집단면접)	• 설문지조사 • 패널조사 • 자료조사, 문헌조사
사용 목적	• 구체적으로 조사할 내용이 확정되지 않았을 경우 • 밝혀야 할 관계가 잘 규명되지 않은 초기단계에서 문제해결의 실마리를 얻기 위함	구체적으로 조사할 내용이 확정되어 가설을 설정하고 검증하는 단계에서 많이 사용
성과 지표	조직역량, 고객과의 관계, 시장 반응, 브랜드 이미지, 소비자 감성 등	비용, 재고관리, 재무상 매출, 가격, 시장점유율, 제품별 서비스 수준, 고객 불만 수준 등

〈마케팅 평가 바이블〉의 저자 마크 제프리는 마케팅 영역에서도 마찬가지로 다른 경쟁사가 따라올 수 없는 탄탄한 우위를 구축해야 한다고 주장한다. 그렇다면 마케팅 영역에서는 어떻게 탄탄한 마케팅 경쟁우위를 만들 수 있을까? 바로 성과평가와 데이터 기반 마케팅이다.

"평가 없는 마케팅은 낭비일 뿐이다."

마케팅분야뿐만 아니라 다양한 직무 영역에서 신입사원이 벌이는 착오가 있는데 바로 결과가 아닌 과정에 의의를 둔 점이다. 예를 들어, 내가 만든 콘텐츠가 결과적으로 얼마나 많은 바이럴과 전환을 일으켰느냐보다는 내가 얼마나 열심히 마케팅 콘텐츠를 만들었는지, 디자인이 얼마나 예쁜지 등 과정에 초점을 맞춰 평가를 한다. 하지만 이런 방식은 공허한 자기만족만 낳을 뿐이다. 유능한 마케터라면 ROAS(Return On Ad Spend) 또는 ROI(Return On Investment), ROO(Return On Objective) 등의 지표를 활용하여 마케팅 성과측정 및 의사결정에 활용할 줄 알아야 한다.

마케팅 평가를 기반으로 마케팅을 해야 하는 이유는 명확하다. 마케팅의 타당성을 검증하기 위해서이다. 성과를 측정하는 것만으로도 효과가 있는 활동과 효과가 없는 활동 구분이 가능하다. 예를 들어, “페이스북 채널을 운영해라”라는 요청이 떨어졌다고 가정해 보자. 평가와 성과 측정 없이 업무를 수행하다 보면 카드뉴스 하나를 만드는데 지나치게 많은 시간을 쏟으며 시간을 낭비할 가능성이 높다. 하지만 반대로 성과 기반으로 마케팅을 진행하면 훨씬 효율적인 업무가 가능하다. 가령 양질의 카드뉴스 하나를 만들기 위해 10시간을 쏟는 방법과 ‘질보다는 양’전략으로 2시간을 투자해 총 10개의 콘텐츠를 생산하는 것이 더 좋은 결과를 가져온다면 후자의 방식으로 마케팅을 진행하는 것이 좋다. 결과보다는 과정에 집착하며 “내가 얼마나 노력했는데...”라는 말을 달고 살면 발전이 없다. 성과와 데이터를 기반으로 끊임없이 개선해야 한다.

9.2 기술마케팅

1) 기술마케팅의 이해

기술마케팅은 기술구매기관이 어떤 기술이 필요하며, 기술을 어떻게 획득하고, 보유한 기술을 어떻게 활용할 것인지에 대한 결정 및 수행과정으로 기업이 필요로 하는 기술을 선정하여 홍보함으로써 보유기술 활용을 통해 기술이전 및 사업화를 추진할 기업을 발굴하는 일련의 활동이다.

| 그림 9-5 | 기술마케팅 전개 개괄도

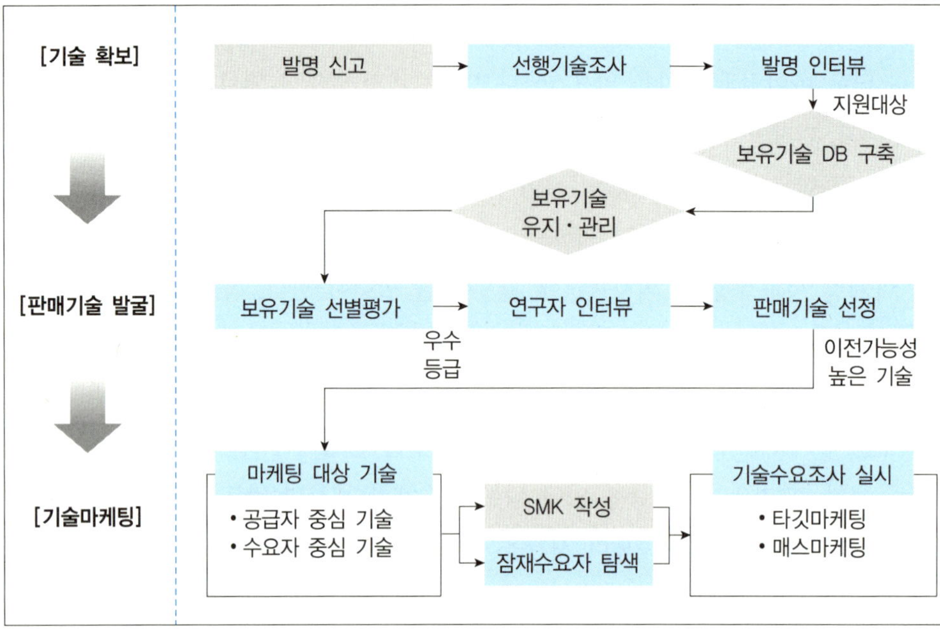

기술마케팅은 일반인에게 다소 생소한 용어로서, 연구개발이나 발명 아이디어 등에 의해 창출 및 확보된 특허, 실용신안, 디자인, 상표 등의 산업재산권 및 저작권 등 지식재산권을 중심으로 한 무형의 거래 대상물의 거래를 희망하는 기술공급자와 기술수요자가 서로 만족하는 쌍방 합의에 따른 내용을 최종계약으로 이르게 하는 제반 활동으로서, 기존 제품, 상품 및 서비스를 교환하는 일반적인 마케팅활동과 다소 상이한 특징을 갖는다.

기술마케팅을 위하여 먼저 고려할 사항으로는 판매자의 관점으로는 판매할 대상기술은 무엇이며, 어떠한 유통경로를 통해 최종적으로 누구에게 판매할 것인가이다. 만일 기술수요자의 관점이라면 도입해야 할 기술이 무엇인지, 그리고 그 기술을 누가 공급해 줄 수 있는지를 찾는 것이다. 이를 위해서 기술을 보유하고 있는 사람이나 기관의 특성을 확인하고, 기술수요자에 대한 면밀한 사전조사가 필요하다. 또한 온·오프라인으로 공개, 기술이전설명회를 열거나 전시회나 박람회에 참가하는 방법, 직접 수요자를 방문하여 상담하는 1:1 마케팅방법과 마케팅 자료 및 기술자 소개 자료집을 제작하여 배포하는 방법 등이 있다. 그리고 이메일이나 웹진 등을 비롯한 기술판매를 위한 다양한 유통 채널을 개척한다. 각 항목별 검토 및 고려사항에 대하여는 기술평가를 위한 체크리스트 및 평가기준에 따라 기술성 및 시장성(사업성)에 대한 가치를 평가하여 기술을 필요로 하는 수요자에게 기술에 대한 정보를 제공한다. 또한 기술마케팅 고려요소들의 중요사항을 종합, 요약하여 기술을 필요로 하는 수요자에게 기술에 대한 정보를 제공하는 마케팅 보고서 또는 기술판매서(SMK)가 작성되어야 한다.

기술마케팅은 제품이나 서비스를 새롭게 만들고, 기업의 경쟁력을 갖추거나 이익을 창출시키는 데 기존의 경영과 마케팅시스템만으로는 한계가 있기 때문에 기술거래시장을 통해 경제적 이익을 창출할 수 있도록 한다.

표 9-5 전통적 마케팅과 기술마케팅의 비교

기준	전통적 마케팅	기술마케팅
1. 전략목표	• 경쟁력 제고 • 자본수익률(Rate of Equity : ROE)의 증대	• 기술 잠재력의 최적화 • 전략 제휴 및 네트워크 구축
2. 목표그룹	• 제품사용자(소비자)	• R&D 전문가 • 기술사업화 기업 또는 기관 • 기술전문가 또는 투자자
3. 시장세분화	• 지역 · 인구 · 심리적 특성 • 소비형태, 소비자, 제품사용자, 핵심고객 등	• 신기술 대체제품 • 산업시장 변화 • 핵심역량 아웃소싱 또는 기술거래
4. 마케팅수단	• 제품, 서비스, 시스템	• 특허, 지식재산권, 노하우, 프로젝트 등
5. 가격설정	• 시장규칙에 따른 가격	• 시장상황에 따라 매우 가변적 • 협상능력 중요
6. 시장관리수단	• 광고, 판촉활동, 바이럴마케팅 등	• 전문가들의 평가 또는 평판
7. 유통채널	• 제품관련 시장(소비시장 위주)	• 시장 및 비시장 메커니즘(특정상황에서의 불확실성 내재)

2) 기술마케팅의 절차

기술마케팅의 일반적인 절차는 ① 마케팅 대상 기술 발굴, ② 발굴 기술에 관심을 갖는 잠재수요자 탐색, ③ 기술수요조사를 통해 기술수요기업 선별단계로 진행된다.

| 그림 9-6 | 기술마케팅 진행절차

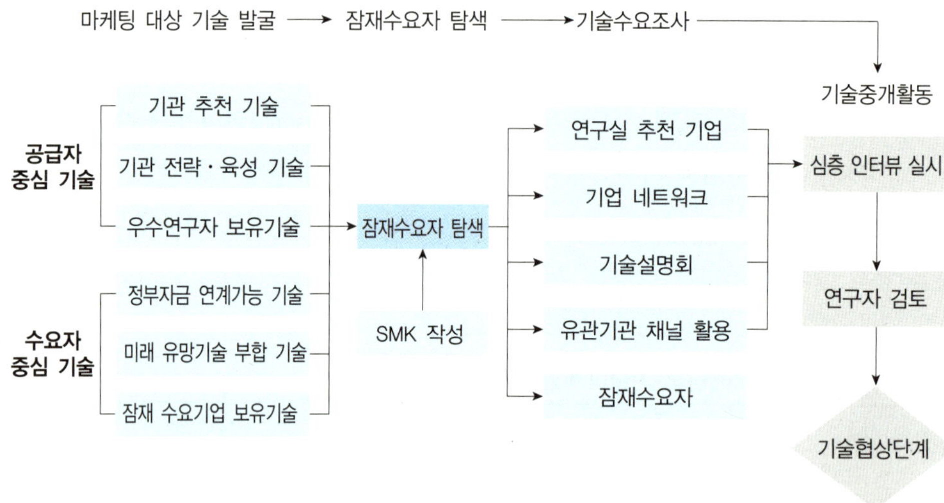

(1) 마케팅 대상 기술 발굴

- 목적 : 기술보유기관이 선정한 판매기술, 시장(기업) 수요 기술 등 기술이전가능성이 높은 마케팅 기술을 선정하는 단계이다.
- 구분 : 마케팅 대상 기술은 '공급자 중심 기술'과 시장 수요에 따라 기술수요자가 필요할 만한 잠재기술인 '수요자 중심 기술'로 나눈다.

| 표 9-6 | 마케팅 대상 기술

공급자 중심 기술	• 기관 추천 기술 • 기관 전략·육성 기술 • 우수연구자 보유기술
수요자 중심 기술	• 정부자금 연계가능 기술 • 미래 유망기술 부합 기술 • 잠재 수요기업 보유기술

(2) 발굴기술에 관심을 갖는 잠재수요자 탐색

- 목적 : 기술보유기관과 연계도(충성도)가 높은 기업과 마케팅 대상 기술의 관심도가 높을 것으로 예상되는 잠재수요자를 탐색한다.
- 구상 : 기술보유기관과 연계도(기술이전, 가족기업 등)가 높은 기업과 마케팅 대상

기술 확보를 위해 노력하는 기업을 잠재수요자라고 할 수 있다.

(3) 기술수요조사를 통해 기술수요기업 선별

- **목적** : 기술수요조사를 통해 기업의 수요기술 파악 후 대응 기술을 발굴하여 제공할 경우, 수요기업의 요구 충족과 동시에 기술이전 성공률을 제고할 수 있다.
- **방법** : 기술수요조사는 마케팅 대상 기술을 선정한 후 기술수요자로부터 기업의 기술 관심도를 파악하는 방법(공급 기술 기반)과 기업이 원하는 기술을 조사한 후 대응가능한 기술을 발굴하여 제공하는 방법(수요 기술 기반)으로 크게 구분할 수 있다.
- **구분** : 기술수요조사 실시방식은 잠재 수요기업 DB를 활용하는 타깃마케팅(연구실 추천 등)과 유관기관의 기업 DB를 활용하는 매스마케팅(기술설명회, 각종 포럼·행사 참여 등)으로 구분할 수 있다.

| 그림 9-7 | ETRI 기술마케팅 프로세스 예

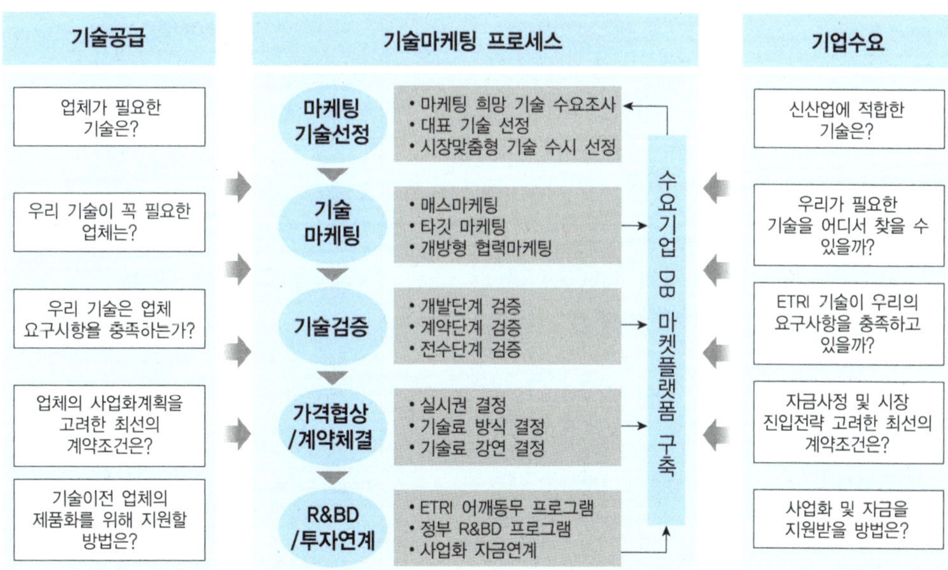

출처 : ETRI 기술이전사례 발표자료(2015. 6. 3.)

3) 마케팅과 기술마케팅 비교

기술마케팅은 신기술을 보유자로부터 수요자에게 이전되게 하는 하나의 수단이다. 그러므로 마케팅 전략 측면, 목표그룹, 시장세분화, 마케팅수단, 가격결정, 시장관리수단, 유통채널, 요구되는 지식에서 전통마케팅과 본질적으로 차이가 있다. 기술마케팅과 기술사업화의 연관성은 다음과 같다.

- 기술마케팅은 기술 자체를 거래대상으로 한다. 그러나 기술사업화는 R&D활동을 통해 신기술을 획득하고, 그 기술을 제품화시켜 시장을 통해 경제적 성과를 얻는 일련의 과정이다.
- 기술마케팅은 신기술을 사업화가능하도록 하는 효과적인 도구이고, 기술수요자와 기술공급자에게 거래할 수 있도록 하는 독자적 영역을 제공한다. 그러므로 기술마케팅의 역할은 기술사업화를 촉진하는 것이다.

| 표 9-7 | 전통적 마케팅과 기술마케팅 비교

기준	전통적 마케팅	기술마케팅
전략	• 기업경쟁력 향상(매출증대) • 자본수익률의 증대	• 기술력 극대화 • 제휴 및 네트워크 구축
목표그룹	• 제품사용자	• 기술수요자, 제품생산기업 • R&D 연구기관 또는 기업
시장세분화 사례	• 지역, 인구, 제품이미지, 소득구조 특성 등 • 소비시장의 특성 • 최종사용자 • 제품 사용 핵심고객	• 신기술로 대체되는 제품 • 유사한 생산 기술 • 기술 자체 수용 시장
가격설정	• 시장규칙에 따른 가격	• 지식재산의 미래가치를 현재의 시장가치로 결정 • 특정상황의 협상에 따름
시장관리수단	• 광고, 판촉활동	• 전문가들의 평가 또는 평판
유통채널	• 제품과 서비스 시장 자체	• 기술시장 메커니즘
요구지식	• 마케팅(기술은 부수적)	• 전문기술과 기술사업화

9.3 기술소개자료(SMK)

1) 기술소개자료(Sales Material Kit : SMK) 개념

기술마케팅 대상기술에 대한 기술상품 정보로서 기술 수요자 관점에서 기술의 특장점, 시장성, 사업화가능성 등을 쉽게 이해할 수 있도록 작성한 자료이다.

작성 주체와 목적에 따라 기술마케팅보고서, 기술소개서 등으로 다양하게 불리며 좁게는 초기 형태인 기술 세일즈를 위한 대인용 편지에서부터 넓게는 회사소개서까지 포함하는 개념이다.

기술 세일즈 자료는 통상 ① 기술 세일즈 편지(technology sales letter), ② 기술상품 설명서(technology description), ③ 경쟁환경보고서(competitive profile), ④ 시장・리스크보고서(market & risk profile), ⑤ 회사소개서(corporate profile) 등 크게 다섯 가지로 구분된다. 일반적으로 기술 판매 및 이전을 위해서는 이 다섯 가지 자료 외에 별도로 상당한 보충도구가 필요하다.

표 9-8 SMK의 개념적 범위

기술 세일즈 편지(letter)	기술상품설명서	경쟁환경보고서	시장・리스크 보고서	회사소개서
• 제안목적 • 제품 이름 • 제품 콘셉트 • 제품 특장점 • 목표시장 • 회사소개	• 제품 구현환경 • 제품 품질 • A/S 절차 등 • 버전 통제	• 시장 매력도 • 경쟁기업 조사 • 포지셔닝 전략 • 시장 수용가능성 • 제품 출시시기 • 제품 개량계획 • 제품 (예상)가격	• 시장 수요분석 • 국내외 기술동향 • 1차 목표시장 • 시장 진입전략 • 가격전략 • 비용과 전략 • 대안평가	• 기업 개황 • 주요 제품 • 관련 사업 전망 • 비즈니스 모델 • CEO・CTO 소개 • 고객서비스센터 • 경영철학

상품설명서가 신기술을 홍보하기 위한 것이라면 개량기술의 경우에는 주로 경쟁자와 시장의 위험도(risk)를 설명하기 위해 작성되며, 노하우(암묵적 지식) 비중이 높을 경우 회사소개서 형태로 기술가치를 기업가치에 포함해서 어필하는 형태도 존재한다.

무형적 권리에 불과했던 기술이 배타적 행사 및 독립적 거래가 가능한 준물권의 성격을 지니면서 최근에는 주로 특허나 실용신안 등을 중심으로 작성된다.

2) SMK의 필요성

SMK의 필요성은 수요자와 공급자로 구분해 살펴볼 수 있다.

(1) 수요자

- 기존 사업역량을 보다 강화하거나 신규사업을 구상 중인 수요자는 타인의 아이디어와 기술을 아웃소싱(outsourcing)하는 방안이 유력하다.
- 경쟁기업의 기술 발전과 신제품 출시에 따라 가격 경쟁이 가속화하고 주력사업의 수익구조가 점점 악화될 경우 시제품 제작단계 이후의 기술을 신속히 구매하기 위한 최소한의 판단자료로 사용한다.
- 예상 수요처의 폭넓은 조사와 탐색을 통해 새로운 시장 기회에 대한 아이디어를 얻고 사업화 성공을 위한 마지막 퍼즐(missing-link)을 맞출 수도 있다.
- 신규사업을 모색하는 경우 불확실성을 최대한 배제하고 핵심 비즈니스 포인트를 중심으로 하여 효율적인 시장 진입 및 IP 포트폴리오 구축전략을 수립할 수 있다.
- 신사업 기회 탐색 시 공공기술 이전을 염두에 둘 경우 국책 연구개발사업의 흐름과 추세를 가늠하여 국가 정책에 보다 부합하는 사업 추진을 통해 유리한 고지를 선점할 수도 있다.

(2) 공급자

- 발명 내용의 핵심사항을 서술함으로써 기술수요자의 유인과 함께 보유기술의 등급별 분류와 체계적 관리도구로서의 의미가 있다.
- 기술이전 수요는 수많은 변수가 존재하므로 기술이전의 협상 이전에 주요 사항을 점검함으로써 협상시간 절약뿐만 아니라 시장 수요의 반응에 따라 기술개발의 방향성 또한 간접적으로 제시할 수 있다.
- 내부 평가에 의한 기술가치와 공개 경쟁의 원리에 의한 시장 공정가치 사이의 편차 확인이 가능하다.

3) SMK 작성

일반적으로 SMK 작성방법은 기술, 시장, 제품, 기타로 나누어 작성하는 것이 편리하다.

- 기술 : 기술개요, 기술 핵심내용, 기존 기술의 문제점, 기술 특징 및 장점, 기술의 권리성, 기술개발단계(TRL) 등
- 시장 : 국내시장 동향, 세계시장 동향, 지원정책 및 규제 동향
- 제품 : 적용·응용 분야, 경쟁제품 동향
- 기타 : 발명자 소개, 권리현황, 콘택트 포인트(명함, 연락처 등)

/연/습/문/제/

01 홍보를 위한 최신 마케팅 성공사례 및 실패사례를 제시하시오.

02 기술마케팅의 개념과 기술마케팅과 전통적 마케팅의 차이점을 기술하시오.

03 기술마케팅의 장단점에 대해서 기술하시오.

04 미래의 기술마케팅 방법에 대해서 토론하시오.

05 기술마케팅을 위한 기술소개자료(SMK) 작성 시 수요자와 공급자 차원을 구분하여 필요성을 기술하시오.

06 기술마케팅을 위한 사업 아이템이 있다고 가정할 때, 디지털 마케팅(digital marketing) 필요성 및 활용방법에 대해서 토론하시오.

기술경영, Management of Technology

CHAPTER 10

기술경영 성과관리

10 CHAPTER 기술경영 성과관리

10.1 성과관리

성과관리는 학자마다 다양하게 정의되는데, "개인과 팀조직의 성과를 진전시킴으로써 조직성과를 개선하기 위한 체계적인 과정"(Amstrong, 2006), "조직에 헌신하고자 하는 유능한 개인들이 공통목표를 달성하기 위한 일련의 작업"(Lockett, 1992), "개인의 성과와 조직의 성과를 상호 약속된 정량적 및 정성적 지표를 통하여 운용하고자 하는 일련의 과정"(이세구, 2004), "조직의 장기적 비전 또는 전략을 효과적, 효율적으로 달성하기 위해 조직의 성과와 개인의 성과를 일련의 지표를 통해 체계적으로 집계, 관리, 환류하는 일련의 과정"(이윤식, 2005) 등으로 정의되고 있다.

성과관리(performance management)는 전략목표와 성과목표를 설정하고 사업을 설계・시행하며, 목표했던 산출과 결과가 달성되었는지를 평가하고 조직 내의 다양한 자원들을 효과적으로 체계적으로 관리하는 과정이다.

1) 성과평가와 성과관리의 구분

현업에서 성과관리(performance management)는 종종 성과평가(performance appraisal)와 혼동되어 이해되고 있는데, 성과평가는 성과관리보다 협의의 개념으로 성과평가와 성과관리는 큰 차이가 있다. 즉 보다 거시적인 측면에서 성과를 조명하고, 그러한 성과향상을 위해 조직원의 역량을 개발하는 것이 성과관리의 핵심이슈라고 할 수 있다. 그리고 성과평가의 평가방법이 의사소통이 단절되거나 일방적(하향식) 평가인 것에 비하여 성과관리는 쌍방향 커뮤니케이션을 통한 평가 수용성을 제고한다.

평가의 조정권한의 측면에서도 성과평가는 평가그룹 내 전사적 조정과정을 수반하는 데 비해 성과관리는 책임과 권한 강화를 위해 직상위 직책자에게 평가권한을 이양하는 경우가 많다. 즉 일반적인 평가나 통보, 조정이 아닌 상호 소통을 통해 성과향상과 구성원 역량강화를 끌어내는 과정이며, 그러한 관리와 육성을 위하여 직상위 평가자에게 평가권한이 상당부분 위임된다. 또한 성과평가에서 평가자의 역할이 감시자(monitor), 판단자(judge)라고 한다면, 성과관리에서 평가자의 역할은 코치(coach)나 멘토(mentor)라고 할 수 있다.

2) 바람직한 성과지표의 성격

- **관련성(relevance)** : 성과지표는 해당 조직이 달성하고자 하는 목표와 관련을 맺고 있어야 한다.
- **왜곡된 유인(perverse incentives)의 회피** : 성과지표는 바람직하지 않거나 낭비적인 행위를 촉발하지 말아야 한다.
- **영향파악 가능성(attributable)** : 성과지표는 해당 조직이 영향력을 미칠 수 있는 성과를 측정해야 하며, 성과의 책임이 누구에게 귀속되는지를 명확히 보여 주어야 한다.
- **명확성(well-defined)** : 자료가 일관된 방식으로 수집될 수 있도록 성과지표는 명확하게 정의되어야 하며 쉽게 이해되고 사용될 수 있어야 한다.
- **적시성(timely)** : 성과지표는 빈번하게 측정됨으로써 사업진행상황의 파악에 도움을 주어야 하며, 빠른 시간 내에 생산됨으로써 자료로서의 유용성을 가져야 한다.
- **신뢰성(reliable)** : 성과지표는 당초 원하던 정보를 정확히 제공해야 하며, 성과의 변화를 민감히 파악할 수 있도록 해야 한다.
- **비교가능성(comparable)** : 성과지표는 현재의 성과를 과거의 성과나 다른 사업의 성과와 비교할 수 있도록 해야 한다.
- **검증가능성(verifiable)** : 적절한 과정을 거쳐 성과지표가 측정되었는지를 검증할 수 있도록 분명한 근거자료를 구비해야 한다.

3) 성과관리의 필요성

성과관리를 통해 개인의 업무와 조직 및 팀 성과의 관계성을 확인할 수 있으며, 성공과 실패를 분명하게 학습 및 실패 개선을 위해 노력할 수 있게 한다. 또한 기대수준과 실제수준 간의 차이(gap)를 파악할 수 있도록 하여 구성원 역량개발이 가능하게 하고, 개인뿐 아니라 조직역량 강화로 이어져 전사적 전략 실행력을 확보할 수 있게 한다.

이러한 성과관리는 각 개인의 성과창출에 대한 노력을 인정할 수 있는 기준이 되며, 보상과 연동하여 개인의 직무몰입 및 동기부여가 가능하게 한다.

10.2 기술경영 성과측정

기술경영의 성과를 측정하는 것은 매우 어렵다. 제품과 서비스의 개발이나 개선에 전사적으로 참여하는 계층이 복잡하거나 수평적인 조직의 경우에는 더욱 그러하다. R&D가 신제품개발이나 조직의 성패에 차지하는 정도가 낮은 경우에도 마찬가지이다. 특히 어려운 점은 지속성과 공평성을 조직 전반에 걸쳐 확보하는 것인데, 이는 조직의 성격과 관리자들의 사고방식, 조직문화에 따라 혁신의 가치와 시각이 다르기 때문이다.

그럼에도 불구하고 기술경영 성과의 측정 및 평가는 다음과 같은 이유로 대단히 가치 있는 일이다. 첫째, 기술경영 성과의 측정은 경영층에게 기술에 대한 투자가 가치 있는지의 여부를 알려 줄 수 있다. 둘째, 기술경영 성과의 측정은 기술경영과정의 문제점을 보완할 수 있게 해준다. 셋째, 이와 같은 기술경영의 평가는 향후 기술경영에 있어서 보다 나은 자원의 배분 및 투자를 가능하게 해준다. 넷째, 기술경영성과의 평가는 기업의 이해관계자들에게 기술투자에 대한 당위성과 근거를 전달하는 데 활용될 수 있다.

기술경영은 “기술경쟁력의 향상을 통한 기업목표 달성을 위해 기업의 여러 부문이 보유하고 있는 기술적 기능을 시스템 관점에서 유기적으로 통합·연계하는 과정”이다. 이에 기술경영 성과의 측정도 이러한 기능 간의 통합력의 측면에서 다루어야 할 것이다.

1) 성과측정 변수와 가중치

기술경영 성과의 측정은 [표 10-1]의 기술경영 3요소에 대한 분석과 평가로부터 출발한다. 즉 경영 제자원의 양적·질적 투입의 정도와 조직부문(기능) 간 통합력에 의해 평가되어야 한다.

[표 10-1]은 자원(resources), 하부구조(infrastructure) 조직활동(activities) 등 기술경영 성과측정요소에 대해 설정한 상대적 가치를 나타낸 것으로 이는 조직 내의 하부구조 그리고 조직이 처해 있는 환경에 따라 달리 설정할 수 있다.

| 표 10-1 | 기술경영 성과측정요소별 가중치 설정의 예

기술경영과정					
자원(Resources)		하부구조(Infrastructure)		조직활동(Activities)	
조직구성원	.25	조직의 목적	.08	사업	.05
지식재산	.10	조직의 목표	.08	제품	.10
정보	.10	조직의 전략	.08	공정	.10
조직의 속성	.10	조직체계	.05	정보시스템	.15
기술	.10	조직의 방침	.05	기능통합 정도	.35
시간	.10	정책 및 관행	.05	효과와 효율성	.20
고객	.06	경영형태	.08	경영층에 대한 지원	.05
공급자	.06	전문적 지식경영	.08		
제반 플랜트·설비	.05	혁신에 대한 지원	.20		
시설	.03	위험의 수용	.15		
재정	.05	개인·부문 간 정보교환	.10		

즉 기술경영에 있어서는 조직구성원, 혁신을 위한 지원 그리고 각 프로젝트의 유기적 통합이 중요하며 이러한 관점에서 각 요소가 조직에서 가지고 있는 상대적 중요성 정도에 따라 가중치를 다르게 부여할 수 있다.

위 표에서 기술경영 자원요소인 시설에 대한 가중치를 0.03 그리고 하부구조를 이루는 요소인 조직체계에 대한 가중치를 0.05로 하여 기타 요소에 비해 상대적으로 낮은 가중치를 부여하고 있으나, 가중치를 낮게 설정했다고 하여 기술경영 성과에 미치는 영향 정도가 작다는 것은 아니다. 기술경영과정에서 조직환경에 비추어 볼 때 기타 요소에 비해 상대적으로 비중이 작다는 의미이며 기술경영 성과에 중요한 영향요소임에는 틀림이 없다.

이러한 가중치의 설정에 있어서는 평가하고자 하는 기업조직, 기업의 사업활동 등 조직이 처해 있는 환경에 대한 정확한 이해와 판단이 전제되어야 한다.

기술경영 3차원 모델과 [표 10-1]에서 예시한 상대적 가중치를 활용하면 사업단위의 현황을 보다 명확히 나타낼 수 있다. 기술경영과정에서 자원, 하부구조, 조직활동 등 기술경영요소가 포함하고 있는 각 개별 요소는 반드시 평가하여 그 평가치를 반영해야 한다.

| 그림 10-1 | 기술경영 3차원 모델

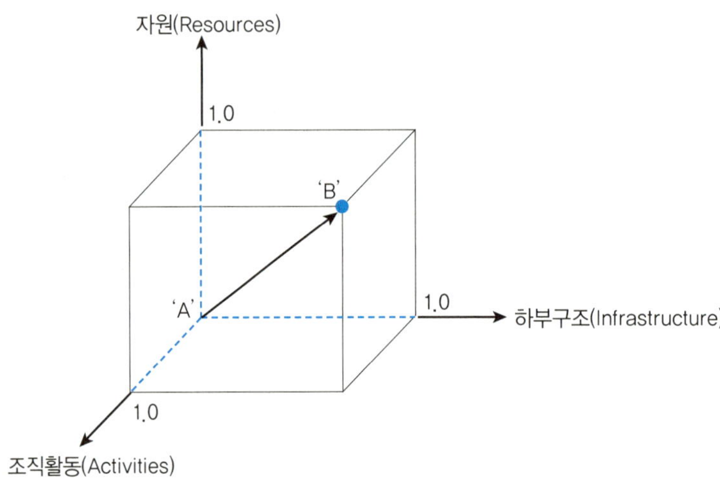

그러나 여기에서 주의해야 할 점은 [그림 10-1]에 나타낸 최적 기술경영 효과점 'B'는 이론적 기술경영이 목표로 하는 이상점으로 그에 완벽하게 도달할 수는 없으며 조직이 설정한 기술경영요소별 최대가치('1점')에 도달하는 것도 반드시 기대해서는 안 된다는 점이다. 즉 기술경영원리에 의한 경영성과는 위 그림의 육면체에서 차지하는 공간의 크기로서 이러한 공간의 크기를 어떻게 확대할 것인가에 대해 관심을 기울여야 한다.

[그림 10-1]에서 자원, 하부구조, 조직활동 등의 기술경영요소에 대한 평가결과가 모두 다음 상황에 있다고 가정할 때, 그 의미는 다음과 같다.

- 0.5 : 전체 평점이 12.5%로 육면체의 87.5%가 비어 있다.
- 0.6 : 전체 평점이 21.6%로 육면체의 78.4%가 비어 있다.
- 0.8 : 전체 평점이 51.2%로 육면체의 49.8%가 비어 있다.

- 0.9 : 전체 평점이 72.9%로 육면체의 27.1%가 비어 있다.
- 0.95 : 전체 평점이 85.7%로 육면체의 14.3%가 비어 있다.

여기에서 육면체의 몇 %가 비어 있다는 의미는 비어 있는 공간이 클수록 기술경영이 제대로 이루어지고 있지 못함을 나타내는 것으로써 3차원 모델이 형성하는 육면체가 차지하는 공간의 합이 기술경영의 성과를 나타내는 것이다.

그러므로 기술경영요소에 대한 측정결과, 각 요소가 가지는 가중치가 높을수록 기술경영 성과 또한 높아짐을 의미한다. 이러한 평가모델을 활용한 측정결과가 기술경영 성과 측정요소인 자원, 조직활동, 하부구조 중 각 요소의 이론적인 기술경영 최대 성과점 '1'에 도달할 수 없을 수도 있다.

2) 성과평가방법 및 해석 예

성과평가방법은 요소별 5점 서열 척도법을 이용한다. 각 요소별로 획득점수(항목별 5점 만점)를 요소별 만점으로 나누어 평가점수를 구하고 3개 요소의 평가점수를 서로 곱하여 기술경영 성과평가점수를 산출한다. 예를 들어, 자원의 경우 총 9개 평가요인에서 항목별 획득점수의 합이 40점이라면 만점이 45로 나눈 0.9가 자원의 평가점수가 되고, 나머지 2개 요소의 점수도 같은 방법으로 구하여(하부구조가 0.7, 조직활동이 0.7이라면) 기술경영 성과평가점수는 0.441점이 된다.

기술경영 성과평가의 해석과 유의점은 절대석인 개념이 아니라 상대적인 개념임을 유의해야 한다. 평가점수 0.441의 의미는 기술경영 성과의 육면체에서 차지하는 공간의 크기를 의미하며 이는 나머지 55.9%가 비어 있다는 것으로 그만큼 기술경영이 제대로 이루어지지 못하고 있음을 나타내기 때문에 개선의 여지가 많음을 의미한다. 그러나 여기에서 간과해서는 안 될 것은 기술경영 성과측정의 궁극적인 목적이 기업의 경영성과 개선에 있으므로 조직의 각 부문이 가지고 있는 기술경영요소를 유기적으로 결합하여 경영성과 개선에 지속적 노력을 기울여야 한다는 점이다.

기술경영의 유효성은 자원, 하부구조, 조직활동 등 기술경영요소의 배분과 통합을 통한 경영자원의 효율적 활용 여하에 따라 달라질 수 있다. 기술경영은 물론 일반경영에 있어서도 이 세 가지 경영요소는 각기 필요 최소한의 수준, 즉 기술경영요소로서의 기능을 발휘해야 한다.

[표 10-1]에서 예시한 바와 같이 조직의 상황에 따른 각 요소에 대한 가중치의 부여 등 요소별 평가는 기술경영 성과측정과정의 출발점이다.

일반적으로 기업의 경영자들은 조직의 구성 주체인 인적자원에 대한 현재 또는 잠재 능력평가가 쉽지 않고 또 조직의 목표가 설정되면 당연히 기능하는 것으로 여김으로써 인적자원의 가치를 소홀히 하는 경향이 있다. 그러나 기술경영 성과측정에 있어 조직의 자원으로서의 인적자원(people)은 기타 10개 요소에 대한 가치를 부여할 수 있는 결정권을 가지고 있을 뿐만 아니라 조직 하부구조의 기반을 이루며, 또 조직활동의 주체로서 기술경영의 성공수준을 결정하기 때문에 인적자원은 기술경영 평가요소 중 가장 높은 가중치를 가지며 그 중요성 또한 매우 크다고 할 수 있다.

앞에서 기술경영의 실제적 출발은 각 요소의 기능통합이 이루어지기 시작하는 3단계에서 시작한다. 이 단계는 기술경영의 개념을 관리기능을 제외한 기술의 상업화에 접근시킴으로써 시작된다. 그리고 3단계 이전의 1단계와 2단계는 전체 조직의 변화수준을 결정하는 단계로써 기술경영에서 차지하는 의미가 크지만 기술경영의 기초요소인 기술이 제반 기술경영요소와 통합을 위한 준비단계를 의미하는 것으로 기술경영에 필요한 기능을 모두 포함하고 있지 못하다. 그러므로 연구・개발, 설계, 제조, 마케팅, 판매, 운송 그리고 고객에 대한 서비스기능 등 기술과 경영요소가 포함되어 있는 3단계에서 각 기능의 유기적 통합이 이루어지기 때문에 기술경영의 실질적 출발점을 3단계로 보는 것이다.

10.3 기술경영 벤치마킹

1) 기술경영 벤치마킹의 개요

벤치마킹(benchmarkig)은 "가장 경쟁력 있는 기업 혹은 산업계 리더로 인식되는 기업들을 대상으로 제품, 서비스, 관행을 측정하는 계속적 과정"으로 정의된다(Wheelen & Hunger, 2006). 벤치마킹은 자사보다 시장에서의 경쟁적인 위치 혹은 뛰어난 역량을 지닌 선도기업의 기술과 업무수행 프로세스에 대해 공개적인 학습을 하는 것이다. 벤치마킹은 단순히 선도기업을 모방하는 것이 아니기 때문에 보든 기업들이 따라할 수는 없다.

기술혁신을 관리한다는 것은 매우 복잡하고 다면적인 업무수행이므로 어떤 기업보다 더 뛰어난 기업에 대해서 많은 것을 배운다는 것은 매우 바람직한 것이다. 벤치마킹은 단순한 비교의 도구가 아니다. 장기적인 연구를 관리하는 것부터 제품개발과 출시에 이르기까지 다른 기업에 대해 벤치마킹하는 것은 기술혁신의 구조(structure)와 과정(process)의 실행에 대한 가치 있는 통찰력을 제공해 줄 수 있을 것이다. 그 결과 최근 많은 학자들이 기술혁신과정 및 기술경영과정을 선도기업의 최고의 사례로부터 벤치마킹하고 학습하여야 할 것을 강조하고 있다. 특히 티드 등(Tidd et al., 2005, 374)은 기술혁신을 경영하는 과정은 핵심적인 과정과 행위를 개발하고 이를 기업 내의 효과적인 관행으로 통합하는 일련의 과정이라고 전제하면서 기술경영에 있어서 학습이 필요함을 강조하고 있다.

벤치마킹은 조직의 성과를 측정하는 또 다른 유용한 도구이다. 이는 벤치마킹을 통해 선도기업에서 습득한 학습효과를 조직의 혁신에 적용하기 때문이다. 벤치마킹은 기업의 경쟁력 확보를 위해 기술혁신 등을 추진하는 한편, 자사보다 시장에서 경쟁력이 높거나 우수한 경쟁역량을 보유한 기업을 대상으로 기술과 업무 프로세스에 대하여 공개적인 학습을 추진하는 것을 의미한다. 조직은 벤치마킹을 통해 기술과 업무 프로세스에 대해 새롭거나 획기적인 사항을 습득하거나 인지하여 조직의 경쟁력 확보에 활용가능하다.

벤치마킹은 기업이 기술경영의 핵심과정을 어떻게 다르게 수행하고 개선할 것인가에 대한 매우 가치 있는 시사점을 제공해 준다. 그러나 벤치마킹의 결과만을 토대로 기술혁신을 이루거나 기술경영의 성과를 측정할 수는 없다. 왜냐하면 벤치마킹의 대상이 선도기업일지라도 기업이 추구하는 경영전략과 목표는 상이하기 때문이다. 어떤 기술이나 전략이 특정 기업에게 효과적일지라도 이러한 사항이 동일하게 모든 기업에게 적용될 수는 없다는 것이다. 그럼에도 불구하고 벤치마킹은 새로운 아이디어를 제공가능하고 학습사항에 대한 논의를 유발하며, 더 나아가 구체적인 해결책도 제시가능하기에 기업의 전략적 기술경영에 있어 매우 긍정적인 도구라고 할 수 있다.

2) 기술경영 벤치마킹의 유형

기술경영의 벤치마킹은 크게 성과 벤치마킹과 프로세스 벤치마킹으로 구분된다.

성과 벤치마킹은 선도기업의 기술경영 성과를 학습하는 것으로서, 벤치마킹의 가장 분명한 형태라고 할 수 있다. 성과 벤치마킹은 자사의 제품이나 서비스를 타사와 비교하는 벤치마킹으로 주로 가격, 기술 사양, 품질, 제품의 내구성이나 안정성, 서비스 속도 같은 요소를 분석해 비교한다. 그중에서도 제품분석은 주로 역설계를 통해 이루어진다. 역설계란 완제품을 분해해서 해당 제품이 어떻게 만들어졌는지를 설계도 없이 추적하는 기법이다. 제록스의 사례를 보면, 엔지니어들이 복사기 품질 개선을 위해 캐논이나 샤프 등의 경쟁사에서 출시한 복사기를 분해해 부품을 하나하나 연구한 것이 바로 역설계를 통한 성과 벤치마킹에 해당된다.

성과 벤치마킹의 목적은 경쟁자들과 비교하여 어떻게 기술경영을 잘할 것인가를 결정하는 것이다. 성과 벤치마킹은 기업이 경쟁에 대처할 수 있는 자사와 산업에 대한 깊은 통찰력을 제공할 수 있다.

프로세스 벤치마킹은 선도기업의 기술경영과정을 학습하는 것으로서 벤치마킹 전개 이전에 자사의 기술혁신 프로세스에 대하여 충분히 이해하고 체크리스트를 만드는 것이 필요하고, 어떻게 기술경영을 운영하는지 충분히 인지한다면 다른 경쟁기업들의 운영방식을 평가가능하다. 또한 벤치마킹 대상 기업의 개별 프로세스와 업무진행방식을 학습하여 이를 비교분석함으로써 긍정적인 결과를 도출가능하다. 프로세스 벤치마킹은 기술경영과정을 문서화하는 것만으로도 충분한 가치가 있다고 할 수 있다.

예를 들어, 제조회사라면 공급업체에 원자재를 발주하고 대금을 지급하는 절차, 공장에서 제품을 검수하는 절차, 유통업체에 공급하는 절차를 벤치마킹으로 배울 수 있다. 소비재를 파는 매장이라면 상품을 입고하는 절차, 재고를 파악하고 진열하는 절차, 고객을 응대하는 절차, 제품 교환이나 환불 건을 처리하는 절차 등이 있다. 프로세스 벤치마킹은 생산성 향상, 비용 절감, 매출 증대 같은 직접적인 결과로 이어져 비교적 단기간에 재정적인 성과를 보여준다.

벤치마킹을 하려는 기업은 대상기업을 비계량적 평가에 의해 분석해야 한다. 비계량적인 평가와 분석은 비교에서 출발한다. 이때 비교분석방법으로는 추세분석과 횡단분석이 있다. 추세분석은 시간의 경과에 따라 추세가 어떻게 변화되는지를 분석하는 것으로 시계열분석이라고도 한다. 횡단분석은 일정한 시점에 입각해서 다른 기업과 비교분석하는 것이다. 보통 경쟁기업 혹은 모범기업의 자료와 비교하는데 일반적으로 이를 벤치마킹이라고 부른다(미래경영전략연구회, 2002).

10.4 기술경영과 기업성과

기술경영의 영역은 기업경영전략과 전략적으로 잘 연계된 연구개발은 물론 마케팅, 인적자원관리, 기술투자평가, 생산관리부분이 안고 있는 모든 기술적 문제(제품서비스 기술, 운영관리기술, 정보화기술)를 다루는 것이다. 이 때문에 기술경영과 기업성과는 별개로 취급하면 안 된다. 기술경영의 모든 측면이 순조롭게 전개될 때 기업성과를 누릴 수 있다. 기업이 보유하고 있는 기술과 정보력에 의해 기술경영, 즉 기업성과의 경쟁력이 좌우되기 때문에 기업은 투자활동인 생산활동과 R&D활동에 중점을 두어야 한다.

기술경영을 기업성과와 연계하기 위해서는 조직 전사적인 참여가 필요한데 이를 위해서는 구성원들에 대한 동기부여가 필요하다. 동기부여는 개인의 행동이 실제로 작동되도록 유도 또는 기도하는 과정이다. 기업 전체의 성과는 개인의 성과를 기반으로 하므로 기업에 있어서 동기부여는 매우 중요하다. 아무리 능력이 있는 직원들이 많더라도 그들에게 어떠한 일에 대한 동기부여가 되지 않는다면 일을 성취하려는 욕구가 생기지 않을 것이며 일에 대한 욕구가 없으면 성과 또한 기대할 수 없다. 기술조직에 속한 구성원들, 특히 연구원들의 경우에는 자유로운 연구개발활동을 필요로 한다. 창조적인 사고를 통한 제품과 서비스의 개발은 기업의 성과에 미치는 영향이 매우 크기 때문이다. 연구원들은 최소한의 관리, 통제 아래서 자유롭게 자신이 하고 싶은 일을 자기 방식대로 하고자 하는 성향이 강하다. 스스로가 자신이 하고 싶은 일을 하고 있다고 느낄 때 연구원은 편안함을 느끼며, 이 편안함은 자신이 가진 창조성을 극대로 발휘할 수 있는 여건에 있어서의 필수조건이 된다.

동기부여는 구성원으로 하여금 조직이 제시한 비전을 충족할 수 있는 계기를 제공한다. 기술경영이 추구하는 각 부문 간 기술기능의 통합과 업무에 대한 효율적인 동기부여를 위해서는, 우선 그들을 전문인으로 다루어야 하며 그들의 업무특성에 따른 욕구나 기대가 어느 쪽에 있는가를 충분히 숙지하고 기술전략이나 지침에 적절히 반영되도록 하는 것이 중요하다.

기술경영을 기업성과와 연결하기 위해서는 인적자원의 효율적인 운영이 중요한데 기술조직에서는 그 역할을 기술경영자(CTO)가 수행한다. CTO는 조직 전체에서의 관점에서 사업활동(경영전략)과 연구개발활동(기술전략)을 유기적으로 조율하여 성과목표 달성을 책임지고 있다. CTO는 조직의 기술개발 전체를 담당하는 지위로서 기술을 효과적으로 획득·활용하기 위한 기업 내 경영자원의 활동을 총괄하는 책임자이다.

미국의 경우 금융시장을 통한 자금조달이 기업활동의 핵심적인 역할이 되어 재무담당자가 최고경영자가 되는 것이 일반적이었으며, 일본의 경우 시장에서 상품차별화를 통해 경쟁을 끌어내는 형태로서 전형적인 CTO가 최고경영자가 되는 형태이다.

기술경영에서 중요한 또 다른 부문은 지속적인 학습이다. 조직의 학습은 전사적으로 이루어져야 하며 조직 자체는 학습조직으로 변모해야 한다. 학습조직은 환경의 변화에 민첩하게 대응할 수 있고 이는 기업의 성과와 직결된다. 기업이 학습조직으로 변환되면 조직의 모든 구성원들이 기술혁신의 중요성을 폭넓게 인식하고 전략적 기술경영능력이 제고되어 궁극적으로는 기업의 경쟁우위가 제고되어 막대한 부를 창출할 수 있을 것이다.

/연/습/문/제/

01 기술경영의 성과측정 모델과 변수에 대한 사례를 조사하여 기술하시오.

02 기술경영조직의 성과관리와 조직설계의 연관성에 대해서 토론하시오.

03 성과지표의 개념과 중요성에 대해서 기술하시오.

04 벤치마킹의 개념과 장단점을 설명하고, 벤치마킹 성과측정 사례를 제시하시오.

05 벤치마킹 성공사례에 대해서 토론하시오.

06 벤치마킹은 프로세스 벤치마킹, 성과 벤치마킹, 전략적 벤치마킹, 내부 벤치마킹, 경쟁 벤치마킹, 기능 벤치마킹, 포괄적 벤치마킹 등 대상이나 접근방식에 따라 유형이 달라질 수 있다. 제시된 각각의 벤치마킹에 대해 조사하여 기술하시오.

07 혁신적 조직성과를 만든 기업의 사례를 통해, 성공할 수 있었던 해당 기업 CTO의 주요 역할과 추진방법에 대해서 토론하시오.

CHAPTER 11

기술창업과 기업가정신

11 CHAPTER 기술창업과 기업가정신

11.1 기술창업의 이해

1) 창업의 정의

창업이란 일반적으로 "영리를 목적으로 개인이나 법인회사를 새로 만드는 일" 또는 "창업자가 사업 아이디어를 갖고 자원을 결합하여 사업활동을 시작하는 일"이라고 정의할 수 있다. 이러한 창업의 개념은 획일적으로 정의할 수 없으며 지원목적에 따라 「중소기업창업 지원법」, 「조세특례제한법」, 「지방세특례제한법」에서 창업의 정의를 하고 있으며, 창업의 형태에 따라 일반창업, 벤처창업, 기술창업으로 구분하기도 하는데 이러한 창업의 정의와 개념은 다음과 같이 분류할 수 있다.

▌표 11-1 ▌창업의 형태에 따른 분류

구분	주요 내용
기술창업	혁신기술 또는 새로운 아이디어를 가지고 새로운 시장을 창조하여 제품이나 용역을 생산·판매하는 형태의 창업을 의미한다.
벤처창업	High Risk-High Return에 충실하며 반드시 기술창업을 전제로 하지 않으나 우리나라에서는 「벤처기업육성에 관한 특별조치법」에서 정의하고 있다.
일반창업	기술창업이나 벤처창업에 속하지 않는 형태로서 도소매업과 일반서비스업, 생계형 소상공인 창업 등이 해당된다.

'기술창업'이란 혁신기술 및 기업가정신을 바탕으로 기존에 없는 새로운 시장을 창조하는 기술집약형 창업을 지칭한다. 해당 기업군을 정의하는 일관된 용어가 없어, 벤처·기술혁신·혁신선도·기술집약형 기업의 창업을 포괄하는 의미로 사용되고 있다.

보통 '기술창업'이라 하면 벤처기업(venture company)을 떠올리는데, 이는 벤처(venture)의 개념이 '기술집약형 중소기업'이라는 의미로 HTSF(High Technology Small Firm), NTBF(New Technology Based Firm) 등의 의미로 통용되어 사용되어 왔기 때문이다.

해외의 경우를 살펴보면 미국의 「중소기업투자법」에서는 "위험이 크나 성공할 경우 높은 기대수익이 예상되는 신기술 또는 아이디어를 독립 기반 위에서 영위하는 신생기업의 창업"으로 정의하며, OECD(Organization for Economic Cooperation and Development: 경제협력개발기구)에서는 "R&D의 집중도가 높은 기업 또는 기술혁신이나 기술적 우월성이 성공의 주요 요인인 기업의 창업"으로 정의한다. 일본의 경우, 와세다대학의 '기업가 연구회'에서 "성장의욕이 강한 경영자가 이끌고 위험을 두려워하지 않는 신생기업으로 제품의 독창성, 사업의 독립성, 사회성, 국제성을 지닌 기업"으로 정의하고 있다.

이러한 기술창업의 정의를 정리해 보면 "예비창업자가 체득한 기술, 경험 그리고 전문적 노하우 등의 지식을 모태로 하여 사업에 착수하는 창업행위"라고 요약할 수 있다. 따라서 기술창업은 기술을 기반으로 한 벤처비즈니스는 물론 모든 기술집약형 제조업을 포함하는 보다 광의의 개념으로 이해하는 것이 옳을 것이다. 본 장에서도 기술창업의 범주를 제도적으로 정의되고 있는 벤처기업의 정의보다 좀 더 실질적인 내용 위주의 의미로 해석하여, 벤처기업 인증을 받지 않았더라도 특정한 기술을 기반으로 창업을 준비하는 예비 중소기업을 포함하고자 한다.

벤처기업

벤처기업이란 「중소기업기본법」 제2조에 따른 중소기업으로서 「벤처기업육성에 관한 특별조치법」에 따른 벤처투자기업, 연구개발기업, 기술평가보증·대출기업 중 하나에 해당하는 기업을 말한다.

벤처기업의 정의는 학술적으로 명확히 정리된 개념이 없다. 국가에 따라 정책대상으로 다양하게 사용되고 있다. 다만 미국에서는 다른 기업보다 상대적으로 사업의 위험성은 높으나 성공하면 높은 수익이 보장되는 기업으로 일반적으로 벤처캐피탈로부터 투자를 받은 기업을 주로 지칭한다. 우리나라에서는 다른 기업에 비해 기술성이나 성장성이 상대적으로 높아, 정부에서 지원할 필요가 있다고 인정하는 기업으로서 「벤처기업육성에 관한 특별조치법」이 요구하는 기준 세 가지 가운데 한 가지를 만족하는 기업을 의미한다.

2) 기술창업의 특징

기술창업은 창업 중에서 혁신기술 및 기업가정신을 바탕으로 기존에 없는 시장을 창조하는 기술집약형 창업으로서 일반적으로 다음과 같은 특성을 갖고 있다.

- 혁신기술을 창출하는 창업
- 벤처 · 기술혁신 · 혁신선도 · 기술집약형 기업의 창업
- 신기술 또는 개발아이디어를 독립 기반 위에서 영위하려는 창업
- R&D의 집중도와 기술적 우월성이 높은 기업의 창업
- 제품의 독창성, 사업의 독립성 · 사회성 · 국제성을 지닌 창업
- 신규산업의 창출이 가능한 창업
- 기술의 우수성, 전문성, 노하우를 기반으로 성공가능성이 높은 창업

※ 표준산업분류를 기준으로 제조업과 지식서비스업을 기술기반기업으로 정의한다.

3) 기술창업의 형태

- 창업보육센터에 입주하여 창업하는 형태
- 기술을 이전받아 외부에서 Spin-off하는 형태
- 대학 또는 연구소의 '실험실 창업' 형태
- 기술지주회사를 통해 창업하는 형태

이러한 기술창업을 통해 벤처기업, 이노비즈, 메인비즈 등 다양한 형태의 회사로 발전하게 된다. 일반적으로 기술창업의 경우 창업자 특성, 창업동기, 창업형태를 기준으로 일반적인 창업기업과 차별화될 수 있다. 먼저 창업자의 특성을 살펴보면 기존에 관련 분야에 근무했던 경험을 갖고 있는 창업자가 다수 존재하며, 관련 분야의 경력을 갖고 있는 창업자가 창업한 기업이 그렇지 않은 기업보다 기술수준이 높다는 연구결과가 있어 관련 분야 경험이 매우 중요함을 나타내고 있다.

4) 창업의 핵심요인

창업을 하는 이유는 창업의 성공을 통하여 얻게 되는 여러 가지 유익을 기대하기 때

문인데 창업의 성공적인 수행을 위해서는 다음과 같은 네 가지 핵심요소들이 필요하다.

(1) 사람

창업기업의 업무는 사람이 수행하게 되며 업무를 수행하는 사람이 갖고 있는 기업가정신과 의지, 능력과 자질, 사업에 임하는 태도, 구성원의 협력관계 등에 따라 기업의 성패가 좌우된다.

- **창업자** : 사업을 계획하고 실행을 주도하며 실질적으로 책임을 지는 사람으로서 창업자의 능력에 따라 창업기업의 성공과 실패가 좌우될 수 있다.
- **동업자** : 창업자와 함께 금전, 현물 또는 기술을 투자하여 사업부문별 역할을 수행하고 그 과실을 분배하여 얻는 자로서 창업자 다음으로 중요한 구성원이다.
- **창업기업의 팀원** : 창업자와 함께 창업사업의 성공을 위해 참여하는 사람으로서 창업자를 도와서 업무를 수행한다.

(2) 창업 아이디어(기술, 제품, 서비스)

무슨 사업을 할 것인지에 대한 내용으로 구체적으로는 어떤 제품이나 서비스를 생산하여 시장에 팔 것인지를 결정한다.

- 우수한 기술이나 사업 아이디어로서 우수한 제품이나 서비스로 생산될 수 있어야 한다.
- 우수한 제품이나 서비스로서 가격이나 품질 면에서 경쟁력을 갖고 있어야 한다.
- 소비자가 기대하는 것 이상의 가치를 제공할 수 있어야 한다.

(3) 시장

아무리 좋은 제품이나 서비스가 공급될지라도 대가를 지급하고 구입하려는 자가 없을 경우에는 제품이나 서비스의 공급이 중단될 수밖에 없다. 따라서 대상제품이나 서비스를 구매하려는 고객이 있어야 한다. 많은 경우에 기술의 우수성만을 믿고 제품을 개발한 후 시장을 개척하려는 경향이 있는데 시장의 가능성을 보고 제품이나 서비스를 개발하는 것이 성공가능성이 더 높다.

- 시장은 창업자가 제공하는 제품이나 서비스에 대하여 대가를 지급하고 구입하려는

고객집단을 말한다.

- 고객은 제품이나 서비스의 가격을 결정하며 수요를 간접적으로 조절한다.
- 창업자가 제공하는 제품이나 서비스의 가격 및 품질은 고객이 느끼는 가치수준에 맞아야 한다.
- 기존의 사업자와 경쟁을 하여야 하는 시장이 존재할 수 있고 새로운 제품이나 아이디어를 통하여 새로운 시장을 개척할 수 있다.
- 기존시장이나 새로운 시장에 제품이나 서비스를 판매하기 위해서는 고객의 욕구를 정확히 파악하여 그에 맞는 제품이나 서비스를 개발하고 필요한 시기에 적절한 가격으로 제공할 수 있어야 한다.

(4) 자본

계획사업의 수행에 필요한 자금을 말하며 사업을 수행하고자 하는 사람과 좋은 아이디어, 그리고 시장이 존재한다고 해도 사업수행에 필요한 자금이 없다면 사업을 수행할 수 없으며, 자본은 자기자본과 타인자본으로 구분한다.

- **자기자본** : 조달된 자본으로서 상환의무가 없는 자본을 말한다.
  - 개인기업의 경우 창업사업의 수행에 필요한 자금은 개인 사업주가 투자하게 되고, 여러 명의 사업주가 공동으로 사업을 영위할 경우에는 공동사업을 영위하는 사업주 모두가 자금을 부담한다.
    ※ 창업자가 제공하는 제품이나 서비스의 가격 및 품질은 고객이 느끼는 가치수준에 맞아야 한다.
  - 법인기업의 경우 주주 또는 출자자들이 기업에 투자하게 되는 금액을 말하며, 법인기업의 투자자는 개인, 법인(벤처캐피탈 포함) 모두가 될 수 있다.
- **타인자본** : 창업자 또는 창업기업의 주주나 출자자가 기업에 투자하는 자본 이외에 사업의 수행에 필요한 자금을 타인으로부터 조달하게 되는 금액을 말하며, 친인척, 지인, 금융기관으로부터 차입하게 되는 자금 등으로 상환의무가 있는 자본이다.

[출처 : 중소벤처기업부 (사)창업보육협회(2019)]

11.2 기술창업 추진 프로세스

일반적으로 기술창업단계는 한국창업보육협회에서 제시하고 있는 6단계를 이용하는 것이 가장 보편적이다. 단계별 내용은 아래와 같이 1단계 : 기술창업 구상단계, 2단계 : 사업계획 수립단계, 3단계 : 창업보육센터 입주단계, 4단계 : 기술개발단계, 5단계 : 상품화단계, 6단계 : 사업화단계로 구성되어 있다. [그림 11-1]에서 제시하는 6단계 중 3단계 : 보육센터 입주단계를 거치지 않고 진행하는 경우도 많지만, 기술창업 초보이거나 신규사업 경험이 부족할 경우에는 정부에서 지원하는 창업지원 프로그램을 활용하는 것이 기술창업에 있어서는 매우 효과적이다.

▌그림 11-1 ▌기술창업 추진 프로세스

단계				
1단계 : 기술창업 구상단계	창업자분석	사업아이템 분석	특허검색	소비자 시장분석
2단계 : 사업계획 수립단계	사업 아이템 선정	사업타당성분석		사업계획서 작성
3단계 : 보육센터 입주단계	입주신청 및 심사	입주승인		법인설립
4단계 : 기술개발단계	기술개발	부설연구소 설립	연구장비 공동 활용	지식재산권 확보
5단계 : 상품화단계	디자인 개발	시제품 제작		제품인증
6단계 : 사업화단계	마케팅전략 수립	사업 인·허가		법인설립

일반적으로 기술창업 추진을 위해서 단계별 고려사항은 아래와 같다.

(1) 1단계 : 기술창업 구상단계

- 창업자분석 : 창업자 강·약점 분석, 투자능력 확인, 사업수행능력 등을 평가한다.
- 사업 아이템 분석 : 정보수집 및 검토, 사용경험자 및 전문가와 상담한다.

- **특허검색** : 특허검색, 법적 문제점 검토, 특허출원, 선행기술조사 등 특허검색은 반드시 필요한 과정이며 가장 중요한 부분이기도 하다. 특허검색은 KIPRIS(http://www.kipris.or.kr)를 이용하거나 전문기관을 활용하는 것이 좋다.
- **소비자 및 시장검토** : 소비자특성, 목표시장, 미래시장 등을 확인한다.

(2) 2단계 : 사업계획 수립단계

- **사업 아이템 선정** : 아이템 정보수집 및 선정, 예비사업성평가 등을 한다.
- **사업타당성분석** : 사업수행능력, 시장성, 기술성, 수익성, 경제성, 자금수지 및 성장성 등을 분석하고 사업의사결정(대표적 기법이 손익분기점분석, 투자수익률분석이 있음)을 한다.
- **사업계획서 작성** : 사업에 대해 투자, 개발, 생산, 판매, 자금, 재무계획, 경영자원 및 기술 확보 등 추진계획에 대해 보다 구체적이고 명확하게 작성한다.

(3) 3단계 : 창업보육센터 입주단계(필수요건 사항은 아님)

- **입주신청 및 심사** : 보육센터에 대한 심사기준은 약간씩 다를 수 있다.
- **입주승인** : 입주기업에 대해서는 기술평가, 디자인개발, 시험, 검사, 사업계획서 작성, 특허지원 정보제공, 법률자문, 마케팅, 판로지원에 이르기까지 다양한 지원이 이루어지고 있다.
- 법인설립

(4) 4단계 : 기술개발단계

- **기술개발** : 개발방식을 자체 개발인지 위탁개발인지 등을 결정해야 한다. 일반적으로 창업가는 기술개발에 있어서 다수의 전략을 구사하는 것보다 자원의 한계를 고려한 핵심전략에 집중하는 것이 필요하다. 기술의 경제적 성과를 극대화시키고 차별화하는 것이 매우 중요하다.
- 부설연구소 설립
- 연구장비 공동 활용
- 지식재산권 확보

(5) 5단계 : 상품화단계

- **디자인 개발** : 계획제품 또는 서비스에 대하여 산업디자인을 적용하고 가상 모델을 만든다.
- **시제품 제작** : 상세설계를 통해 원가를 분석하고, 외형, 디자인, 사용성, 기능성, 고객 반응 등을 포함하고, 생산방법을 포함한 모든 평가가 이루어져야 한다. 시제품 제작 시 금형개발업체는 생산까지 겸할 수 있는 업체를 선정하는 것이 바람직하다.
- **제품인증** : 제품인증을 통해 소비자의 신뢰를 얻을 수 있도록 한다.

(6) 6단계 : 사업화단계

- **마케팅 전략 수립** : 기업수준, 사업부수준, 사업단위수준, 제품수준 등으로 나누어 경쟁력 확보방안을 모색하고, 시장진출 및 매출성장의 포지션과 구체적인 소비시장 접근방법을 설정한다.
- **사업 인·허가** : 법령에 의해 허가를 받거나 등록 또는 신고를 해야 하는 사업인지 확인해야 한다. 주로 사업장 주소지 관할 관청에 문의하면 된다.
- **법인설립** : 사업규모에 따른 기업형태를 개인이냐 법인이냐 결정해야 한다. 사업규모가 커지고, 직원 수가 늘어나면서 자산이 커질 것으로 예상될 경우에 법인으로 진행하는 것이 일반적이다.

표 11-2 개인기업과 법인기업의 비교

구분	개인기업	법인기업
설립절차	사업자등록으로 간편한 절차	정관 작성, 법인설립 절차 등 이행
경영	• 경영활동에 대한 단독 무한 책임 • 신속한 의사결정 • 경영능력의 한계	• 회사의 형태에 따라 분류(유한책임, 무한책임) • 의사결정의 저속성 • 소유와 경영의 분리기능
자본조달	개인의 전액출자로 자본조달	다수의 출자자로부터 거액의 자본금 조달가능
이윤분배	이윤의 전부를 개인이 독점	출자자의 지분에 의해 분배
과세근거법	소득세법	법인세법
과세소득	총수입금액-필요경비	익금의 총액-손금의 총액

세율	6~42% 누진세 적용(지방소득세 : 소득세의 10%)	10~25% 누진세 적용(지방소득세 : 법인세의 10%)
퇴직금급여 충당금	대표자는 퇴직급여충당금 설정대상 아님	대표이사도 퇴직급여충당금 설정대상임
사장의 연말정산	사장은 종합소득세만 신고	대표이사는 근로자이기 때문에 연말정산을 해야 함
4대보험	지역가입자로 가입되며, 희망 시 고용보험 가입가능	대표이사는 고용보험 가입대상이 아님

11.3 기술창업과 기업가정신

1) 기술창업과 기업가정신의 중요성

최근 들어 세계 각국의 경제성장이 둔화되고 있는 상황에서 새로운 도약을 위한 돌파구를 마련하기 위한 일환으로 세계 각국이 기업가정신의 활성화에 관심을 높이고 있다. 특히 미국과 영국을 비롯한 세계 선진국들은 매년 11월 세계기업가정신 주간(Global Entrepreneurship Week)을 선정하고 다양한 관련 행사를 개최함으로써 국가적인 중요성을 알려 나가고 있다.

조지프 슘페터는 "끊임없이 새로운 제품을 개발하고, 신사업에 도전하며, 시장을 확장해 나가는 기업가적인 벤처(entrepreneurial venture)를 자본주의 경제를 움직이는 근본적인 엔진"이라고 하였으며 피터 드러커는 "기업가는 끊임없이 혁신을 추구해야 한다. 이러한 혁신의 중심이 바로 기업가정신"이라고 강조했다.

기업가정신의 활성화를 통한 경제성장을 위해서는 공정한 경쟁과 자율적인 기업활동이 보장되는 원활한 시장경제시스템이 뒷받침되어야 한다. 기업가들은 신규제품을 개발하고, 고객을 찾아나서는 과정에서 자연스럽게 경쟁에 직면하게 되고, 더 나은 기업활동을 위해 혁신과 새로운 가치창출의 순환과정을 겪게 된다. 이러한 변화와 혁신의 과정이 곧 기업가정신의 핵심과정을 구성한다고 하겠다. 소비자에게 더 나은 제품을 공급함으로써 더 많은 이익을 창출하고자 하는 기업가의 자율적 열정과 의지는 새로운 부가가치를 창출하게 될 것이고 기업과 국가 경제성장의 밑거름이 될 수 있다.

오늘날의 경제시스템은 관리적 경제(managerial economy)에서 기업가적 경제(entrepreneurial economy)로 이동하는 시대라고 한다. 이제 기업들은 보유하고 있는 경영자원을 효율적으로 사용하는 것에만 몰두하는 기존의 경영시스템이 아닌, 새로운 가치를 창출하는 기업가형 조직으로 변해야 할 것이다. 최근의 기업 경쟁은 날이 갈수록 더욱 치열해지고 있으며, 끊임없는 품질향상과 기술개발을 통해 새로운 가치를 창출하는 기업만이 경쟁에서 살아남고 있다. 틈새시장을 찾아내고, 글로벌 전략으로 시장을 개척해 나가는 기업경영이 요구된다.

| 표 11-3 | 기업가경제와 관리경제의 비교

구분	기업가경제 (entrepreneurial economy)	관리경제 (managed economy)
원동력	• 지역화 • 변화 • 높은 임금을 주는 일자리	• 세계화 • 지속 • 일자리 또는 높은 임금
외부 환경	• 역동성 • 다양성 • 이질성	• 안정성 • 전문성 • 동질성
기업 운영방식	• 동기 • 시장 교환 • 협력하는 경쟁 • 유연성	• 관리 • 기업 거래 • 경쟁이나 협력 • 규모
정부 정책	• 자율 • 투입 중시 • 지역 단위 • 혁신가	• 규제 • 결과 중시 • 국가 단위 • 기존 인력

출처: Thurik, A., "Entreprenomics: Entrepreneurship, Economic Growth and Policy", *Entrepreneurship, Growth and Public Policy*, 2009, 219-249.

위와 같은 총체적인 경제불황의 위기를 극복하기 위한 새로운 성장 동력으로 기업가정신이 중요하게 논의되고 있다. 1990년대 들어와서 기업가정신이 실제 경제성장에 미치는 영향에 대한 실증적 연구들도 나타나기 시작했다. 외국의 연구에 따르면 국민소득 2만 달러까지는 대기업이 국가 경제성장의 주요 원천이 되나, 그 이상의 성장을 위해서는 튼튼한 중소기업과 기업가정신이 밑거름이 되어야 한다고 한다. 금융위기 등 여러 악재로 휘청거리는 미국이 21세기에 들어서도 경제 최강국의 지위를 유지해 온 밑거름에는 끊임없이 도전하는 실리콘밸리의 기업가정신이 있었으며, 일본이 10년에 걸친 장기 불황을 극복하고 새로운 도약을 시작하는 원동력은 '모노츠쿠리' 정신, 즉 기업인들의 장인정신이 있었기 때문이다.

저명한 경영학자 피터 드러커는 〈*Next Society*〉라는 책에서 '세계에서 가장 기업가정신이 높은 국가'로 우리나라를 지목한 바 있다. 하지만 IMF 외환위기사태를 계기로 기업들의 설비투자는 감소하고, 소비심리는 위축되기 시작하면서 기업가정신은 급격히 쇠퇴하기 시작했다. 따라서 현재의 경제위기를 극복하고 세계 경제선진국으로 다시 한번 도약하기 위해서는 기업과 국가의 미래를 위해 새로운 성장 동력으로서의 기업가정신이 무엇보다 필요한 실정이다. 정부와 국민, 기업이 협력하여 과감한 투자와 기술개발, 인재육성 등을 실천해 나갈 때 새로운 국가경쟁력을 갖출 수 있을 것이다.

기업가정신(entrepreneurship : 企業家精神)

기업가정신은 기업의 본질인 이윤 추구와 사회적 책임의 수행을 위해 기업가가 마땅히 갖추어야 할 자세나 정신을 말한다.

기업가정신에 대한 개념은 기업이 처해 있는 국가의 상황이나 시대에 따라 바뀌어 왔다. 따라서 기업가정신을 한마디로 정의하기는 어렵다. 그러나 어느 시대, 어떤 상황에서든 기업가가 갖추어야 할 본질적 정신은 예나 지금이나 별로 다르지 않다.

기업은 이윤의 획득을 목적으로 운용하는 자본의 조직단위이기 때문에 생존을 위해서는 먼저 이윤을 창출해야 한다. 동시에 기업은 이윤을 사회에 환원한다는 점에서 사회적 책임도 가지고 있다. 따라서 기업을 이끌어가는 기업가는 이윤을 창출하면서도 사회적 책임을 잊지 않는 정신을 가지고 있어야 한다. 다시 말해 올바른 기업가정신을 가지기 위해서는 언제나 이 두 가지가 전제되어야 한다.

기업가정신과 관련된 대표적 학자로는 미국의 경제학자 슘페터(Joseph Alois Schumpeter)를 들 수 있다. 그는 새로운 생산방법과 새로운 상품개발을 기술혁신으로 규정하고, 기술혁신을 통해 창조적 파괴(creative destruction)에 앞장서는 기업가를 혁신자로 보았다.

그는 혁신자가 갖추어야 할 요소로 ① 신제품개발, ② 새로운 생산방법의 도입, ③ 신시장 개척, ④ 새로운 원료나 부품의 공급, ⑤ 새로운 조직의 형성, ⑥ 노동생산성 향상 등을 꼽았다. 이 6가지 외에도 여러 가지가 있지만, 슘페터가 정의하는 기업가정신은 대체로 이와 같다.

전통적인 의미의 기업가정신 역시 슘페터의 정의와 크게 다르지 않다. 미래를 예측할 수 있는 통찰력과 새로운 것에 과감히 도전하는 혁신적이고 창의적인 정신이 전통적 개념의 기업가정신이다. 현대에는 이러한 전통적 의미의 기업가정신에 ① 고객제일주의, ② 산업보국, ③ 인재양성, ④ 공정한 경쟁, ⑤ 근로자 후생복지, ⑥ 사회적 책임의식까지 겸비한 기업가를 진정한 기업가로 보는 견해가 지배적이다.

출처 : [네이버 지식백과] 기업가정신[entrepreneurship, 企業家精神](두산백과)

2) 기업가정신 구성요소

밀러(Miller)는 기업가적 특성으로 혁신성, 위험감수성, 진취성을 강조하였다. 이후 코빈과 슬레빈(Covin & Slevin), 자라(Zahra), 그리고 제닝스와 럼프킨(Jennings & Lumpkin)과 같은 학자들이 기업가정신에 대한 연구를 진행시켜 왔으며, 기업가정신의 구성개념을 다양하게 제시하였다.

이러한 기업가정신에 대한 연구는 초창기 기업가의 개인적 특성과 행동에 초점을 두고 진행되어 왔으나, 최근의 연구에서는 보다 다양하게 기업가정신을 측정하고 있으며 혼재되어 있는 기업가정신의 구성요인에 대한 보다 깊이 있는 연구의 필요성을 제시하고 있다. 여기에서는 혁신성, 위험감수성, 진취성과 같은 기업가정신의 대표적인 구성요소뿐만 아니라, 최근에 연구되고 있는 다양한 개념에 대해서도 살펴보기로 한다.

표 11-4 기업가정신 구성요소의 개념적 정의

차원	개념적 정의
혁신성 (innovativeness)	새로운 제품과 서비스, 그리고 프로세스 개발을 목표로 한 실험과 창조적 프로세스를 통한 새로운 것을 기꺼이 하려는 마음
위험감수성 (risk taking)	예측가능한 결과의 지식 없이 실행하는 의사결정활동, 위험을 감수하는 벤처 프로세스에서 구체적인 지원의 몰입을 포함하는 실행
진취성 (proactiveness)	미래 수요를 예측하고 기회를 포착하는 통찰력을 가진 진취적 특성
자율성 (autonomy)	개인이나 팀이 독립적으로 움직이는 기업가적인 감각, 조직의 관료주의를 탈피하여 새로운 가치와 아이디어를 추구하는 기업가적인 독립성
경쟁적 공격성 (competitive aggressiveness)	시장에서 경쟁사를 압도하기 위해 직접적이고 집중적으로 경쟁하려고 하는 성향

3) 기업가정신 기타 구성요인들

(1) 헌신(Commitment), 결단(Determination), 인내심(Perseverance)

성공적인 기업가가 되기 위해서는 많은 장애물과 난관을 극복해 나가야 한다. 이러한 과정에서 기업가는 자신의 시간과 노력, 심지어는 가족의 희생까지 요구받게 될 수도 있다. 힘겹고 고통스러운 과정에서 자신의 모든 것을 투자하고 몰입할 때 비로소 성공에 이르게 되는 경우를 우리는 어렵지 않게 볼 수 있다. 아울러 기업가는 매 순간 발생하는 결정의 순간에 냉철하고 신속한 결정을 내려야 한다. 이렇게 결정된 전략을 실행하고 수익을 창출해 내는 과정에서도 기업가는 끊임없는 인내심을 보여야 한다. 성공하는 기업가는 기발한 아이디어를 지닌 사람보다 오히려 우직하게 자신의 분야에 몰두하는 사람이라는 것을 명심할 필요가 있다.

(2) 성취 추구(Drive to Archive)

창업자인 기업가는 스스로 부여한 기준과 도전목표를 달성하기 위한 강렬한 욕구를 가지고 있다. 맥클리랜드(D. McClellend)는 그의 저서 〈성취동기이론〉에서 인간은 성취욕구(need for achievement), 권력욕구(need for power), 친화욕구(need for affiliation)라는 세 가지 욕구를 가지고 있다고 주장하면서 높은 성취동기를 가진 사람들이 기업가가 될 확률이 높으며, 이런 성향을 지닌 사람들로 구성된 조직이나 사회의 경제 및 사회발전이 더 빠르다고 주장하였다. 아울러 앞에서 살펴본 위험감수성과도 연관하여 높은 성취욕구를 가진 기업가는 필요할 때 높은 위험을 감수하더라도 도전하는 특징을 가지고 있다.

(3) 기회 지향성(Opportunity Orientation)

공적인 기업가는 자원이나 조직의 구조, 전략보다는 기회에 더욱 집중한다. 그들은 새로운 기회에서 출발하여 중요한 이슈를 도출하며, 기회를 추구하는 목표지향적인 특성을 보인다. 높은 수준이지만 달성가능한 목표를 세우고 그들의 에너지와 자원을 결집하여 사업을 수행해 나간다. 오늘날처럼 기업을 둘러싸고 있는 주위 외부환경이 급변하는 경영환경에서 경쟁을 극복하고 새로운 도약과 기업 성장을 위해 기업가는 끊임없이 창업기회(entrepreneurial opportunity)를 추구하고 도전해 나가야 할 것이다.

(4) 독창성(Initiative)과 책임감(Responsibility)

성공적인 기업가는 적극적으로 행동하고 독창적인 것을 추구한다. 자신의 창업 아이템에서부터 조직 운영, 판매 등 모든 사업에 자신만의 독창적인 아이디어와 노력을 기울이게 된다. 어려운 문제를 창의적으로 해결하기를 즐기며, 그 결과에 대해서 스스로 책임지려고 하는 특성을 가지고 있다.

(5) 끊임없는 문제해결 추구(Persistent Problem Solving)

기업가의 창업활동은 새로운 문제해결의 연속이라고 할 수 있다. 불확실한 상황에서의 위험과 문제를 해결해 나가는 해결사의 특성을 지녀야 한다. 오히려 해결하기 쉬운 문제는 그들을 지루하게 만들 뿐이다. 기업가는 어렵지만 피할 수 없는 문제상황을 끈기와 인내로 해결해 나가야 한다.

(6) 내부통제위치(Internal Local of Control)

로터(J. B. Rotter)는 개인이 자신의 삶에 스스로 얼마나 영향을 미칠 수 있는지를 측정하는 개념으로 통제의 축(locus of control)을 제시한 바 있다. 이러한 개념에서 볼 때 훌륭한 기업가는 자기 스스로를 믿으며 자신의 삶과 운명을 스스로 결정할 수 있다고 믿는 내부 통제의 축을 지닌 사람이라고 할 수 있다. 그들은 사업성공이나 실패를 운명이나 행운 등에 의해서 지배받는 것으로 생각하지 않으며 강한 성취욕구를 지니고 있다.

(7) 모호함에 대한 수용(Tolerance for Ambiguity)

창업 초기의 기업가에게 확실한 것은 아무 것도 없을지 모른다. 수시로 변하는 외부 환경뿐만 아니라 부족한 자금과 인력, 조직 등이 매번 기업가에게 스트레스를 줄 것이다. 그러나 성공적인 기업가는 유동적이고 애매모호한 상황을 참고 견디며 최선을 다하게 된다. 그들에게 직업적인 안정감 등이 관심의 대상은 아니다.

(8) 실패에 대한 관용(Tolerance for Failure)

기업가는 실패의 과정을 경험을 배우는 과정으로 생각한다. 사업상의 여러 가지 실패를 충분히 예측하여 실망하거나 용기를 잃지 않는다. 오히려 실패의 과정에서 새로운 기회를 찾아내려고 노력한다. 실제로 창업 초기에 많은 실패를 경험한 기업가들이 성공을 경험한 기업가보다 더욱 많은 것을 배우게 된다.

4) 기업가정신의 파급효과

기업가정신은, 특히 국가 경제발전에 많은 영향을 미치고 있다. 세계적인 기업가정신 및 창업정책조사기관인 GEM의 연구결과에 의하면, 초기 창업활동지수와 국가경제발전과 U자형의 상관관계가 있음을 제시하고 있다. 즉 개발도상국가 시절에는 신규창업이 활발히 전개됨에 따라 1인당 GDP가 증가하다가, 산업이 어느 정도 성숙되면, 초기 창업활동은 최저점에 머물게 된다. 이후 선진국 수준으로 발전하기 위해서는 정체되어 있는 창업활동지수가 활발해져야 경제발전이 다시 탄력을 받아, 선진국 수준에 진입이 가능하다고 제시하였다. 결국 기업가정신 활성화가 국가경제발전의 핵심원동력임을 주장하고 있다. 또한 미래학자이자 경제정책 전문가인 IT 경제학 교수 레스터 서로우(Lester Thurow)는 〈지식의 지배(*Building Wealth*)〉에서 부를 창출하는 요소 중 기업가정신을 으뜸으로 꼽는다. 현대사회에서는 지식축적을 통한 기술혁신이 부를 창출할 수 있는 원동력이라 했다. 모험을 즐기고 변화에 신속히 대응하는 기업가정신없이는 기술혁신 그 자체가 결코 부를 창출할 수 없다는 점을 강조한다.

기업가정신이 혁신성장에 영향을 주는 방식은 크게 세 가지로 요약된다.

첫째, 기업가정신은 지식의 파급효과(spillover)를 창출한다. 지식의 파급은 경제성장의 투입요인으로서 대학과 같이 지식이 축적된 기관에서 기업가정신을 갖춘 인력과 기술이 확산되는 것이 주요한 성장의 메커니즘이다.

둘째, 중소기업의 수가 증가함에 따라 경쟁이 촉발되고, 이는 경제성장의 역동성으로 작동한다. 실제 지역 내에 기업의 수와 경쟁의 강도가 증가할수록 지역의 성장률은 증가한다.

셋째, 기업의 다양성 증가는 외부효과(externality)로 이어진다. 즉 한정된 지역 내에서 다양한 생산방식과 이질적인 기술을 보유한 기업들이 증가하면 다양성의 외부효과가 증가해 구성원들 간의 지식전달, 새로운 지식의 창출가능성이 높아져 경제성장으로 이어진다.

/연/습/문/제/

01 기술창업의 개념에 대해서 기술하시오.

02 관심분야에 대한 국내외 기술창업 트렌드에 대해서 토론하시오.

03 국가경쟁력과 연계하여 기술창업의 중요성에 대해서 토론하시오.

04 기술창업 프로세스에 대해서 기술하시오.

05 기술창업에 있어서 개인기업과 법인기업의 차이점을 기술하시오.

06 기술창업을 위한 기업가 육성을 위한 민간 차원에서의 노력과 정부 차원에서의 노력이 어떤 부분이 필요한지 토론하시오.

07 기술창업 기업가정신의 개념과 혁신성장에 영향을 주는 방식에 대해서 기술하시오.

CHAPTER 12

지식재산권

12.1 지식재산권의 이해
12.2 산업재산권
12.3 저작권
12.4 신지식재산권
12.5 국제특허출원(PCT)
12.6 특허분석

12 CHAPTER 지식재산권

12.1 지식재산권의 이해

1) 지식재산권의 개념

지식재산권(知識財産權 : intellectual property rights) 또는 지적재산권(知的財産權)은 인간의 창조적 활동 또는 경험 등을 통해 창출하거나 발견한 지식・정보・기술이나 표현, 표시 그 밖에 무형적인 것으로서 재산적 가치가 실현될 수 있는 지적 창작물에 부여된 재산에 관한 권리를 말한다. 지적 소유권이라고도 한다. 어떤 학자는 "지식재산권은 인간의 지적 창조물 중에서 법으로 보호할 만한 가치가 있는 것들에 대하여 법이 부여하는 권리"라고 정의한다. 이러한 개념정의는 간략하지만 많은 의미를 내포하고 있으며, 사실상 지식재산권 전반을 꿰뚫는 포괄적이면서도 중추적인 개념정의라고 할 수 있다. 이러한 개념정의로부터 지식재산권이 성립하기 위한 요건이 도출되며, 이러한 요건을 충족하면 법률적 효과로서 권리, 즉 지식재산권이 부여되는 것이다.

지식재산권 관련 용어

- **지식재산** : 인간의 창조적 활동 또는 경험 등에 의하여 창출되거나 발견된 지식・정보・기술, 사상이나 감정의 표현, 영업이나 물건의 표시, 생물의 품종이나 유전자원, 그 밖에 무형적인 것으로써 재산적 가치가 실현될 수 있는 것을 말한다(「지식재산기본법」 제3조 제1호).
- **지식재산권** : 법령 또는 조약 등에 따라 인정되거나 보호되는 지식재산에 관한 권리를 말하는 것으로써 산업재산권, 저작권, 신지식재산권을 포괄하는 무형적 권리를 뜻한다.
- **신지식재산** : 경제・사회 또는 문화의 변화나 과학기술의 발전에 따라 새로운 분야에서 출현하는 지식재산을 말한다(「지식재산기본법」 제3조 제2호).
- **지식재산권법** : 법령 또는 조약 등에 따라 인정되거나 보호되는 지식재산에 관한 권리를 말한다(「지식재산기본법」 제3조 제3호).

지식소유권의 문제는 특히 국가와 국가 간에 그 보호장치가 되어 있느냐의 여부와 국가 간의 제도상의 차이 때문에 분쟁의 대상이 되고 있다. 오늘날과 같이 정보의 유통이 급속하게 이루어지고 있는 시대에는 어떤 국가가 상당한 시간과 인력 및 비용을 투입하여 얻은 각종 정보와 기술문화가 쉽게 타국으로 흘러들어가기 마련이어서 선진국들은 이를 보호하기 위한 조치를 강화하고 있다.

최근에는 새로운 기술의 산물인 컴퓨터 소프트웨어와 유전공학기술 등의 보호방법과 보호범위가 지적 소유권보호제도의 한 과제가 되고 있다. 컴퓨터 소프트웨어는 대부분의 선진국들이 저작권으로 보호하는 추세에 있어서 한국도 1986년 12월 「컴퓨터프로그램보호법」을 제정하여 1987년 7월부터 시행하여 오다가 2009년 폐지되고, 「저작권법」에 편입하여 함께 보호하고 있으며, 유전공학기술은 그 제조방법을 한국 등 대다수의 국가가 특허로 인정하고 있다.

1973년 이래 세계지식재산권기구에 정회원이 아닌 옵서버 자격으로 참여하여 온 한국은 1979년 정식으로 가입하여 정회원국이 되었고, 물질특허권(공업소유권)제도도 도입하여 운영하고 있다. 또 국제저작권조약으로는 법규해석에 있어 비교적 융통성이 많고 소급효과를 인정하지 않는 국제저작권협약(UCC)에 1987년 10월 정식으로 가입하였다.

지식재산권과 관련된 한국의 법률로는 「특허법」, 「저작권법」, 「실용신안법」, 「디자인법」, 「상표법」, 「발명보호법」 등이 있으며, 이들에 관한 권리를 보호하기 위하여 국제적으로 협약한 조약으로는 「공업소유권의 보호를 위한 파리협약」, 「한·일 상표권 상호보호에 관한 협정」 등이 있다.

최근에는 첨단기술과 문화의 발달로 지식재산권도 점차 다양해져서 '영업비밀보호권'이나 '반도체칩배치설계보호권'과 같은 새로운 지식재산권이 늘어날 전망이다. 현재 한국에서는 산업재산권은 특허청에서, 저작권은 문화체육관광부에서 관장하고 있다.

2) 지식재산권의 필요성

- **시장에서 독점적 지위 확보** : 특허권 등 지식재산권은 독점배타적인 무체재산권으로 신용창출, 소비자의 신뢰도 향상 및 기술 판매를 통한 로열티 수입이 가능하다.
- **특허분쟁의 예방 및 권리보호** : 자신의 발명 및 개별기술을 적시에 출원하여 권리화

함으로써 타인과의 분쟁을 사전 예방하고, 타인이 자신의 권리를 무단 사용 시 적극적으로 대응하여 법적 보호가 가능하다.

- **R&D 투자비 회수 및 추가 기술개발의 원천** : 막대한 기술개발 투자비를 회수할 수 있는 확실한 수단이며 확보된 권리를 바탕으로 타인과 분쟁 없이 추가 응용 기술 개발이 가능하다.
- **정부의 각종 정책자금 및 세제지원 혜택** : 특허권 등 지식재산권을 보유하고 있는 경우, 특허기술사업화 자금지원, 우수발명품 시제품 제작지원을 비롯하여 각종 정부자금 활용과 세제지원 혜택을 받을 수 있다.

3) 지식재산권이 보호되어야 하는 이유

- 권리 범위의 모호성(권리 특정이 어려워 무형적·창작적 성과 보호가 필요함)
- 침해의 용이성(침해의 발견이 어렵고 권리자의 배제가 용이함)
- 입증의 난이성
- 피해의 중대성(무형적 재산이기 때문에 가치의 회복이 어려움)

과거의 전통적 제조, 산업사회에서는 토지·노동·자본과 같은 유형자산(tangible asset)이 기업의 최고 경쟁력이었다. 하지만 최근에는 기술력·브랜드·디자인 등 무형자산(intangible asset)을 중심으로 한 지식기반사회로 산업발전의 패러다임이 바뀌고 있다. 최근에는 한발 더 나아가 융복합을 기반으로 한 창의적 기술이 중심이 되는 4차 산업의 시대가 바짝 다가오고 있다. 인간의 창의적 아이디어의 역할이 커질수록 무형자산의 핵심적 근간이 되는 지식재산권의 중요성은 더욱 커지게 될 것이다.

과거에는 기업이 기술 자체를 개발가능했으나 현재는 기술의 융복합화로 인해 자체만의 기술개발이 매우 곤란해지고 있다. 예를 들어, 스마트폰의 경우 통신, 카메라, 디스플레이, 운영체제 등 관련 기술들의 특허만 해도 약 10만여 개가 넘는다. 또한 과거 지식재산권 분쟁은 분쟁 당사자인 기업 간의 분쟁에 머무는 경향이 있었다. 하지만 최근에는 분쟁 또한 동일 목적의 기업군이 전략적 제휴를 통해 진행하는 등 기업군 간의 경쟁으로 확전되는 양상을 보이고 있다. 스마트폰 OS를 둘러싼 안드로이드와 iOS 진영 간의 분쟁을 살펴본다면 쉽게 이해가 되리라 본다. 더욱이 과거에는 지식재산권을 통한 비즈니스 모델이 명확히 존재하지 않았다. 하지만 지식재산권 자체만으로 수익을 창출하는 새로운 비즈니스가 다양하게 생겨나고 있으며, 수익창출로 실제 그 활용가치가 인정받고 있는 추세이다. 미국에서의 특허관리전문회사(Non-Practing Entity : NPEs)들의 경우 특허소송을 통해 평균적으로 합의, 배상으로 약 1,200만 달러를 요구하는 것을 보면 지식재산권이 그 자체만으로 수익창출의 수단이 될 수 있다는 것을 알 수 있다. 이러한 수익창출환경 변화의 중심에 바로 지식재산권이 존재하고 있기에 오늘날 지식재산권이 기업경영에서 중요한 이슈로 떠오르고 있는 것이다.

2016년 1월 스위스 다보스에서 열린 세계경제포럼에서는 '4차산업혁명'을 3차산업혁명을 기반으로 한 디지털과 바이오산업, 물리학 등의 경계를 융합하는 기술혁명이라고 정의를 했다. 4차산업혁명의 정의를 기존 3차산업혁명의 제조업에 정보통신(IoT · ICT) 기술이 융복합되어 산업과 기술의 혁신을 이루는 분야라고 정의한 것이다. '새로운 기술'이 출현하면서 '생산, 소비' 측면에서 '폭발적인 변화와 결과'를 초래하는 것을 산업혁명이라 부른다.

지금 세계 산업시장 현장은 4차산업혁명 프로그램이 출발했다. 전 세계 선진국들은 이종기술의 융복합과정에서 필수적으로 필요한 표준화, 보안성의 문제 및 유기적인 기술융합환경, 즉 인프라 생태계의 구축을 국가적 차원에서 중요하게 인식하고, 4차산업혁명을 적극적으로 지속적으로 수용하고 있는 것이 현실이다.

한국특허전략개발원이 최근 발표한 '4차산업혁명 19대 핵심기술 특허 트렌드' 분석 결과에 따르면 인공지능과 스마트시티, 자율주행, 3D프린팅, 인공지능기술 등이 향후 4차산업혁명과 관련된 주요 특허기술분야로 조사되었다. 관련 기술을 구성하는 세부기술 또한 매우 다양한 특허들이 운집해 있다. 기술이 융복합될수록 특허 등 지식재산은 덤블(dumble)과 클러스터(cluster)를 형성하고 있다. 해당 분야에 진입하고자 하는 기업들은 과거와 달리 포트폴리오 단위의 지식재산 검토 및 관리체계를 형성해야 하기에 더욱 지식재산에 대한 관리 역할은 커질 것이다.

세계시장에서의 지식재산권 이슈

세계 주요 국가는 지식재산을 강력하게 보호하기 위해 대통령 직속의 지식재산정책 추진체계를 마련하고 있다. 미국은 대통령 직속의 지식재산집행조정관을 통해 지식재산의 보호, 집행 정책 등을 총괄하도록 하고 있으며 '지식재산집행에 관한 합동 전략계획'을 수립하여 정책을 추진 중이다. 중국은 지식재산권 집행 정보를 공개하고 침해행위에 대한 형사제재를 강화하는 내용을 골자로 하는 '국가지식재산권 전략실시 추진계획'을 추진 중이다. 일본은 총리 직속의 지식재산전략본부를 통해 '지식재산 추진계획 8대 중요시책'을 정하여 특허침해소송에서 특허침해 입증 용이화 및 손해배상액 산정규정 등을 검토하기 위한 계획 등을 수립하여 관련된 정책을 추진하고 있다.

우리는 2011년 「지식재산기본법」을 제정하고 제1차 국가지식재산 기본계획을 수립하여 정책방향과 전략목표를 수립하고 추진 중에 있다. 관련 내용은 지식재산과 권리보호를 위해 지식재산 심사등록의 안정적 제고, 지식재산 보호를 위한 국내 인프라 수준의 선진화, 해외에서의 우리 지식재산의 보호 강화 및 지식재산 분쟁해결제도를 정비하는 것을 주요 정책 골자로 하고 있다.

지식재산권과 관련된 대표적 사례로는, 미국의 경우 전통적으로 특허수익을 목적으로 소송을 남발하는 NPEs(특허관리전문회사)의 활동을 꼽을 수 있다. 최근에는 이들의 행위에 대해 특허관리·활용 및 수익창출의 관점에서 긍정적인 시각이 일부 생기기도 하는 것 같다. 하지만 제조 의사 없이 무분별하게 소송을 남발하여 제조기업의 부담을 가중시키는 행위는 좋게 보기 어려울 것이다. 이러한 부담은 결과적으로 제조원가 상승 등 소비자들이 짐을 질 수밖에 없기 때문이다.

중국의 경우 위조상품 유통에 대한 문제가 있다. 한류 확산에 따른 온·오프라인을 중심으로 한 K브랜드의 피해는 해를 거듭할수록 증가하고 있다. 한국의 생활 소비재, 프랜차이즈 계통의 상표브랜드를 중국에서 무단 선점하는 상표브로커 이슈가 하나의 큰 문제가 되고 있다. 선출원주의 및 속지주의라는 지식재산권의 제도를 악용하는 케이스라고 할 수 있다. 이와 함께 중국의 인터넷 보급률 및 사용자 증가에 따른 전자상거래시장의 발전에 따른 온라인상에서의 위조상품 유통 또한 심각한 이슈라고 할 수 있다. 2014년 하반기 중국 국가공상행정총국의 조사결과를 보면 알리바바와 타오바오의 정품 판매율은 약 37.25%인 것으로 조사되어 위조상품에 따른 기업의 피해가 큰 문제임을 알 수 있다. 마지막으로는 중국에서 생산된 위조상품의 국경을 통한 확산문제가 큰 이슈라고 볼 수 있다. 이상의 지식재산권 이슈는 특정 기업의 피해사례로 보기보다는 수출을 중심으로 국가 이익을 창출해야 하는 산업구조상 강력한 보호조치가 필요한 사례들이라고 할 수 있다.

출처 : 한국저작권보호원 공식블로그, 2017

4) 지식재산권의 종류

지식재산권은 크게 산업재산권, 저작권, 신지식재산권으로 분류한다. 이 중 산업재산권은 특허청 소관업무에 해당하며 저작권은 문화체육관광부에서 관장하고 있다. 새롭게 나타나고 있는 업무에 대한 권리인 신지식재산권은 업무에 따라 소관부서가 여러 부처로 나뉜다.

| 그림 12-1 | 지식재산권체계

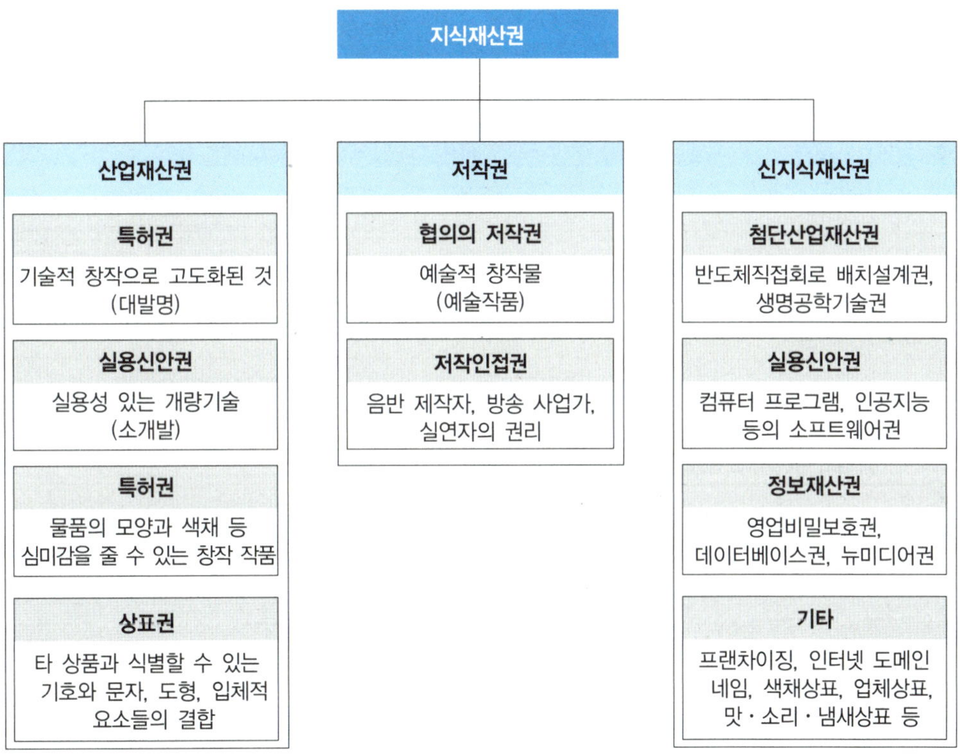

5) 지식재산권의 출원 및 등록절차

[그림 12-2]는 지식재산권을 등록하는 일반적인 절차를 나타내고 있다. 개인이 지식재산권을 출원하고 등록하는 것은 일반인에게는 어려운 일이다. 그렇기 때문에 전문 특허법률사무소의 도움을 받아 출원 및 등록하는 절차를 밟는 것이 효율적이다. 특히 사전조사부분에서 제일 중요한 것은 선행기술조사이다.

▎그림 12-2 ▎지식재산권의 출원 및 등록절차

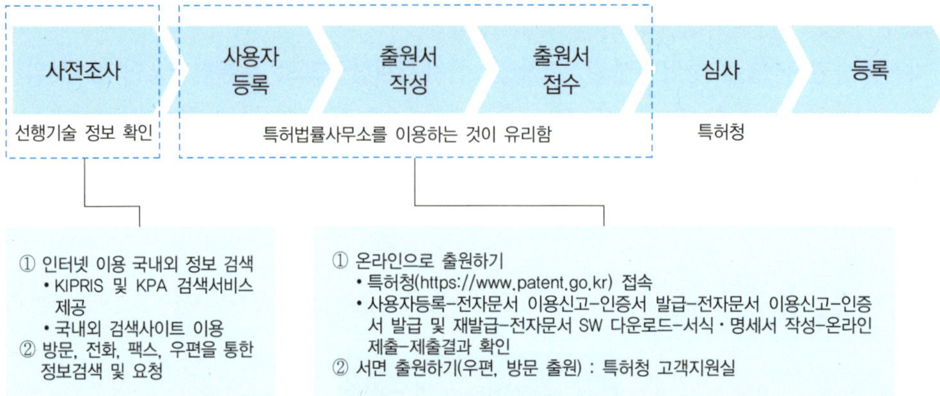

지식재산권 검색사이트

▪ 국내 검색사이트

기관	주소	구분
한국특허정보원(KIPI)	http://www.kipris.or.kr	무료
국가과학기술지식정보서비스(NTIS)	https://www.ntsi.go.kr	
윕스(WIPS)	• 국내·외 특허 검색 : http://search.wips.co.kr • 국내 디자인 검색 : http://design.wips.co.kr	유료
줌테크놀러지(브랜드워치)	http://www.brandwatch.co.kr	

▪ 해외 검색사이트

기관	주소	구분
세계지식재산기구(WIPO)	• 국제특허 : http://www.wipo.int/pctdb/en/ • 국제상표 : http://www.wipo.int/ipdl/en/search/madrid/search-struct.jsp • 디자인 : http://www.wipo.int/ipdl/en/search/hague/search-struct.jsp	무료
Questel QPAT	http://www.qpat.com/index.htm	유료
Delphion	http://www.delphion.com	
Patolis	http://www.patolis.co.jp	
STO	http://www.bustpatents.com	
DERWENT	http://www.derwent.co.uk	
Dialog Web	http://www.dialogweb.com	
THOMSON REUTERS	http://www.micropat.com/static/index.htm	

6) 한국의 특허검색 DB 소개

(1) KIPRIS(무료특허검색 DB) 개요

- KIPRIS(Korea Industrial Property Rights Information Service)는 국내・외 지식재산권에 대한 모든 정보를 데이터베이스로 구축하여 누구나 인터넷을 통해 무료로 이용할 수 있도록 특허청이 한국특허정보원을 통하여 제공하고 있는 특허검색서비스이다.
- KIPRIS에서는 국내 산업재산권(특허, 실용신안, 디자인, 상표) 정보 및 미국, 일본, 유럽, 중국 등 국제특허정보에 대한 검색・열람이 가능하다.
- KIPRIS는 해당 특허의 법적인 상태를 즉시 확인할 수 있다는 장점이 있으며, 일반인들도 쉽게 접근하여 검색할 수 있는 서비스를 제공한다.

(2) WIPS(유료특허검색 DB) 개요

- WIPS는 주로 전문적 특허기관에서 사용한다. WIPS에서는 STEP 검색・연산자・클러스터링 등의 기능을 통해 검색의 편의성을 높였다.
- 규모가 큰 로펌이나 기업 또는 연구소 등과 같은 곳에서 다양한 분야의 기술에 대한 침해가능성, 무효화분석, 특허맵 작성, 해외출원동향 파악, 시장동향분석 등의 깊이 있는 분석보고서나 특허맵 등을 작성하는 데 필요한 양질의 데이터 가공에 도움을 주기 위하여 만든 특화된 사이트이다.

7) 선행기술조사의 이해

(1) 정의

선행기술조사는 출원된 발명의 신규성(새로운 것)이나 진보성(발전된 것) 등 특허요건을 심사하기 위해 관련 선행기술을 검색하는 것이다. 선행기술조사가 의무적인 것은 아니지만 올바른 연구방향을 설정하기 위해서는 관련 분야의 기술과 연구동향을 조사하는 것이 바람직하다. 특히 기술변화의 속도가 빠른 분야에 있어서는 더욱 중요하다.

(2) 목적

- 선행기술조사는 연구기획(기술정보조사), 신제품개발(제품출시 전 조사), 특허등록

(특허성조사, 우선심사용 조사), 해외출원(해외출원 전 조사), 침해 및 무효검토(침해・무효자료조사) 등을 위해 수행한다.

- 선행기술조사는 기술의 특허등록 가능성을 높이기 위해 수행한다. 발명하려는 기술 또는 발명한 기술과 동일・유사한 기술이 이미 등록되어 있다면 등록하지 못할 가능성이 높기 때문이다.
- 선행기술조사는 연구개발 아이디어의 구체화를 위해 수행한다. 연구개발 아이디어를 구체적으로 실현하는 데 한계가 있으면 등록된 유사기술을 찾아 진행 중인 연구를 발전시킬 수도 있다.
- 선행기술조사는 특허분쟁에 대비하기 위하여 수행한다. 분쟁에 대비하여 IBM, Microsoft, Intel, HP, Sony 등은 특허출원을 하지 않은 기술을 공개하는 전략을 사용하고 있다. 특허출원이 되지 않고 공개된 기술이더라도, 나중에 출원된 기술이 무효화되는 데 이용될 수 있기 때문이다. 나아가 적극적 글로벌 방어공지(공개)를 활용하여 특허출원비용과 시간을 절감하는 전략을 사용하기도 한다. 따라서 특허무효화를 방지하기 위해 특허출원 전 선행기술조사가 필요하다.
- 선행기술조사는 목적에 따라 기초조사, 특허성조사, 무효자료조사 등으로 이루어지며 선행기술조사가 완료되면 선행기술 조사보고서를 작성하게 된다.

| 표 12-1 | 목적별 선행기술조사의 유형

구분	내용
기초조사	특정 기술분야에 대한 전반적인 특허정보를 얻기 위해 수행하는 폭넓은 조사
특허성조사	특허출원 전이나 심사청구 시 유사한 선행기술 유무에 대해 사전에 수행하는 조사
무효자료조사	특허분쟁 시 상대방의 특허권리를 무효화시키거나 사전 대응을 위해 수행하는 조사

12.2 산업재산권

산업재산권은 특허권, 실용신안권, 상표권 및 의장권을 총칭하며, 산업 및 경제활동과 관련된 사람의 정신적 창작물이나 창작된 방법을 인정하는 무체재산권을 총칭하는 용어다. 과거에는 공업소유권으로 불려왔으나, 특허, 상표 등 무체물에 대한 권리는 소유권보다는 재산권이라는 용어가 더 적합하여 1990년부터 산업재산권으로 바꾸어 부르고 있다. 산업재산권 중 특허권은 아직까지 없었던 물건 또는 방법을 최초로 발명하였을 경우, 그 발명자에게 주어지는 권리를 말한다. 실용신안권은 이미 발명했던 것을 보다 편리하고 유용하게 쓸 수 있도록 개량한 물품에 대한 고안 그 자체를 의미한다. 의장은 물품의 형체, 모양, 색채 또는 이들을 결합한 것으로서 시각을 통하여 미감을 느끼게 하는 것을 말한다. 상표는 타인의 상품과 식별하기 위하여 사용하는 문자, 기호, 도형이나 이들을 결합하는 것 또는 이들과 색채와의 결합으로서 타인의 것과 명확히 구분되는 것을 말한다.

[출처 : [네이버 지식백과] 산업재산권(시사경제용어사전, 2017. 11., 기획재정부)]

표 12-2 산업재산권의 종류

구분	정의	등록 요건	출원 대상	존속기간
특허	자연법칙을 이용한 기술적 사상의 창작으로서 발명의 수준이 고도한 것	신규성, 진보성, 산업성	물건, 방법	등록일 후 출원일로부터 20년
실용신안	자연법칙을 이용한 기술적 사상의 창작으로서 물품의 형상, 구조, 조합에 관한 실용성 있는 고안	신규성, 진보성, 산업성	물건	등록일 후 출원일로부터 10년
디자인	물품의 형상, 모양, 색채 또는 이들을 결합한 것으로서 시각을 통하여 미감을 일으키게 하는 것	신규성, 창작성, 공업성	물품	등록일 후 출원일로부터 20년
상표	자기의 상품(지리적 표시가 사용되는 상품의 경우를 제외하고는 서비스 또는 서비스의 제공에 관련된 물건을 포함)과 타인의 상품을 식별하기 위하여 사용하는 표장	자타 상품 식별성	표장	등록일로부터 10년 (10년마다 갱신가능, 반영구적 권리)

| 그림 12-3 | 산업재산권의 개념

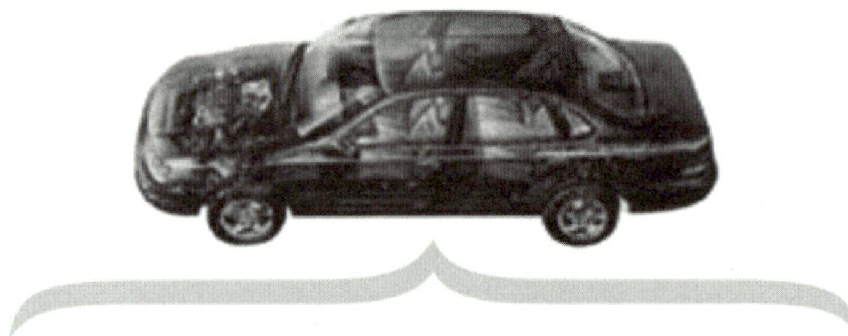

특허 (원천, 핵심기술)	실용신안 (라이프사이클이 짧은 주변 개량 기술)	디자인 (물품의 외관)	상표 (상품의 명칭)
• 엔진제어시스템 • ABS 브레이크시스템 • 지능형 현가시스템 • 변속기시스템	• 백미러 • 컵홀더 • 자동차 도어 • 의자 높낮이 조절장치	• 차체 형상 • 의자 형상 • 전방 램프 형상 • 리어 스포일러 형상	• 자동차 명칭(제네시스, 그랜저 등) • 제작사 명칭(현대, 도요타, BMW 등)

산업재산권의 특징

- 특허청에 출원하고 심사를 거쳐 등록을 해야만 권리가 발생(저작권의 경우 별도의 등록절차 없이 창작한 시점에 권리가 발생)
- 일정기간만 보호되며, 존속기간이 만료되면 소멸(영업비밀은 비밀로 유지되는 한 무한히 보호됨. (예 코카콜라 제조방법)

산업재산권은 주로 산업상 이용가능한 지식재산을 보호한다는 점에서 종래 시나 소설, 음악, 미술 등 문화적인 창작물을 보호하는 저작권과 대비되는 경우가 많았으나, 최근 컴퓨터 프로그램이나 데이터베이스, 응용미술저작물 등 산업적으로 이용되는 창작물 상당수가 저작권의 보호범위에 포함되면서 그 경계가 분명하지 않게 되는 추세이다.

1) 특허권(Patent Right)

특허는 아직까지 없었던 물건 또는 방법을 최초로 발명하였을 경우 그 발명자에게 주어지는 권리로서 독창적인 기술적 사항이고 자연법칙을 이용한 것으로 기술적 효과를 낼 수 있고 산업상 이용할 수 있는 것이라야 특허를 받을 수 있다.

발명은 자연법칙을 이용한 기술적 사상의 창작으로서 고도한 것이어야 한다.

(1) 특허요건

- **산업성** : 산업상 이용가능성이 있어야 한다.
- **신규성** : 발명이 '새로움'을 갖추어야 한다.
- **진보성** : 발명이 속하는 기술분야에서 통상의 지식을 가진 자가 특허출원 시의 공지발명으로부터 용이하게 발명할 수 없는 정도의 창작의 난이도를 갖춘 발명을 말한다.

(2) 특허권 존속기간

- 특허권의 설정등록이 있는 날부터 권리가 발생하되, 특허출원일로부터 20년이 되는 날까지 존속한다.
- 무권리자에 대한 정당권리자의 특허권에 대한 존속기간은 무권리자가 한 출원일로부터 20년의 경과로 종료한다.
- 특허사정등본 송달 전에 한 보정이 요지를 변경하는 것으로 특허권 설정 등록 후에 인정된 특허권의 존속기간은 원특허 출원일로부터 20년의 경과로 종료한다.

(3) 특허권 연장

특허권이 설정등록된 발명을 실시하기 위하여 타 법령에 의한 허가 등을 받아야 하고 그 허가 등을 위하여 필요한 활성, 안전성 등의 시험으로 인하여 상당기간 실시할 수 없었던 경우에 존속기간 연장등록출원을 하여 5년의 기간 내에서 존속기간을 연장할 수 있다.

연장대상발명

- 「약사법」 제26조 제1항 규정에 의하여 품목허가를 받아야 하는 의약품발명
- 「농약관리법」 제8조 제1항 · 제16조 제1항 · 제17조 제1항의 규정에 의하여 등록을 받아야 하는 농약 또는 원제의 발명

(4) 특허권 성립

특허제도에 의해 기술적 사상인 발명에 대하여 주어지는 무형의 권리로서, 권리의 발생은 설정등록에 의해서 이루어진다. 즉 특허출원에 대하여 심사관으로부터 특허사정등본을 송달받은 날로부터 3월 이내에 3년분의 특허료를 납부하면 특허청장이 특허청 등록원부에 등재시킴으로써 발생한다. 특허권의 속성은 독점권과 배타권을 가지고 있다. 즉 특허권자는 그 특허발명의 실시를 독점하며 또한 타인이 이를 실시할 때에는 민사적 또는 형사적인 구제방법으로 그 실시를 배제시킬 수 있는 권리이다.

2) 실용신안권

본래 실용신안제도는 특허제도를 보완할 목적으로 성립되었으나, 특허제도 운용과정에 있어서 경우에 따라서는 소위 개량발명 또는 소발명이 경시되어 독점권이 부여되지 않는 일이 생기게 되었다. 따라서 산업정책상 중소기업이나 개인발명가의 소발명을 보호 장려하는 일이 필요함을 인식하여, 그 결과 몇몇 국가들에 있어서도 특허제도를 보완하려는 취지하에 실용신안제도가 마련되었다.

실용신안권이란 산업상 이용할 가능성이 있는 물품의 형상, 구조 또는 조합한 것 등에 관한 구체적인 기술적 목적과 기술적 구성 및 기술적 효과에 의하여 체계적으로 형성된 신규성 있는 기술적 사상의 창작인 무형의 고안을 보호의 객체로 하는 권리를 말한다.

여기서 말하는 물품이란 거래의 대상으로 되어 운반가능한 것이고, 물품의 형상이란 물품의 외관적 형태를 의미하고 입체적인 것과 평면적인 것 모두 포함된다. 쉽게 말하면 기존의 물품을 개량하여 실용성과 유용성을 높인 고안을 출원하여 부여받는 권리이다.

3) 디자인권(Design Right)

디자인권은 디자인의 개념 중 제품디자인분야를 주된 대상으로 하는 것으로, 「디자인법」 제2조 제1호에는 "디자인이라 함은 물품의 형상, 모양이나 색채 또는 이들을 결합한 것으로서 시각을 통하여 미감을 일으키게 하는 것을 말한다."고 규정하고 있다.

디자인에는 '물품의 부분' 및 '글자체'의 디자인이 포함된다. 디자인은 다음과 같은 성립요건을 갖는다.

표 12-3 디자인 성립요건

항목	내용
물품성	독립적 · 구체적 물품(유체동산)
시각성	식별가능한 것
심미감	미적 처리를 한 것
형태성	물품의 입체적인 형체 · 윤곽

디자인권의 존속기간은 설정등록한 날부터 디자인등록출원일 후 20년이 되는 날까지이다(「디자인보호법」 91조). 디자인권자는 등록디자인 및 유사디자인을 실시할 권리를 독점한다. 다만 그 디자인권에 대하여 전용실시권을 설정한 경우에는 「디자인보호법」 제97조 제2항의 범위 내에서는 그러하지 아니하다(동법 92조). 등록디자인 또는 유사디자인에 관한 물품의 생산에 사용하는 물품을 업으로 생산 · 양도 · 대여 · 수출 또는 수입하거나 업으로서 그 물품의 양도 또는 대여의 청약을 하는 행위는 그 디자인권 또는 전용실시권을 침해한 것으로 본다(동법 114조). 당해 디자인권 또는 전용 실시권자는 자신의 권리를 침해한 자 또는 침해할 우려가 있는 자에 대하여 그 침해의 금지 또는 예방을 청구할 수 있다(동법 113조 제1항).

4) 상표권(Trade Mark Right)

상표는 상품을 생산 · 가공 · 증명 또는 판매하는 것을 업으로 영위하는 자가 자기의 업무에 관련된 상품을 타인의 상품과 식별되도록 하기 위하여 사용하는 기호 · 문자 · 도형 · 입체적 형상 또는 이들을 결합한 것 또는 이들 각각에 색채를 결합한 것을 의미한다.

상표란 자기의 상품과 타인의 상품을 식별하기 위하여 사용하는 표장(標章)을 말하며(「상표법」 제2조 제1항 제1호), 표장이란 "기호, 문자, 도형, 소리, 냄새, 입체적 형상, 홀로그램 · 동작 또는 색채 등으로서 그 구성이나 표현방식에 상관없이 상품의 출처(出處)를 나타내기 위하여 사용하는 모든 표시"를 말한다(동법 제2조 제1항 제2호). 상표권의 존속기간은 설정등록이 있는 날로부터 10년이다. 특허권, 실용신안권, 디자인권과 달리 상표권은 연장이 가능한데, 예외적인 경우를 제외하고는 한 번에 10년씩 연장 횟수의 제한 없이 연장할 수 있다.

상표법상의 상품에는 지리적 표시가 사용되는 상품의 경우를 제외하고는 서비스 또는 서비스의 제공에 관련된 물건을 포함한다. 이는 2016년 개정법에서 서비스표를 상표에 통합하여 규정한 것을 반영한 것이다. 또한 자기의 상품과 타인의 상품을 식별하기 위하여 사용되지 않는 표장은 상표가 아니므로 상품에 사용된 것이라 하여도 그것이 단순히 상품의 심미감을 불러일으키게 하기 위하여 사용된 디자인이거나 자타상품 식별의사와 무관한 가격표시 등은 상표법상 상표가 아니다.

광의의 상표개념으로서는 상표 외에 단체표장, 증명표장, 업무표장을 포함한다.

(1) 단체표장

'단체표장'이란 상품을 생산·제조·가공·판매하거나 서비스를 제공하는 자가 공동으로 설립한 법인이 직접 사용하거나 그 소속 단체원에게 사용하게 하기 위한 표장을 말한다.

(2) 증명표장

'증명표장'이란 상품의 품질, 원산지, 생산방법 또는 그 밖의 특성을 증명하고 관리하는 것을 업(業)으로 하는 자가 타인의 상품에 대하여 그 상품이 품질, 원산지, 생산방법 또는 그 밖의 특성을 충족한다는 것을 증명하는 데 사용하는 표장을 말한다.

(3) 업무표장

'업무표장'이란 YMCA, 보이스카웃 등과 같이 영리를 목적으로 하지 아니하는 업무를 하는 자가 그 업무를 나타내기 위하여 사용하는 표장을 말한다(예 대한적십자사, 청년회의소, 로타리클럽, 한국소비자보호원 등).

① 상표 관련 용어

상표는 자타상품을 식별하기 위해서 상품에 붙이는 표장이다. 이러한 상표와 유사한 개념에는 상호·지리적 표시·도메인 이름이 있으며 그 개념은 다음과 같다.

표 12-4 상표와 유사개념 용어

구분	내용
상호	• 법인・개인이 영업상으로 표시하는 명칭으로 영업의 동일성을 표시 • 상표는 사용에 있어서 강제성이 없지만, 상호의 사용은 기업의 경우에 강제성을 지님 • 기업이미지의 통일화전략 측면에서 상호와 상표를 일치화하는 추세
지리적 표시	• 상표와의 공통점에는 출처표시 기능・품질표시적 기능・영업상 이익과 관련이 깊다는 점과 지재권의 범주 내에서 보호되는 표장이라는 점이 있음 • 제품을 생산하는 사업주체의 특정지역을 확인시켜 주는 표장(다른 경쟁자를 배제한다는 점에서 독점적 소유자는 없음) • 지리적 표시로 기능하려면 그 지역에서 나온 상품을 특정해야 하고, 상품의 명성・특징・품질 등이 해당 지역의 지리적 특성에 기인해야 함
도메인 이름	• 인터넷의 호스트컴퓨터 주소에 해당하는 숫자로 된 주소를 말함 • 도메인 이름 자체가 상품이나 서비스의 출처표시기능을 하기 시작 • 도메인을 미리 사서 되파는 사이버스쿼팅 행위의 증가로 분쟁도 증가하고 있는 추세

출처 : 특허청 홈페이지(2018)

② 상표의 기능

상표의 기능에는 자타상품의 식별・출처표시・품질보증・광고선전・재산적 기능이 있다.

표 12-5 상표의 기능

기능 구분	세부기능 구분	내용
본원적 기능	자타상품의 식별기능	상표의 표시로 자타상품을 식별하는 기능
	출처표시기능	동일한 상표・동일한 출처임을 나타내는 기능
	품질보증기능	동일한 상표・동일한 품질임을 나타내는 기능
파생적 기능	광고선전기능	상품과의 연상작용으로 판매촉진수단으로써의 기능
	재산적 기능	양도와 실시권 등 경제적・재산적 가치로서의 기능

출처 : 특허청 홈페이지(2018)

12.3 저작권

저작권(著作權, copyright)은 창작물을 만든 이(저작자)가 자기 저작물에 대해 가지는 배타적인 법적 권리로, 거의 대부분의 국가에서 인정되는 권리이다. 저작권은 만든 이의 권리를 보호하여 문화를 발전시키는 것을 목적으로 한다. 저작권자는 법에 정하는 바에 따라 다른 사람이 복제·공연·전시·방송·전송하는 등의 이용을 허가하거나 엄금할 수 있다. 저작권은 지식재산권의 하나로 인격권(moral right)과 재산권(economic right)으로 나뉜다. 저작인격권은 공표권(저작물을 공표할 권리), 성명표시권(스스로의 이름을 밝힐 권리), 동일성유지권(저작물을 바꾸지 못하게 할 권리)을 아우른다. 인격권은 만든 이에게만 따르며 양도·상속할 수 없다. 보통 저작권이라 하면 저작물을 이용할 권리인 저작재산권을 가리킨다.

저작권의 내용은 나라마다 다르며, 국제법은 베른협약에 바탕을 두고 있다. 이러한 저작물에는 소설·시·논문·강연·연술(演述)·각본·음악·연극·무용·회화·서예·도안(圖案)·조각·공예·건축물·사진·영상(映像)·도형(圖形)·컴퓨터 프로그램 등이 있다.

여기에 더하여 원저작물을 번역·편곡·변형·각색·영상제작 등의 방법으로 작성한 창작물(이를 2차적 저작물이라 한다)과 편집물로서 그 소재(素材)의 선택 또는 배열이 창작성이 있는 것(이를 편집저작물이라 한다)도 독자적 저작물이다.

그러나 ① 법령, ② 국가 또는 지방공공단체의 고시(告示)·공고·훈령, 그 밖의 이와 유사한 것, ③ 법원의 판결·결정·명령 및 심판이나 행정심판절차, 그 밖의 이와 유사한 절차에 의한 의결·결정 등, ④ 국가 또는 지방자치단체가 작성한 것으로서 위의 ① 내지 ③에 해당하는 것의 편집물 또는 번역물, ⑤ 사실의 전달에 불과한 시사보도 등은 저작권의 객체가 아니다.

「저작권법」은 저작물이라는 일정한 대상 위에 있는 저작자의 이익을 보호한다. 따라서 저작권법은 저작자가 만들어 낸 결과물로서의 저작물 위에 존재하는 이익이 실현되도록 하는 것이다.

저작권은 [그림 12-4]와 같이 저작인격권과 저작재산권으로 나뉜다.

그림 12-4 저작권

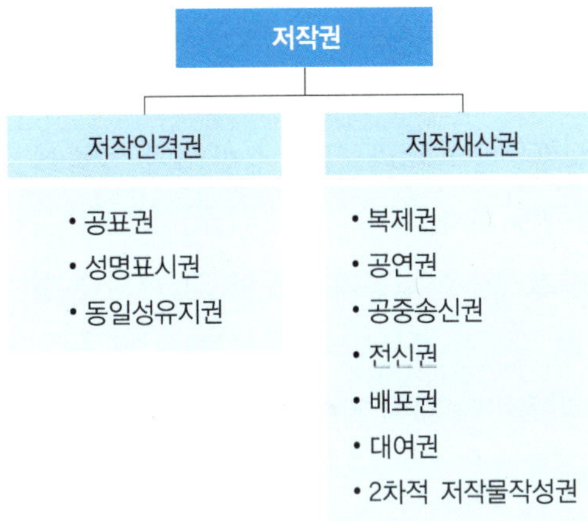

1) 저작인격권

저작인격권은 저작자의 명예와 인격적 이익을 보호하기 위한 권리로서 공표권, 성명표시권, 동일성유지권으로 나뉜다. 저작재산권은 저작물을 어떤 방법으로 이용하느냐에 따라 복제권, 공연권, 전시권, 공중송신권, 배포권, 대여권, 2차적 저작물작성권 등의 권리로 세분된다. 이러한 성질과 내용을 가진 저작권은 “특정 저작물을 배타적으로 지배할 것을 내용으로 하는 인격적 · 재산적 권리”라고 정의할 수 있다.

저작인접권이란 글자 그대로 저작권에 인접한 저작권과 유사한 권리이다. 이 권리는 실연자(배우, 가수, 연주자), 음반제작자 및 방송사업자에게 귀속된다.

저작권법은 각각의 저작인접권자에게 일정한 권리를 부여하고 있다. 실연자는 자신의 실연에 대하여 성명표시권, 동일성유지권을 가지며, 재산권으로는 복제권 · 배포권(실연의 복제물이 실연자의 허락을 받아 판매 등의 방법으로 거래에 제공되는 경우 제외) · 대여권(그의 실연이 상업용 음반을 영리를 목적으로 대여하는 경우) · 공연권(그 실연이 방송되는 실연인 경우 제외) · 방송권(실연자의 허락을 받아 녹음된 경우 제외) · 전송권과 상업용 음반에 대한 방송보상청구권 · 상업용 음반에 대한 디지털음성송신보상청구권 · 상업용 음반에 대한 공연보상청구권을 가진다. 음반제작자는 음반의 복제권 · 배포권 · 대여권(상업용 음반을 영리를 목적으로 대여하는 경우) · 전송권과 상업용 음반에 대한 방송보상청구권 · 상업용 음반에 대한 디지털음성송신보상청구권 · 상업용 음반에 대한 공연보상청구권을 가진다. 한편 방송사업자는 복제권 · 동시중계

방송권(다른 방송사에 의한 중계방송에 대한 권리) · 공연권(방송과 관련하여 입장료를 받는 경우에 한함)을 가지고 있다.

여기서 유의할 점은 실연이나 음반 또는 방송물을 복제하거나 기타 이용할 경우에는 해당 저작인접권자의 허락뿐만 아니라 실연, 음반 또는 방송에 수록된 저작물의 저작자의 허락도 별도로 받아야 한다.

이런 저작인접권의 보호기간은 실연의 경우에 그 실연을 한 때로부터 70년간이고, 음반의 경우에 그 음반을 발행한 때로부터 70년간이며, 방송의 경우에 방송을 한 때로부터 50년간이다. 실연과 음반에 대한 저작인접권 보호기간은 2011년 저작권법 개정으로 당초 50년에서 70년으로 연장되었으며, 저작인접권 보호기간 연장은 2013년 8월 1일부터 시행되고 있다.

2) 저작재산권

저작재산권이란 저작자가 저작물을 스스로 이용하거나 다른 사람이 이용할 수 있도록 허락함으로써 경제적 이익을 올릴 수 있는 재산권을 말한다(「저작권법」 제10조 제1항).

저작재산권에는 다음과 같은 복제권, 공연권, 공중송신권, 전시권, 배포권, 대여권, 2차적 저작물작성권이 있다. 이러한 권리들은 독립적으로 행사하거나 양도 또는 이용허락할 수 있다. 저작재산권은 원칙적으로 70년간 보호된다.

「저작권법」 개정에 따른 저작재산권 보호기간의 시행

2013년 7월 1일부터 저작재산권의 보호기간이 저작자 사망 또는 공표일부터 50년에서 70년으로 상향조정되어 시행되었다(「저작권법」(법률 10807호)).
이에 따라 2013년 7월 1일 이전에 저작권 보호기간이 소멸한 저작물에 대하여는 70년으로 연장된 보호기간 관련 규정이 적용되지 않는다(「저작권법」 부칙(법률 10807호, 2011. 6. 30.) 제2조).

▌표 12-6▐ 저작재산권의 종류

구분	내용
복제권	저작물을 인쇄・사진촬영・복사・녹음・녹화 또는 그 밖의 방법으로 유형물에 고정하거나 유형물로 다시 제작할 수 있는 권리를 말한다(「저작권법」 제2조 제22호 및 제16조). 건축물의 경우에는 그 건축을 위한 모형 또는 설계도서에 따라 이를 시공하는 것을 포함하며, 컴퓨터 장치를 이용하여 저장매체에 저장하거나 인터넷에서 저작물을 내려받는 것도 복제에 포함된다.
공연권	지작물을 상연・연주・가창・연설・상영 그 밖의 방법으로 공중에게 공개하는 것과 그렇게 공개된 복제물을 재생하여 공중에게 공개할 수 있는 권리를 말한다(「저작권법」 제2조 제3호 및 제17조). 예컨대, 영화관에서의 영화 상영, 무대에서의 연극이나 무용, 청중을 상대로 한 강연이나 유세 등이 공연에 해당하며, 녹음하거나 녹화한 복제물(음악 CD, 비디오테이프 등)을 재생하여 공개하는 것도 공연에 해당된다.
공중송신권	저작물을 공중이 수신하거나 접근하게 할 목적으로 무선 또는 유선통신의 방법에 의해 송신하거나 이용에 제공할 권리를 말하며, 공중송신권에는 방송권, 전송권 및 디지털음성송신권이 포함된다(「저작권법」 제2조 제7호 및 제18조).
전시권	미술저작물 등의 원본이나 그 복제물을 전시할 수 있는 권리를 말한다(「저작권법」 제19조). 전시권은 공중이 직접 접근하여 보거나 만져볼 수 있는 상태에 두는 권리로서 미술저작물이나 사진저작물, 건축저작물에 대해서만 인정된다.
배포권	원저작물이나 그 복제물을 대가를 받거나 받지 않고 공중에 양도하거나 대여할 수 있는 권리를 말한다(「저작권법」 제2조 제23호 및 제20조). 예컨대, 구입한 책을 재판매하거나 증여하는 것 등이 배포에 해당한다. 다만, 배포권에는 '최초판매원칙'이 적용되어 저작물의 원본이나 복제물을 판매 등의 방법으로 거래에 제공한 후에는 다시 배포권을 행사할 수 없다.
대여권	배포권의 예외로 인정되는 권리로서 제작물이 수록된 음반이 영리목적으로 대여되는 경우에 저작자에게 인정되는 권리를 말한다(「저작권법」 제21조).
2차적 저작물 작성권	원저작물을 번역, 편곡, 변형・각색, 영상제작 등의 방법으로 2차적 저작물을 작성하여 이용할 수 있는 권리를 말한다(「저작권법」 제5조 제1항 및 제22조).

▌표 12-7▐ 특허권과 저작권의 비교

구분	특허	저작권
보호대상	발명(자연법칙을 이용한 기술적 사상의 창작으로서 고도한 것)	인간의 사상 또는 감정을 표현한 창작물
보호요건	산업상 이용가능성, 신규성, 진보성	창작성
권리발생	특허출원하여 심사 후 등록되었을 때	창작과 동시에 발생
보호범위	속지주의(등록받은 국가에 한함)	사실상 전 세계(세계저작권조약 발효)
권리내용	특허발명을 실시할 권리를 독점	저작인격권(공표권, 성명표시권 등), 저작재산권(복제권, 배포권 등)
존속기간	특허권 설정등록이 있는 날부터 특허출원일 후 20년이 되는 날까지	저작권자가 생존하는 동안과 사망 후 70년

12.4 신지식재산권

신지식재산권이란 특허권, 저작권 등의 전통적인 지식재산권 범위로는 보호하기 어려운 컴퓨터 프로그램, 반도체 설계, 유전자 조작 동식물, 인터넷 등과 관련된 지식재산권을 말한다. 다시 말하면, 신지식재산권의 개념은 "경제적 가치를 지니는 지적 창작물로서 법적 보호가 필요하지만, 기존 지식재산권의 영역인 산업재산권이나 저작권으로는 보호하기가 적당하지 않거나 할 수 없는 새로운 지식재산"이라 할 수 있다.

지식재산권은 크게 산업재산권, 저작권의 두 가지로 분류된다. 문학 작품, 음악, 미술 등에 대한 권리는 저작권으로 보호하고 있으며, 특허, 실용신안, 의장, 상표 등은 산업재산권으로 보호하고 있다. 그러나 정보기술 등 첨단기술의 급속한 발달로 인해 전통적인 지식재산권, 즉 산업재산권과 저작권으로 보호가 어렵거나 상당한 논란을 유발하는 신기술이 등장하게 되었다. 이러한 새로운 분야의 지식재산들을 신지식재산권이라고 부른다. 신지식재산권은 크게 컴퓨터 프로그램, 인공지능, 데이터베이스와 같은 산업저작권, 반도체집적회로 배치설계, 생명공학과 같은 첨단산업재산권 및 영업비밀, 멀티미디어와 같은 정보재산권으로 분류되며, 이외에도 만화영화 등의 주인공을 각종 상품에 이용하여 판매할 수 있는 캐릭터, 독특한 색채와 형태를 가진 콜라병, 트럭의 외관과 같은 독특한 물품의 이미지인 트레이드 드레스(trade dress) 등도 신지식재산권의 일종으로 포함되기도 한다.

1) 신지식재산권의 분류

신지식재산권은 [그림 12-5]에서 분류한 것처럼 산업저작권, 첨단산업재산권, 정보재산권 그리고 기타의 유형으로 크게 네 가지로 분류할 수 있다.

첫째, 산업저작권은 기존보다 더 넓은 범위의 새로운 보호 객체의 제작이나 투자 노력을 보호하기 위한 신지식재산권을 말한다. 즉 컴퓨터 프로그램, 소프트웨어, 인공지능(AI) 등과 같이 예술적 측면이 아닌 산업적 측면의 저작물에 관한 권리를 말한다.

둘째, 첨단산업재산권은 반도체집적회로 배치설계, 생명공학기술과 같은 저작물에 관한 권리로 첨단산업에 의해 개발된 새로운 대상의 가치를 보호하기 위한 재산권을 말한다.

셋째, 정보재산권은 데이터베이스, 영업비밀, 뉴미디어와 같은 저작물에 관한 권리로 정보산업발전에 새롭게 대두되고 있는 재산권을 말한다.

넷째, 위와 같은 유형에 속하는 것으로 보기 어려운 기타 유형으로 캐릭터, 트레이드 드레스, 프랜차이징, 퍼블리시티권(publicity), 지리적 표시, 인터넷 도메인네임, 새로운 상표(색채상표, 입체상표, 소리·냄새상표 등)도 신지식재산권에 포함되기도 한다.

그림 12-5 신지식재산권

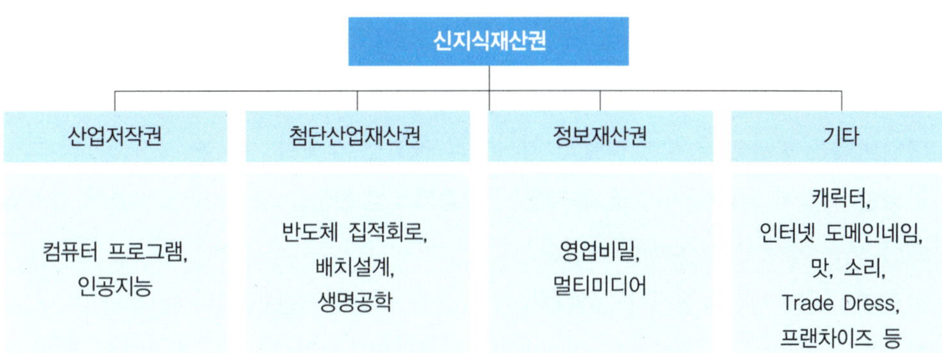

신지식재산은 발명품이나 제조방법에 대하여 신규성, 진보성, 산업상 이용가능성을 요구하는 특허권이나, 상품에 대한 식별력을 요구하는 상표권과 같은 전통적인 지식재

산권의 보호요건을 충족하기 어렵기 때문에 현행법상 보호에는 입법적 한계가 있다. 그러나 새롭게 개발된 기술이나 아이디어의 사회·경제적인 가치를 고려할 때, 제3자의 무단이용을 방지하고 개발주체에게 인센티브를 부여할 충분한 가치가 점차 인식됨에 따라 국가들의 입법례도 증가하고 있다. 이에 신지식재산의 보호방안과 보호체계에 대한 국제적 논의가 증대되고 있으며, 우리나라의 경우 기존 「지식재산권법」과 「부정경쟁방지법」의 개정 또는 분야별 독자적인 법제도의 제정을 통하여 이러한 간극을 좁히고자 노력하고 있다.

세계경제포럼 창립자인 클라우스 슈밥은 4차산업혁명을 "3차산업혁명을 기반으로 한 물리학기술과 디지털기술, 바이오기술 등 세 개 분야의 융합된 기술들이 경제체제와 사회구조를 급격히 변화시키는 기술혁명"이라고 정의한 바 있다. 신지식재산은 경제·사회 또는 문화의 변화나 과학기술의 발전에 따라 새롭게 출현하는 지식재산으로서, 첨단기술과 융합기술이 큰 줄기를 이루고 있다. 지식재산의 보호목적은 기술혁신의 증진 및 기술보급과 함께 개발자와 이용자가 사회·경제적으로 정당한 이익을 균형 있게 추구하는 데 기여하는 것이다. 따라서 4차산업혁명을 이끌고 있는 시대에 신지식재산의 적절한 보호와 함께 이들 지식재산이 원활하게 활용되는 것이 중요하며, 이러한 보호와 활용의 균형을 통하여 우리나라 산업발전에 기여하고 국제적으로 조화될 수 있는 지식재산권제도의 발전이 중요한 시점이다.

2) 영업비밀

(1) 정의

영업비밀은 공공연히 알려져 있지 아니하고 독립된 경제적 가치를 가지는 것으로서 합리적인 노력에 의하여 비밀로 유지된 생산방법·판매방법·기타 영업활동에 유용한 기술상 또는 경영상의 정보를 말한다.

영업비밀에는 생산방법이나 영업활동에 유용한 기술정보뿐 아니라 판매방법이나 경영정보도 포함된다. 기술정보는 설계방법·설계도면·실험데이터·제조기술 등을 말하고, 경영정보는 고객명부·거래선명부·판매계획, 제품의 할인시스템, 부기방법, 사무실 관리방법 등이 포함된다.

(2) 보호요건

산업기술이 영업비밀로 인정되기 위해서는 ① 보유주체의 영업활동에 유용한 것이어야 하고 ② 그 기술이 공지되어 있지 않아야 하며 ③ 상당한 노력에 의해 비밀로 유지되고 있어야 할 뿐만 아니라 ④ 독립된 경제적 가치를 지니는 것이어야 한다.

3) 특허권과 영업비밀의 비교

구분	특허	영업비밀
목적	발명을 보호・장려하고 그 이용을 도모함으로써 기술의 발전을 촉진하여 산업발전에 이바지	타인의 영업비밀을 침해하는 행위를 방지하여 건전한 거래질서를 유지
보호요건	신규성, 진보성, 산업상 이용가능성	비공지성, 경제적 유용성, 비밀관리성
보호대상	기술적 발명 : 자연법칙을 이용한 기술적 사상의 창작으로서 고도한 것	• 기술영업비밀 : 특허요건을 갖추지 아니한 기술, 설계방법, 설계도면, 실험 데이터, 제조기술, 제조방법, 제조공정 • 경영영업비밀 : 고객명부, 거래선명부, 판매계획, 입찰계획, 판매기법, 신규사업 정보 등
등록 유무 및 권리성	특허요건에 관한 심사 후 설정등록에 의하여 독점배타적 권리가 발생 • 특허권자는 설정등록된 발명에 대하여 일정기간 동안 독점배타적 권리로서 사용 • 따라서 제3자가 특허된 기술과 동일한 기술을 독자적으로 개발하였다 하더라도 특허권자의 실시허락을 얻지 않고 사용하게 되면, 특허권 침해에 해당	등록절차가 없으며 일정한 요건이 충족되면 영업비밀로서 인정받고, 영업비밀이 침해를 받았을 경우 이에 대한 구제를 청구 • 배타적 권리를 부여하는 것이 아니며, 비밀로 유지・관리되고 있는 사실상태 그 자체를 보호 • 따라서 제3자가 동일한 내용의 영업비밀을 독자적으로 개발하여 사용한다 하더라도 그것만을 이유로 침해 주장을 할 수 없음
보호기간	설정등록일로부터 출원일 후 20년	비밀로서 관리되는 한 무한
공개	공개를 전제로 함	비공개
이전성	실시권 설정가능	비밀유지를 전제로 실시계약 가능

12.5 국제특허출원(PCT)

1) 국제특허출원 개념

각국의 특허제도는 속지주의를 채택하고 있으므로 발명자가 그의 발명을 여러 국가에서 보호받고자 하는 경우에는 각국에 별도로 출원해야 하며, 각국의 특허청 역시 동일한 내용의 출원을 각국별로 심사하여 권리부여를 결정하게 된다.

이 같은 출원과 심사에 있어서 출원인 및 각국 특허청이 부담하는 중복노력을 국제협력을 통하여 제거하고자 하는 목적으로 체결된 것이 특허협력조약(Patent Cooperation Treaty : PCT)이다. 즉 특허협력조약(PCT)에 의한 국제특허출원제도는 한 번의 출원으로 PCT 가입국 전체 또는 일부 지정하는 국가에 대하여 각각 그 나라에 국내출원한 효과가 있으며, 국제출원일은 각국의 국내출원일로 인정된다.

특허를 받고자 하는 나라의 특허청(지정관청)의 심사에 앞서 국제조사기관의 선행기술조사(강행절차) 및 국제예비심사기관의 특허성 유무에 관한 예비심사(임의절차)를 거치게 되며 공신력을 인정받게 된다.

한편 우리나라의 특허청은 1997년 9월 16일 WIPO 총회에서 PCT 국제출원 국제조사기관 및 국제예비심사기관으로 지정되었으며, 1999년 12월 1일부터 국제조사 및 예비심사업무를 개시했다. 이로 인하여 특허출원인은 한국어로 출원이 가능하게 되었다. 하지만 한국어출원 후 우선일로부터 16개월까지 반드시 영어로 된 공개용 번역문을 제출해야 한다.

국제출원(PCT)은 외국에 특허출원을 할 경우 각국의 양식, 절차, 비용 등이 상이함으로 인해 용이하지 않은 사실을 감안하여 외국출원을 용이하게 할 수 있도록 협정된 것이다. 따라서 특허협력조약은 출원방식 및 절차를 상세하게 규정하고 있으며 PCT 체약국은 PCT에서 규정한 사항 이외의 어떠한 추가적 사항을 요구하지 못하도록 되어 있다.

2) 국제출원의 필요성

특허독립(속지주의)의 원칙상 각국의 특허는 서로 독립적으로 반드시 특허권 등을 획득하고자 하는 나라에 출원을 하여 그 나라의 특허권 등을 취득하여야만 해당국에서 독점배타적 권리를 확보할 수 있다. 따라서 한국에서 특허권 등의 권리를 취득하였더라도 다른 나라에서 권리를 취득하지 못하면 그 나라에서는 독점배타적인 권리를 행사할 수가 없다. 이러한 1국 1특허의 원칙 때문에 해외에서의 특허권 획득을 위해서는 별도의 해외출원이 필요하며, 해외출원을 하는 방법에는 전통적인 출원방법과 PCT 국제출원방법으로 대별된다.

3) 국제출원방법 및 절차

(1) 전통적인 출원방법

특허획득을 원하는 모든 나라에 각각 개별적으로 특허출원하는 방법으로 파리 루트(Paris route)를 통한 출원이라고도 한다. 다만, 선(先)출원에 대한 우선권을 주장하여 출원하는 경우 선출원의 출원일로부터 12개월 이내에 해당 국가에 출원하여야 우선권을 인정받을 수 있다.

(2) PCT에 의한 출원방법(PCT System)

국적국 또는 거주국의 특허청(수리관청)에 하나의 PCT 출원서를 제출하고, 그로부터 정해진 기간 이내에 특허획득을 원하는 국가(지정(선택)국가)로의 국내단계에 진입할 수 있는 제도로 PCT 국제출원의 출원일이 지정국가에서 출원일로 인정받을 수 있다. 다만, 선(先)출원에 대한 우선권을 주장하여 출원하는 경우 선출원의 출원일로부터 12개월 이내에 PCT 국제출원을 하여야 우선권주장을 인정받을 수 있다.

PCT 국제출원절차의 분기점이 되는 것은 국제출원을 하는 각 지정국에 대한 번역문 제출의 절차이다. 이 절차 이전까지는 국제출원에 대한 PCT에 따라 동시에 진행이 되지만, 번역문 제출의 절차(통상 우선일로부터 30개월)를 분기점으로 이후에는 각 지정국의 국내법에 따라서 개별적으로 진행이 된다. 이 분기점 전을 국제단계(PCT에 의거)라고 하며, 이 분기점 후를 국내단계(각국의 국내법에 의거)라고 부른다.

| 그림 12-6 | PCT 국제출원절차와 일반 해외출원절차 비교도

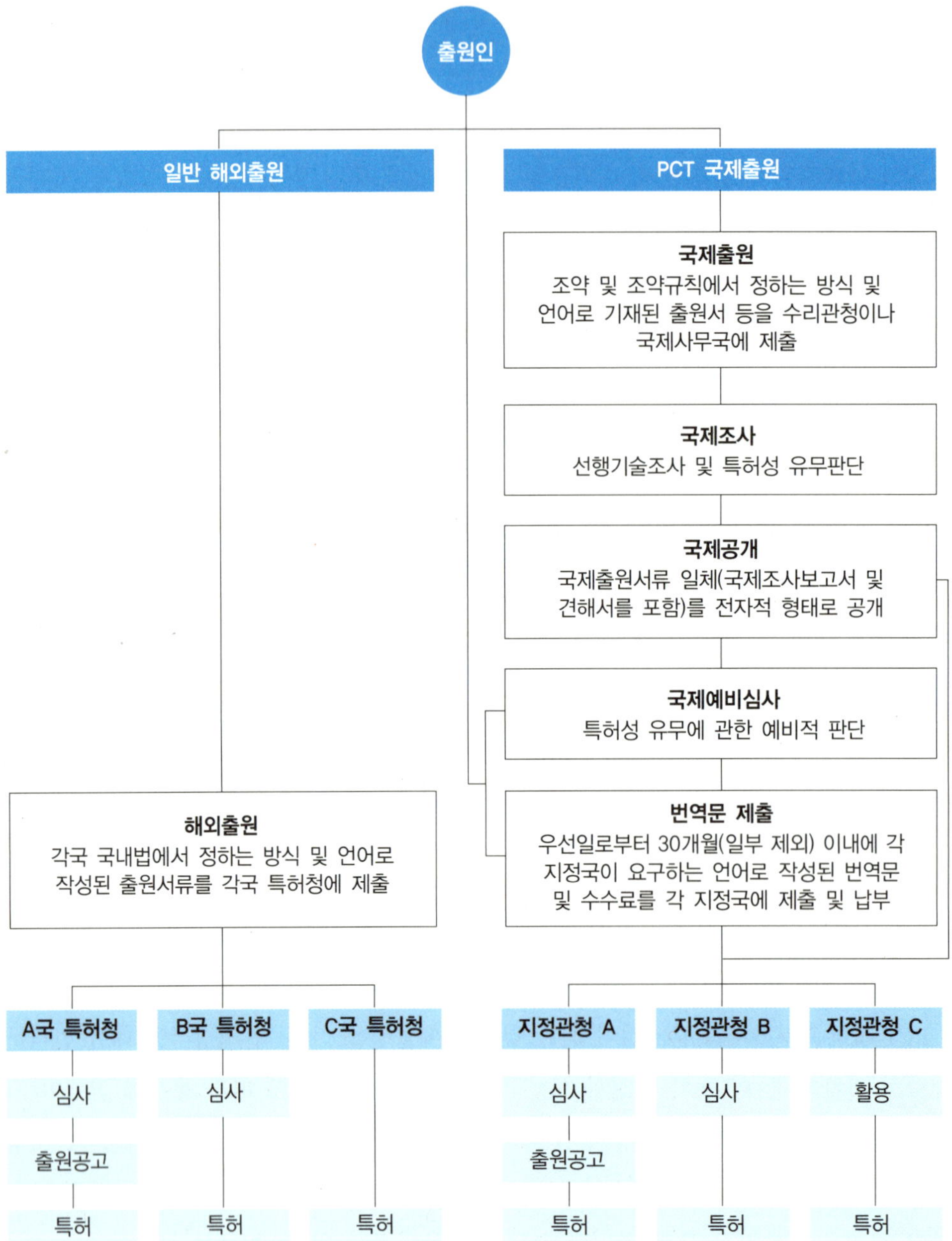

(3) PCT 국제출원의 장단점

장점	• 출원일 인정 요건이 간편(다수의 가입국에 직접 출원한 효과) • 특허획득 가능(국제조사기관의 심사) • 출원서 작성이 용이(국가별 번역문 불필요) • 무모한 해외진출 방지 • 국내단계 진입 시 수수료 감면
단점	• PCT 국제출원 별도비용 부담 • 심사절차의 이중적 진행

12.6 특허분석

1) 특허분석의 중요성

특허정보자료는 산업재산권인 특허, 실용신안권, 디자인, 상표 등에 관한 여러 가지 정보, 즉 발명자, 출원인, 공고일, 발명의 명칭, 발명의 상세한 설명, 특허청구범위, 디자인, 상표 등과 같은 정보를 담고 있는 산업재산권에 관련된 종합적인 정보자료를 총칭하여 특허정보자료라고 한다. 특허정보자료는 논문 등 다른 과학기술자료에 비하여 앞선 기술정보자료일 뿐만 아니라 해당 국가의 특허관련자료 검색사이트를 제외한 곳에서는 전혀 찾을 수 없는 경우도 많이 있는 최신 기술정보자료다.

새로운 연구개발 테마를 탐색하거나 개발 도중에 아이디어를 획득할 필요가 있는 경우 특허정보자료를 효율적으로 이용할 수 있다. 특허정보자료는 장기간에 걸쳐 광범위한 정보가 정기적으로 발행되고 있기 때문에 출원된 특허정보를 통하여 특정분야에 대한 동종업체의 기술동향, 기술수준의 파악이 가능하고, 자기 회사의 기술개발 테마의 선정이나 개발 프로세스의 수정에 이용된다. 특히 특허정보의 정보 중에서 상호 관련된 기술을 선별분석하여 특허맵을 작성함으로써 타사의 특허전략, 기술개발전략 및 기업전략을 파악할 수 있다.

경쟁회사가 보유하고 있는 특허권리를 파악함으로써 중복연구와 이중투자를 방지하여 효율적으로 기술개발을 추진할 수 있으며, 연구자와 기업, 권리화된 기술관계를 파악함으로써 공동연구 또는 핵심기술의 기술계약 추진 등 기술개발의 전략을 수립할 수 있다. 특허를 출원하고자 할 때 선 출원된 특허에 대한 선행기술을 조사분석함으로써 자신의 권리범위를 확정하거나 특허회피설계가 가능하다. 타인의 출원에 대한 특허청에의 정보제공, 이의신청, 무효심판 등에 증거자료로 제출하여 타인의 특허권을 저지하거나 권리범위를 축소하도록 하는 데 이용된다.

특허분석의 중요성 및 이유는 아래와 같이 크게 세 가지로 요약할 수 있다.

(1) 기술동향 파악

종래 선행특허를 조사, 적절히 분류하고 가공하면 해당 기술분야의 기술동향은 물론 어떤 회사가 그 분야에서 기술의 우위를 점하는지를 파악할 수 있음은 물론 향후 기술을 예측할 수 있어, 향후 기술 개발방향을 설정하는 참고자료로 활용한다.

특허확보 및 활용을 위해서는 R&D과제 기획단계에서부터 보다 심도 있는 특허분석이 필요하다.

(2) 침해가능성 판단

기술 및 제품의 융복합화로 R&D 기획단계에서부터 단일 특허가 아닌 특허 포트폴리오 관점의 특허분석을 통한 전략 수립이 필요하다.

예컨대, 새로운 제품을 개발하고자 하는 경우, 자신이 개발하고자 하는 제품 또는 기술이 이미 타인의 특허로 등록되어 있는지를 조사하고, 그 조사결과를 갖고서 자신의 기술·제품과 비교검토함으로써 향후 특허침해 가능성 문제 여부를 확인하는 작업은, 침해에 따른 비용을 줄일 수 있고 침해를 회피하는 설계방안을 도출할 수도 있다.

(3) 자신의 특허등록 가능성 판단

선행특허의 기술내용수준을 분석함으로써 자신의 기술을 특허로 등록받아 독점권을 획득할 수 있는지의 여부도 함께 판단 확인가능하다.

(4) 특허분석 프로세스

특허분석 전략수립	특허분석 방안 및 일정계획 수립 : 특허분석목적 및 분석방향 파악
기술트리 및 검색식 확정	기술분야별로 기술분류체계 및 검색식 확정
특허 Raw-Data 추출 및 유효특허 도출	검색식에 대한 특허 Raw-Data 추출 및 분석가능한 유효특허 도출
1차 특허분석 및 중간발표 (정량분석)	• 유효특허에 대해 주요 출원인, 주요국에 대한 정략적 특허 분석 실시 및 중간 결과발표 • 1차 분석결과를 토대로 2차 정성분석 계획 수립
2차 특허분석 (정성분석)	1차 특허분석 결과를 바탕으로 R&D전략 수립을 위한 정성적 특허분석 실시
수정·보완, 최종발표, 최종보고서 작성	• 1, 2차 분석결과 보완 및 최종발표 • 1, 2차 분석결과를 바탕으로 최종보고서 작성

2) 특허분석의 항목

특허분석의 항목은 국가별·기술별 특허동향분석, 출원인별 특허동향분석, 출원인별 역점분야 및 공백기술분석, 핵심특허분석, 핵심출원인분석, 권리분석 등이다.

표 12-8 특허분석의 내용

항목	내용
국가별·기술별 특허동향분석	• 국가별·연도별 동향분석(특허 점유율 및 건수 추이) • 국가별 기술분야의 위치(포트폴리오) • 국가별·기술분야별 출원동향분석
출원인별 특허동향분석	• 기술혁신 리더 도출 및 현황분석 • 국가별 기술개발 주체, 국가별 특허출원 순위
출원인별 역점분야 및 공백기술분석	• 국가의 출원인별 역점분야 및 공백기술분석 • 출원인 분포, 출원 건수

핵심특허분석	• 기술분야에서 영향력 높은 핵심특허 발굴 • 핵심특허의 기술 요지와 변화 추이분석 • IP 확보 방향성을 위한 시사점
핵심출원인분석	• 기술분야의 핵심출원인조사(특허출원 현황) • 핵심출원인별 특허의 전반적인 추이분석 • 핵심출원인별 기술동향분석 • 핵심출원인별 인용관계로 살펴본 경쟁사분석
권리분석	• 기술의 요소 및 전반적 기술특징조사 • 유사성이 높은 선행특허조사 • 선행특허와 대상기술 간 유사점과 차이점 심층분석 • IP 확보 방향성 검토

3) 특허분석의 절차

① 준비단계

분석대상기술을 결정하고, 분석의 목표를 설정하며, 분석의 추진방법 및 조직을 정한다.

② 자료 추출 · 가공

분석대상기술의 세부 기술분류체계(tech-tree)를 작성한다. 기술분류체계를 작성하는 것은 특허분석을 위한 검색어 설정을 용이하게 하기 위함이다.

검색어를 설정하면 예비검색을 통하여 설정한 검색어가 특허정보를 정확히 검색하는지 시험한다. 반복적 시험을 통해 명확한 검색어를 설정하고 검색을 실시하여 필요한 자료를 확보한다. 수집한 자료는 분류과정을 반복하면서 분석목적에 맞게 가공한다.

③ 특허맵 작성

특허맵(patent map)은 대상(target)을 명확하게 지정한 후 대상과 관련된 특허정보를 가공하여 분석결과를 그래프 등으로 시각화한 것이다. 특허맵은 출원된 특허자료, 기술동향, 출원인동향 등을 그래프를 통해 시각적으로 제시하여 복잡한 기술 · 권리관계를 쉽게 이해하도록 도와준다.

연구자는 R&D 기획단계에서 특허맵 제공 사이트(예 한국특허정보원의 e-특허나라(www.patentmap.or.kr))에서 이용가능한 특허맵이 있는지 확인하고 참고할 필요가 있다. 연구주제 또는 기술과 유사한 선행특허가 존재하는지 확인하고 유사 선행특허 중 연구주제와 관련성이 높은 특허에 대해서는 대응방안을 수립하는 것이 바람직하다.

4) 특허맵

(1) 특허맵(Patent Map)의 이해

특허맵은 특허정보를 분류, 정리, 가공, 분석하여 도출된 자료를 도표나 도식으로 한 눈에 파악할 수 있도록 표현하여 전체적인 기술동향, 출원인동향, 기술분포현황 및 복잡하게 얽혀 있는 권리관계를 다각적으로 파악할 수 있도록 작성한 분석도표이다.

일반적으로 과거로부터 현재에 이르기까지의 전반적인 기술 흐름과 문제점을 어떻게 해결해 왔는지를 파악하고 나아가 기술의 전망과 신기술분야를 분석하여 미래기술에 대처하는 일련의 분석방법이다. 특허맵이라는 용어는 일본에서 1960년대 말부터 사용되기 시작하였으며 한국과 일본 이외의 국가에서는 특허분석, 포트폴리오라는 용어로도 사용된다.

특허맵은 경쟁 주체의 기술개발동향이나 사업전략을 파악하는 데 중요한 정보가 되며, 기술동향을 파악하거나 연구개발의 방향성을 예측하여 연구개발목표를 설정하는 데 도움이 된다. 또 중복 연구를 방지할 수 있으며 이미 중복되더라도 새로운 단계로 연구를 시작할 수 있게 해준다.

틈새기술, 타인의 권리를 회피하는 대체기술의 검토 등 새로운 아이디어를 찾아내는 데도 도움이 된다. 뿐만 아니라 연구개발전략, 경영전략, 사업전략, 지식재산전략에 부합하는 강력한 특허 포트폴리오를 구축하는 데 있어 훌륭한 지표로 활용될 수 있다.

[출처 : [네이버 지식백과] 특허맵(시사상식사전, pmg 지식엔진연구소)]

특허맵은 특허정보로부터 기술동향을 파악하고, 연구개발이나 제품의 방향성 등을 얻을 수 있다. 또 특허조사, 특허취득 또는 타사의 특허취득 배제전략을 수행하는 데 있어 가장 강력한 도구가 특허의 지도, 다시 말하면 특허정보지도인 특허맵이다.

특허맵은 목적에 따라 정량적 또는 정성적 분석방법을 이용하고 도식화하여 이해할 수 있도록 작성하는 것이 중요하다. 기술분야의 특허맵을 작성하기 위해서는 기술・특허분야, 특허맵분야의 지식이 유기적으로 결합되어야 한다.

표 12-9 특허맵의 활용목적과 용도

구분	용도
기술개발전략 수립 (Techno Map)	R&D동향 파악, 공백 기술분야 파악, 중요특허 파악, 기술분야의 체계 파악
경영전략 수립 (Manage Map)	시장동향 및 상품의 변화와 흐름 파악, 신규 사업방향 및 가능성 파악, 사업화과정에서 주의를 요하는 권리 파악
특허권리전략 수립 (Claim Map)	정보제공, 이의신청 및 무효심판 등의 자료, 강력한 특허권 취득을 위한 명세서 작성

특허맵은 미지의 테마 탐색에만 한정된 것이 아니라, 신기술개발의 출발점(기획단계)에서 기술개발동향을 보기 위해 필요하며, 현재 개발 중인 기술 다음에 어떤 기술개발을 목표로 할 것인가 하는 현실적인 경우에도 필요하다.

그림 12-7 특허맵 작성절차

	기획	특허검색	자료 추출 및 가공	정보분석	해석 및 특허전략 수립
주요 과업	• 특허분석의 목적을 명확히 정의 • 특허조사의 대상과 범위를 결정	• 신뢰성 있는 DB의 선택 • 검색조건 확립 • 검색 수행 및 데이터 처리	• 노이즈 제거 • 기술 분류 • 데이터 가공	• 조사 목적에 맞는 분석항목 및 방법 결정(정량분석, 정성분석, 권리분석)	• 조사 및 분석결과의 정리 및 해석 • 주요 의사결정항목의 도출 • 기술 방향 예측 • 특허전략의 수립
방법	• 회의 • 브레인스토밍	• WIPS • KIPRIS 등	• PIAS(KIPRIS 등) • ThinKlear(WIPS 분석툴) • 특허 문헌 검토		• 브레인스토밍 • 보고서 작성
결과물	• 연구기술탐색 • 기술개발현황 및 기술방향 예측 • 기술개발전략 수립 • 공백기술・신기술 탐색 • 경쟁사기술 포트폴리오 현황 • 기술시장 및 범위 설정 • 기술분류체계 확립(대・중・소분류)		• 특허출원 동향분석 • 기술발전 흐름분석 • 특허 상관관계분석 • 특허 인용관계분석		• 기술발전 방향 예측 • 장벽특허 대응방안

(2) 특허맵의 작성목적

특허맵은 연구개발 초기단계에서 시작해야만 성과의 기대가 가능하다. 특허맵의 성공 여부는 현연구개발활동이 미리 설정한 특허전략에 따라 효과적으로 실행되는가의 여부에 따라 좌우된다. 또한 특허맵의 작성목적을 고려하여 전략적으로 추진해야 할 항목과 통상업무에서 실시해야 할 항목으로 나누어 추진해야 한다.

특허맵의 작성목적은 다음과 같이 요약해 볼 수 있다.

- 기술동향의 파악으로 업계 전체의 기술동향을 파악하고 기술변화 추이를 분석하여 자사의 입장과 비교함으로써 향후대책을 수립한다.
- 효과적인 자사 기술개발전략 수립 및 신사업 방향결정에 기초자료이다.
- 시장동향 및 상품의 변혁과 흐름을 파악한다.
- 경쟁회사의 기술과 상품의 기술개발동향 및 변화 추이를 파악한다.
- 타사의 이권을 자사가 침해하는 것을 방지하여 특허분쟁을 사전에 예방한다.
- 특허내용에 기재된 기술의 핵심포인트 및 기술 상호 간의 관련성을 파악한다.
- 틈새기술의 발견 및 개발이 가능하다.
- 기술매매(기술이전 및 기술제휴 등) 시 또는 클레임(claim) 발생 시 교섭자료로 활용된다.
- 정보제공과 이의신청 및 무효심판 청구의 자료로 활용된다.
- 특허전략 수립 등을 위해 작성된다.

(3) 특허맵 결과 활용 및 사후관리

① 특허맵 결과 활용

특허맵 결과 i) 타사 기술개발동향과 선진기업 기술개발 내용분석, ii) 문제특허 도출 및 분석, iii) 개발장애요인 도출, iv) 공백기술 파악으로 틈새기술 선점과 특허출원 적극 유도, v) 사업방향과 영역, 범위 설정(신규사업 설정, 검토 시), vi) 제품개발 설계변경, 연구활성화(제품개발 기획, 연구단계시) 등에 활용할 수 있다.

② 특허맵 사후관리 및 유지보수

신규 발생분 추가 보수유지 및 사후관리는 관련과제의 완료 또는 제품판매중단 때까지 계속되어야 하며, 과제성격에 따라 일정주기를 정해서 시행하여야 한다. 기간의 경과에 따라 바뀔 수도 있는 판단항목은 별도 관리되도록 하며, 보수일자와 담당자를 반드시 기록하도록 한다. 특히 사후관리 및 유지보수는 PC로 정리하거나 상용 특허분석 프로그램을 활용한 경우보다 쉽게 처리할 수 있다.

5) 특허권 침해

(1) 의의

특허발명은 특허권자, 전용실시권자만이 독점적으로 실시할 수 있으므로 타인이 정당한 권한 없이 특허발명을 실시하는 경우는 특허권의 침해가 된다.

(2) 침해의 성립요건

- 유효한 권리 : 특허침해가 성립되기 위해서는 특허권의 권리가 유효하여야 한다.
- 발명의 동일 : 특허침해의 성립은 실시발명과 특허발명(특허청구범위에 기재된 발명)의 동일이 전제되며 동일 여부는 발명의 구성·목적·효과를 대비하여 판단하되, 여기서의 동일이라 함은 자명한 정도의 상이를 포함하는 개념이다.
- 업으로서의 실시 : 타인의 특허발명의 실시는 업으로서의 실시이어야 한다. 즉 사업적으로 실시하여야 하고, 실시의 의미는 앞에서 설명한 「특허법」 제2조에 정의한 실시양태를 의미한다.
- 실시의 위법성 : 타인의 실시는 실시권 등의 정당한 권한이 없이 하는 실시이어야 한다.

(3) 침해의 유형

① 직접침해

- 동일 영역에서의 침해 : 당해 특허발명의 특허청구범위에 기재된 구성요건적 특징을 모두 그대로 실시하는 경우를 의미한다.
- 균등영역에서의 침해 : 실시발명이 특허발명과 완전히 일치하지는 않지만 당해 기술분야에서 등균물로 평가되는 발명의 실시를 의미한다.
- 이용·저촉관계에 의한 침해 : 선출원 등록된 타인의 권리와 이용·저촉관계에 있는 발명의 경우 그 선출원 등록된 권리자의 동의를 얻지 않고 실시하는 경우 선출

원 등록된 타인의 특허권·실용신안권·의장권 침해가 된다. 여기에서 이용이란 개념은 선출원 발명을 그대로 채택하여 만든 것을 의미하고, 저촉이라 함은 동일 대상에 대하여 특허와 의장, 실용신안과 의장이 권리로 존재하는 것을 의미한다.

② 간접침해

간접침해란 타인의 실시행위가 특허발명 그 자체의 실시행위라고는 볼 수 없지만 특허발명의 실시행위에 직접 기여한다고 인정되는 것으로서 침해행위의 전 단계에 있는 예비행위를 말하며 특허법은 이를 특허권 침해로 본다. 예를 들면, 특허발명의 일부 구성요건을 업으로 실시하는 경우, 그 구성요건이 특허발명의 구성 이외에는 전혀 용도가 없는 경우 등이 여기에 해당한다. 간접침해에 대해서는 「특허법」 제126조에 규정하고 있다. 즉 i) 특허가 물건발명인 경우 그 물건의 생산에만 사용하는 물건을 업으로서 실시하는 행위, ii) 특허가 방법발명인 경우 그 방법의 실시에만 사용하는 물건을 업으로서 실시하는 행위 등이다.

6) 강력한 특허의 조건

특허는 기업이 경쟁업체의 모방으로부터 자신의 기술과 아이디어를 방어하기 위한 수단이다. 경쟁업체의 모방을 차단하여 시장점유율을 유지하거나 실시료 수입과 손해배상금으로 직접적인 경제적 이익을 취하기도 한다. 그러나 특허는 강력하게 그 효력이 발휘될 수 있는 반면 오히려 돈이 드는 특허가 될 수 있다. 실제로 등록된 특허 중에는 돈이 되는 강력한 특허보다는 돈이 드는 특허의 수가 대다수이다. 돈이 되는 강력한 특허의 조건은 다음과 같다.

표 12-10 강력한 특허의 조건

강력한 특허의 조건	내용
시장성	특허의 기술과 아이디어가 시장성이 있는지 여부를 고려
넓은 권리범위	권리범위가 넓도록 특허명세서를 기재할 필요가 있음
침해 입증	타인이 침해할 경우에 입증이 가능해야 함
특허 포트폴리오의 구축	단일 개체에 의해 소유한 특허 집합의 구축이 필요함
특허시장이 큰 국가	각 국가마다 독립적으로 성립하고, 효력도 독립적임

/연/습/문/제/

01 지식재산권의 개념에 대해서 기술하시오.

02 지식재산권의 필요성에 대해서 기술하시오.

03 산업재산권의 개념과 종류에 대해서 기술하시오.

04 저작권의 개념과 종류에 대해서 기술하시오.

05 신지식재산권의 개념과 종류에 대해서 기술하시오.

06 선행기술조사의 개념과 방법에 대해서 기술하시오.

07 국제특허출원(PCT)의 개념과 장단점을 기술하시오.

| 참고문헌 |

김경환 · 이지훈, 기술자원의 성공적인 사업화를 위한 기술사업화, 개정판, 씨이오메이커, 2021.

김주희, 기술사업화 특성분석 및 전략적 추진방안, 한국과학기술기획평가원, 2014.

김찬호, 창조경제시대 중소기업의 기술사업화 성공과 실패 사례연구, 한국과학기술정보연구원 정보분석연구소, 2013.

강경모, 기술경영 : 기술사업 이론과 실무, 도서출판 두남, 2016.

국토교통부, 기술가치평가 매뉴얼, 2021, 2022.

과학기술정책연구원, 기술사업화 효율화를 위한 기술금융 제안, 2019.

과학기술정책연구원, 기술금융의 역할과 효율화 방안, 2018.

미래창조과학부 · 정보통신기술진흥센터, ICT R&D 중장기 기술로드맵 2022, 2016.

박검진, 기술이전특론 : 암묵적 지식과 특허 · 혁신, 법문사, 2018.

설성수, 기술혁신론, 법문사, 2011.

이영덕 · 조석홍, 기술경영, 도서출판 두남, 2018.

이의경, 기술가치평가 : 이론과 실무, 명경사, 2020.

이종민 · 정선양, "기업의 기술전략과 기술기획 역량이 경영성과에 미치는 영향 연구 : 조직유연성의 조절효과를 중심으로", 기술혁신학회지 제18권 1호, 2015년 3월, pp.1~27.

이지훈, 기술사업화 전주기 지원 플랫폼 구축을 통한 공공기술 사업화 활성화 방안 검토, 한국기술지주회사협회, 2022.

임일, 4차산업혁명 인사이트, 더메이커, 2016.

윤영진 · 표동진 · 황재진, 쉽게 배우는 4차 산업혁명 시대의 최신 기술 트렌드, 박영사, 2021.

윤제홍, 기술경영, 이프레스, 2014.

조남재, 기술기획과 로드매핑 : 미래는 어떻게 만들어지는가, 시그마프레스, 2014.

조현정 외, R&D 성과관리 및 활용 정책의 조망과 효과 분석, KISTEP, 2019.

중소벤처기업부, 2019년 정부 스타트업 지원 제도, 창업지원 사업 현황, 2019.

정은미, 제4차 산업혁명이 주력산업에 미치는 영향과 주요 과제, KIET 산업경제, 산업연구원, 2018.

한국산업기술진흥원, 2021년 기술평가실무가이드, 2021.

황인극・서지원・이문수・최면중・나상균, 제4차 산업혁명과 기술경영, 도서출판 청람, 2022.

최산・정재연・성태응・박현우, "기술사업화 활성화를 위한 기술금융-기술가치평가 연계 방안에 관한 연구", 한국기술혁신학회, 2016.

Andrew T. Stephen, Olivier Toubia, "Deriving Value form Social Commerce Networks", *Journal of Marketing Research*, Vol. 47(April), 2010.

Brailsford S., Eldabi T., Kunc M., Mustafee N., Osorio A. F., "Hybrid Simulation Modeling in Operational Research: A State-of-The-Art Review", *European Journal of Operational Research*, 2018.

John D. Daniels, Lee H. Radebaugh, and Daniel P. Sullivan, *International Business: Environments and Operations*, 12th ed., Prentice-Hall, 2008.

Malte Brettel, Niklas Friederichsen, Michael Keller, Marius Rosenberg, "How Virtualization, Decentralization and Network Building Change the Manufacturing Landscape: An Industry 4.0 Perspective", *International Journal of Information and Communication Engineering*, 8(1): 37-44, 2014.

Pardeep Kumar, Vasaki Ponnusamy, Vishal Jain, *Industrial Internet of Things and Cyber-Physical Systems*, IGI Global, 2020.

Philip Kotler, Gary Armstrong, *Principles of Marketing*, 14th ed., Pearson Education, 2012.

Phillp Kotler, Kevin Keller, *Marketing Management*, 14th ed., Pearson Education, 2012.

Philip R. Cateora, Mary C. Gilly, and John L. Graham, *International Marketing*, 14 ed., McGraw-Hill Irwin, 2010.

Srikanta Patnaik, *New Paradigm of Industry 4.0*, Springer, 2017.

Warren J. Keegan, and Mark C. Green, *Global Marketing*, 6th ed., Pearson Education, 2011.

| 찾아보기 |

| 저자약력 |

임헌진

명지대학교 공학박사(산업공학)

(현) 경희대학교 경영대학원 융합경영학과 주임교수

주요 관심분야는 조직의 혁신성장, 핵심역량, 조직몰입, 직무만족, 직무성과 등이며, 국내 유명 학술지에 기술혁신 역량 및 사업화 역량 강화, 직무태도, 자기효능감 등의 주제로 다수의 학술 논문을 발표하였다. 2000년 이후 제조(뿌리기업), 서비스 등 다양한 기업에서 조직 핵심역량 강화를 위한 자문역 및 사외이사를 역임하고 있으며, 서울시 산하 사단법인 초대 공진화혁신연구원장 역임과 대외활동으로 현재 기재부 주관 공기업, 준정부기관 경영평가위원과 국민연금공단 ESG경영위원으로 활동하고 있다.

서장훈

산업공학박사, CISA, PMP

(현) 경희대학교 경영대학원 융합경영학과 책임교수

주요 관심분야는 4차산업혁명시대 산업기술시장분석, 기술경영, 기술사업화, 의사결정시스템, 생산운영시스템, 품질공학, 빅데이터 분석 등이며, 삼성, 한국능률협회, 중소벤처기업진흥공단 등 20년 이상의 산업현장을 거쳐, 현재 한국기술경영협회 자격검정위원회 위원장 및 산업기술시장분석사, 정보문서기획사 집필위원이며, 공공기관 및 기업의 기술혁신위원회 심사위원과 기술경영 및 정보기획 실무를 확산시키는 컨설턴트로 활동하고 있다.

4차산업혁명시대 공진화(coevolution)를 위한
기술경영

2023년 8월 25일 1판 1쇄 인쇄
2023년 8월 30일 1판 1쇄 발행

저 자 | 임헌진 · 서장훈
발행인 | 이수영
발행처 | 도서출판 청람
서울시 마포구 독막로 288(대흥동, 세양상가 109호)
전 화 | 02)3272-2601~2
팩 스 | 02)3272-2603
E-mail | crbooks@daum.net
홈페이지 | http://www.crbooks.co.kr
등 록 | 2000년 8월 26일 제6-0509호

ISBN 978-89-5972-981-4 93320 [정가 32,000원]